福音书
以灵性主义为依托

福音书以灵性主义为依托（中文版）
灵性主义名著译丛 3

原标题：	L'Évangile selon le Spiritisme
	（巴黎，1864 年第一版，1866 年第三版）
作者：	亚兰·卡甸（Allan Kardec）
译本：	辜伟（中文）以及 杜恩满（英文）
	译自法语版第三版

LCCN:	2018966758
ISBN 印刷版本（平装）：	978-1-950030-09-5
ISBN 印刷版本（精装）：	978-1-950030-10-1
ISBN 电子书：	978-1-950030-11-8

© 2018 年 Luchnos Media LLC 版权所有
30 N Gould St, Ste 2852
Sheridan, WY 82801
http://www.luchnos.com

保留所有权利。未经本书版权所有人和出版商事先许可，严禁以任何形式或通过任何方式——包括电子、机械、影印、缩微胶片、互联网使用、CD-ROM、DVD 录制或其他方式对本出版物的任何内容进行复制，或将其存储于检索系统，或对本书的任何内容进行传输。

印在美国
第一版：二〇一九年六月
10 9 8 7 6 5 4 3 2 1

福音书
以灵性主义为依托

包含
关于基督道德箴言的解释、
基督道德箴言与灵性主义学说的一致性
及其在不同生活环境中的应用

亚兰·卡甸
Allan Kardec

《灵性之书》作者

从古至今,唯有坚定的信念,
才能让人类直面理性的本质。

译自法语版第三版(巴黎,1866年)
辜伟 和 杜恩满

Luchnos

The Gospel According to Spiritism (Chinese Edition)
Translation Series of Classical Spiritist Works: 3

Original title:	L'Évangile selon le Spiritisme
	(Paris, 1st edition 1864, 3rd edition 1866)
Author:	Allan Kardec
Translation:	Wallace Gu (Chinese), E. G. Dutra (English)
	Translated from the 3rd French edition

LCCN:	2018966758
ISBN paperback:	978-1-950030-09-5
ISBN hardcover:	978-1-950030-10-1
ISBN eBook:	978-1-950030-11-8

Copyright © 2018 by Luchnos Media LLC
30 N Gould St, Ste 2852
Sheridan, WY 82801
http://www.luchnos.com

All rights reserved. No part of this publication may be reproduced, stored on a retrieval system or transmitted in any form or by any means, electronic, mechanical, photocopying, microfilm, internet, CD-ROM, DVD recording or otherwise, without prior permission from the copyright owner.

Printed in the United States of America
First Edition: June 2019
10 9 8 7 6 5 4 3 2 1

中文首版译者前言

《福音书以灵性主义为依托》(*L'Évangile selon le Spiritisme*) 是亚兰·卡甸在其五本"灵性主义学说"的主要书籍当中，所著作之第三本。[a]

它于1864年4月15日首次在巴黎出版，书名是《效法福音书以灵性主义为依托》。第三版经过重大修订，并建立了当今读者熟悉的架构，于1866年以新的最终名称发行。

在最初出版这部作品时，卡甸先前的书已经建立了广大的读者群。《灵性之书》（1857年首次出版）已经在法国印到第12版，而《灵媒之书》（最初出版于1861年）则印到了第7版。《灵性之书》的第一批译本（西班牙语和德语）于1863年发行，另外短册《何谓灵性主义？》及《灵性主义之精要表现》除了最初的法语版本之外，也已被译成德语，希腊语，意大利语，波兰语，葡萄牙语和西班牙语。

《福音书以灵性主义为依托》确立了灵性主义学说的第三个也是最后一个中心思想。正如卡甸在《灵性之书》结论中所预言的那样，灵性主义思想的发展，将遵循三阶段的过程。第一个是研究灵性主义现象，它代表了《灵媒之书》中提出的灵性主义科学的基础。第二阶段是可以从现象中推断出来的哲学，这是卡甸在《灵性之书》中所阐述的。第三个阶段是这个知识的应用和成果。为了稳固建立这种知识体系的伦理应用，卡甸"在本书中所收录之条文，严格来说可以构成一套具有普遍意义的道德准则，其与教义并无二致。"[b]

尽管基督教福音被用作这种道德准则的基础，但卡甸一再强调其特性是普及的。格言"非仁爱无以救赎"[c]表现出了其最重要的基础，而非仰赖于一个人的正式宗教信仰。"如果认为上帝只接受某种特定模式的祈祷，这就是在将人类的渺小和欲念归因于上帝。"[d]

《福音书以灵性主义为依托》可能是卡甸所著书籍中最受欢迎的一本，以超过二十种语言，销售了数千万册。其中的中文译作长期以来是遗珠之憾，我们很高兴能以此书，将中文版本圆满补齐。

杜恩满

二〇一八年五月二十五日于红木城

---

[a] 亚兰·卡甸以"灵性主义学说"为主旨所出版的五本主要书籍为：《*Le Livre des Esprits*》（《灵性之书》，1857），《*Le Livre des Médiums*》（《灵媒之书》，1861），《*L'Évangile selon le Spiritisme*》（《福音书以灵性主义为依托》，1864），《*Le Ciel et L'Enfer*》（《天堂与地狱》，1865），and《*La Genèse*》（《创世纪》，1868）。

[b] 《福音书以灵性主义为依托》，"引言"，"本书目的"。

[c] 《福音书以灵性主义为依托》，第十五章："非仁爱无以救赎"。

[d] 《福音书以灵性主义为依托》，第二十八章："灵性主义者祷文合集"。

目录

中文首版译者前言 v
目录 vii
序言 1
引言 3
  1. 本书目的 3
  2. 灵性主义学说的权威性：灵性教义的普遍约束力 6
  3. 历史事实 14
  4. 苏格拉底与柏拉图：基督教思想和灵性主义的先驱 20
      苏格拉底与柏拉图学说概述 21

第一章：我来非为废除律法 31
  三大启示：摩西；基督；灵性主义 31
      摩西 31
      基督 32
      灵性主义 33
  科学与宗教联盟 34
  灵性所传教义 36
      新纪元 36

第二章：我的国不属于这世界 41
  来世 41
  耶稣的王权 43
  认知视度 43
  灵性所传教义 46
      世俗的王权 46

第三章：在我父的家中有许多住处 49
  灵魂在灵性状态的不同境况 49
  不同类型的居住世界 50
  地球的命运；世间痛苦之因 51

灵性所传教义 52
    先进世界与原始世界 52
    审判与赎罪世界 55
    重生世界 57
    世界的进步 58

第四章: 人若不重生，就不能看见天国 61
复活与轮回转世 62
家庭纽带会因轮回转世而强化，但会因一生一世而割断 .. 67
灵性所传教义 71
    道成肉身的局限性 71
    道成肉身的必要性 72

第五章: 受苦之人受到祝福 75
苦难的公正性 76
苦难的现世因由 77
苦难的前世因由 79
遗忘前世 83
顺从忍耐的原因 84
自杀与精神错乱 86
灵性所传教义 88
    忍辱负重或怨天尤人 88
    罪恶及改过 90
    幸福不属于这个世界 91
    失去至亲至爱；夭折早逝 93
    如果他是个好人，他早就死了 95
    自愿受苦 96
    真正的不幸 97
    忧郁悲伤 99
    甘受考验；真正的麻衣 100
    我们是否应该结束他人的考验？ 102
    对一个没有治愈希望的病人来说，是否允许缩短他的生命？ ... 103
    牺牲自己的生命 104
    让自己的痛苦对他人有益 105

第六章：基督——慰藉者 ... 107
温和之轭 ... 107
应许的慰藉者 ... 108
灵性所传教义 ... 109
 真理之灵的来临 ... 109

第七章：灵里贫穷之人受到祝福 ... 113
如何理解"灵里贫穷之人" ... 113
凡自高者必降为卑 ... 115
向聪明智慧之人隐藏的奥秘 ... 117
灵性所传教义 ... 119
 傲慢与谦卑 ... 119
 世间智慧之人的使命 ... 125

第八章：心灵纯洁之人受到祝福 ... 127
让那些孩子到我这儿来 ... 127
思想犯罪；通奸 ... 129
真正的纯洁；脏手 ... 130
犯罪；如果你的手使你犯罪，就把它砍下来 ... 132
灵性所传教义 ... 135
 让那些孩子到我这儿来 ... 135
 闭着眼睛的人受到祝福 ... 137

第九章：温和而热爱和平之人受到祝福 ... 141
侮辱与暴力 ... 141
灵性所传教义 ... 143
 亲切和温柔 ... 143
 耐心 ... 143
 遵从与顺服 ... 144
 愤怒 ... 145

第十章：仁慈之人受到祝福 ... 149
宽恕他人，上帝才会宽恕你 ... 149
与对手和解 ... 150

上帝最悦纳的献祭 152
眼里的刺和梁木 152
不要评判他人，上帝就不会评判你们；让无罪之人扔第一
块石头 153
灵性所传教义 155
  宽恕罪过 155
  宽容 157
  是否可以允许责难，发现缺点或评论他人的罪行？ 161

第十一章: 爱人如爱己 163
最重要的诫命：在任何事情上，你们想让别人怎样对待自
己，你们也应该怎样对待别人 163
凯撒之物当归给凯撒 165
灵性所传教义 166
  仁爱律法 166
  自私自利 171
  信仰与仁慈 172
  对罪犯仁慈 174
  一个人该为一个罪犯冒生命危险吗？ 175

第十二章: 爱你的敌人 177
以善报恶 177
脱离肉身的敌人 180
如果有人打了你的右脸，你就把左脸伸过去让他打 181
灵性所传教义 183
  复仇 183
  怨恨 184
  决斗 185

第十三章: 不要让你的左手知道右手在干什么 191
默行善举而不声张 191
隐藏的不幸 193
寡妇的捐献 195

邀请穷人和瘸子；施恩不图报 197
灵性所传教义 198
 物质仁慈与道德仁慈 198
 善行 201
 同情 210
 孤儿 212
 忘恩负义 212
 排他善行 214

第十四章: 孝敬父母 215
孝顺 215
谁是我的母亲和兄弟? 218
血肉亲缘关系与灵性亲缘关系 220
灵性所传教义 221
 子女的忘恩负义与家庭纽带关系 221

第十五章: 非仁爱无以救赎 227
为了得到救赎需要什么? 关于善良的撒玛利亚人的寓言. 227
最重要的诫命 230
保罗说需要仁慈 231
非教会无以救赎；非真理无以救赎 232
灵性所传教义 233
 没有仁慈，就没有救赎 233

第十六章: 你不能既侍奉上帝，又侍奉金钱 235
富人的救赎 235
莫要贪婪 236
耶稣住在撒该家里 236
关于为富不仁的寓言 237
关于银币的寓言 238
财富天赐有用；贫富考验 239
贫富不均 241
灵性所传教义 243

真正的所有权 243
　　财富的利用 245
　　超然于世俗财物 248
　　财富的传递 253

第十七章：要追求圆满 255
　圆满的特征 255
　善良之人 256
　善良的灵性主义者 259
　关于农夫播种的寓言 261
　灵性所传教义 262
　　责任 262
　　美德 264
　　上级与下属 265
　　世间之人 267
　　对肉体与灵性的照顾 269

第十八章：受邀之人很多，获选之人却很少 271
　关于婚礼宴会的寓言 271
　狭窄的门 274
　并不是所有呼唤我"主啊！主啊！"的人都能进天国 275
　得到较多之人，对他的期待也多 277
　灵性所传教义 279
　　已经拥有之人会得到更多 279
　　判定基督徒的标准取决于个人行为 281

第十九章：信仰可移山 285
　信仰的力量 285
　宗教信仰；坚定信仰的状态 287
　关于枯萎的无花果树的寓言 289
　灵性所传教义 290
　　信念：希望与仁慈之母 290
　　神圣的信仰与人类的信仰 292

第二十章: 最后来的工人 295
灵性所传教义 296
最末的将要居先 296
灵性主义者的使命 298
主的工人 301

第二十一章: 假基督和假先知的存在 303
观其果而知其树 303
先知的使命 304
假先知所行神迹 304
不要相信所有的灵 306
灵性所传教义 307
假先知 307
真先知的特征 309
灵性世界的假先知 311
耶利米与假先知 313

第二十二章: 因为上帝使他们结合在一起，所以人不应该分开他们 317
婚姻的不可解除性 317
离婚 319

第二十三章: 奇怪的道德 321
爱父母胜过爱基督之人 321
撇下父母和孩子 323
让死人去埋葬他们自己的死人 325
我带来的不是和平，而是分裂 326

第二十四章: 不要把你的灯藏在碗下面 333
扣在碗下面的灯；为何耶稣要用寓言传教 333
不要去非犹太民族的地区 336
健康人不需要医生 338
信仰的勇气 340
背起你的十字架；凡是想保全生命之人都会丧生 341

第二十五章: 不断寻求，你们就会找到 343
    自助者天助 343
    看看天空中飞翔的鸟 345
    不要为拥有金钱而殚精竭虑 348

第二十六章: 无偿地获得的，也要无偿地给予 351
    疗愈天赋 351
    有偿祷告 351
    被赶出大殿院的商人 353
    无偿通灵 353

第二十七章: 不断地请求，你们就会得到 357
    祈祷的特征 357
    祈祷的有效性 358
    祈祷的行为；思想的传递 361
    明白易懂的祈祷 365
    为死者和受苦的灵性祈祷 366
    灵性所传教义 369
        如何祈祷 369
        祈祷的喜悦 371

第二十八章: 灵性主义者祷文合集 373
    序言 373
    一、一般祈祷 375
        主祷文 375
        灵性主义者聚会 380
        为灵媒祈祷 383
    二、为自己祈祷 386
        向守护天使与守护灵性祈祷 386
        祈求远离恶灵 388
        请求改过自新 389
        请求赐予力量以抵制诱惑 390
        感谢战胜了诱惑 391

请求给予忠告 391
　　在遭受生活的苦难时 392
　　感谢上帝的恩惠 393
　　顺服与遵从 394
　　在迫在眉睫的危险时刻 395
　　逃脱危险后的感恩 396
　　在睡觉时 396
　　感觉死亡来临时 397

三、为他人祈祷 399
　　为受苦之人祈祷 399
　　为别人所受恩惠而感恩 400
　　为我们的敌人和想要害我们的人祈祷 400
　　为赐予敌人的恩惠而感恩 401
　　为灵性主义的敌人祈祷 402
　　为新生儿祈祷 404
　　为垂死之人祈祷 406

四、为亡者祈祷 407
　　为刚死之人祈祷 407
　　为挚爱之人祈祷 409
　　为请求祈祷的受苦的灵魂祈祷 411
　　为死去的敌人祈祷 412
　　为罪犯祈祷 412
　　为自杀者祈祷 413
　　为忏悔的灵性祈祷 414
　　为冥顽不化的灵性祈祷 415

五、为病人和受迷惑者祈祷 417
　　为病人祈祷 417
　　为受迷惑者祈祷 419

序言

耶和华之灵乃上天之美德，犹如受令之大军，遍布大地，泽被四方；亦如天幕之星宿，落入凡尘，照亮旅途，令盲者重见光明。

我实在告诉你们，复立万事之真谛，重修万物之本义，驱逐黑暗，摒弃傲慢，崇尚正义的时候到了。

天籁之大音者，犹如号角吹出之隆隆声响，亦如天使唱诗班之悠扬吟颂。人们啊，我们邀请你们前来参加这神圣的音乐会。以尔之手，轻抚竖琴；以尔之声，轻唱慢合，令庄严之圣歌冲破天际，响彻宇宙。

人们啊，我们所爱之兄弟姐妹，我们将与尔同在。你们要彼此相亲相爱，坦诚相待，以心相对，以成就天父之安排。"主啊！上帝！"此后，你们将能升入天国。

真理之灵

注释：以上为通灵之士所受之训诲，其精辟概括了灵性主义的真正本质及本书宗旨。有鉴于此，特以为序。——作者按

引言

1. 本书目的

本《福音书》之内容可划分成五大部分：**基督的日常行为**；**奇迹**；**预言**；**教会用于定义其教义之词汇**；**以及道德教义**。如果说前面四个部分尚有争议，那么最后一部分则不容置疑。在这神圣的法则面前，怀疑主义者也不得不屈服认可。它是所有信仰依赖的共同本源，也是所有宗教高举的一面旗帜——无论其所信仰为何，因为它从来就不是宗教争执的主题，无处不在的宗教争端总是源于教理之争。此外，争论之时，各教派往往会从这些道德教义中引经据典，以为自证，因为大多数人看重的是玄而费解的神秘面纱，而非需要自省改过的道德本质。尤其于人类而言，最后一部分内容既是适用于生活方方面面——无论私密行为或是公开场所——的行为准则，同时也是依据最严格之公正建立起来的所有社会关系所依循的基本原则。最后也是最重要的，这些道德教义是通往幸福安乐的正道，能带人们窥见来世的模样。而这也正是编纂本书的唯一宗旨。

每个人都敬仰《福音书》的道德教义；每个人都称道其至高无上，认同其不可或缺。然而，许多人之所以这样做，不过是相信他人所言，抑或引用几句陈词滥调的格言警句罢了。鲜有人知其全貌，更鲜有人领悟其要义并能推断其后果。这在很大程度上归结于阅读《福音书》的困难，对于大多数人而言，书中内容仍显晦涩难懂。寓言故事的修辞手法以及言语间故意透露出的神秘主义使得大多数人完全是迫于其良心和责任感才去阅读《福音书》，正如他们背诵祷文而不解其含义，因而无法从中受益。如此一来，这些道德原则与看似毫不相关的故事交织在一起，支离破碎地散落于文中，极易被人忽略。人们难以从整体上去领悟这些道德原则的含义，也难以将这些道德原则作为单独研究和冥思的对象。

诚然，《福音书》中的道德教义的确附有注释说明，然而，在借助现代文学的手法对其进行重新诠释时，它们便失去了其朴实无华的初衷，而这正是其吸人入胜和真实可信的根源。同样，断章取义地孤立解读《福音书》中的箴言也会削弱其不言而喻的真正要义。抽离于其所依附的背景环境，摒弃其相关联的附加信息，反而令这些箴言变成了陈词滥调、老生常谈，失去了自身价值和内在魅力。

为避免此类问题，我们在本书中所收录之条文严格来说可以构成一套具有普遍意义的道德准则，其与教义并无二致。文中各段保留了有助于拓展主题的所有内容，而仅仅略去了与主题无关的内容。此外，我们还谨慎引用了萨西的原版译文及章节划分。[a] 这些箴言并非按照时间顺序排列——对于此类著作，这一体例既耗时费力，亦毫无实益。相反，我们是按照箴言的性质对其进行系统分组和分类的，旨在尽可能增强其相互之间的内在关联。必要时可通过章节编号的标注与标准分类进行参考对照。

尽管如此，这些形式上的工作本身而言其实是次要的。最重要的是要通过解释那些晦涩难懂的段落，将其寓意拓展到生活中的不同场景，从而使其变得通俗易懂、老少皆宜。而我们在尝试进行这项工作时得到了诸多善灵的帮助。

无论是《福音书》与《圣经》，还是普通的宗教性著作，其中的要点大多晦涩难懂，许多甚至由于缺乏解开其真正含义的钥匙而显得有些荒诞可笑。这把钥匙恰好藏于灵性主义当中——那些认真研究过灵性主义之人早已对此确信不疑，以后也定然会有更多人认可这一点。从古至今，世世代代，灵性主义贯穿始终，无处不在；其踪影见诸于各种文字记载，见诸于各派教义信条，还见诸于各大历史古迹。正是由于这一原因，倘若灵性主义能打开人类对于来世的崭新视野，想必也能对过去的神秘事件做出同样生动的解释。

我们增加了不同国家的灵性借由不同灵媒所传述的教义，作为对每条戒律的补充。若这些教义来源单一，或有可能受到个人或环境的影响，然其起源的多样性恰恰可以论证灵性四处传播其教义的事实，说明在这一方面并非为某个人独有的特权。[1]

本书具有普世意义；世人皆可从中找到依循基督道德准则行事之法。此外，灵性主义者还可从中找到更切合自身的实践应用。得益于人类与无形世界之间建立起的永恒联系，《福音书》中的法则——灵性四海传播之法则——将不再是一纸空文，其将为世人周知，并不断鼓励人们听从灵性的忠告，身体力行，付诸实践。灵性主义之教义是**来自天国的声音**，在于启发人类，令其成为**《福音书》的践行者**。

2．灵性主义学说的权威性：灵性教义的普遍约束力

假如灵性主义学说纯粹只是人类创立的一种理念，那么它必然只对思考过这一学说的人具有启迪意义；而如今，世上没有任何人会无凭无据地声称自己掌握了绝对的真理。倘若揭示这一学说的灵性只向一个人显灵，那么这一学说的起源将无从考证，因为大家会显而易见地认为，只有接收到灵性之教义的人才会去宣讲教义。此人的至诚之心最多也只能让周围的熟人朋友信服；即便有三五追随者，也绝不可能感召天下人。

上帝希望通过最迅速最可信的方式将《启示录》传播给世人，因而派遣了众多灵性前往人世间担任口耳相传的使者，纷纷在各地显灵以宣讲教义，上帝并未将聆听这一教导作为某人独有的特权。一个人或有可能为他人所骗，甚至自欺欺人，然而，成千上万人皆有相同所见所闻的情况则又另当别论：这是对每个人和所有人的保证。此外，让一个人消失或有可能，让众多人消失却绝无可能；书籍或可烧毁，灵性却不能；因此，即使天下书卷皆被焚烧殆尽，也丝毫不会有损这一学说的传播起源，因为这一学说并非来自尘世；它四海传播，无处不在，故而人人皆可修习，人人皆可分享。即便世人受而不宣，也总有可知世人而不为世人所知的灵性广而宣之。

因此，在现实中，灵性本身就是那些借助无数灵媒四处宣传教义的传播者。假如只有一位传释者，无论其有多么幸运，灵性主义也难以为人所知；这样的传释者，无论其社会等级高低贵贱，也难免被众人抱以成

见；并非每个国家都能接纳这样的人，相反，能与世间众生以及所有教派和所有党派交流的灵性则早已得到所有人认可。灵性主义并无国别之分；其独立于所有特定教义信条之外，也并非任何社会阶级强加推行的结果，因为任何人都可以通过其往生的亲人朋友得到启示。唯有如此，方能以友爱感化世间众生；如不居中而立，则自身纷扰不断，而难以抚慰众生。

灵性所传之教义的这种普遍性既是灵性主义的力量所在，也是灵性主义得以迅速传播的原因所在。一人独语，即使借助媒体，要开化众生，无数百年之功而不可为；万人同声，四海宣扬，广传教义，不论先知后闻，皆无所遗漏。这是如今任何一门其他学说都不具备的优势。故灵性主义如为真理，则定然无惧于世人恶意，无惧于道德革命，亦无惧于外物干扰，因为这些都不会对灵性造成影响。

然而，灵性主义学说因其特殊地位所享有的优势还不仅限于此，其能有效防止学说内部产生任何分裂——无论是缘于少数人的野心，还是灵性间的矛盾。此类矛盾固然是一大障碍，但也并非无药可治，而是有药可医。

众所周知，由于能力上的差异，并非所有灵性都能掌握全部真理；也并非所有灵性都能了解某些奥秘；他们的知识与其净化程度成正比；普通灵性并不比人类知道得更多，有的甚至更少；在灵性当中，正如在世人当中，既不乏自以为是、不懂装懂的虚伪之辈，亦存在将个人己见视为真理的理论空谈者；总而言之，唯有最高等级的灵性——即已完全去物质化的灵性，才能真正摆脱世俗的观念和偏见。然而，我们也知道，虚伪的灵性为了宣扬自己的空想理念，往往不惜假借他人之名虚壮声势。这样一来，针对除道德教义之外的任何事物，每个灵性所受得的启示都难以避免地具有其个体特征，因而缺乏真实性和可信度；此类启示只能视为灵性的个人之见，若轻率地全盘接受抑或视为绝对真理而大肆宣扬，则有失谨慎。

首先的检验无疑是用理性进行检验。对于灵性所说的任何事物，都必须无一例外地进行理性的审视；凡是有悖普遍常识、严格逻辑或确凿证据的理论，即使其打着任何大师名家的旗号，也必须予以拒绝。然而，很多时候，由于个人认知的不足以及世人大多爱将自己的判断视为批判真理的唯一依据，这种检验往往存在很多缺失。在此情况下，那些对自己缺乏绝对信心之人会如何做呢？他们会人云亦云，听从大多数人的意见。因此，灵性在向我们传授教义时，也有可能出现这种情况。

因此，检验灵性所传教义的最佳方法就是看它们之间是否具有一致性，不过，在某些条件下，还需要对此一致性进行进一步探究。由某个灵媒向多个灵性提出疑问进行求证的方式是最靠不住的。很显然，灵媒一旦失去心智或受到了某个虚伪灵性的摆弄，那么这个灵性就很有可能会借用不同的化名对灵媒说出同样的话；因此，单靠以某个灵性主义者为中心的多个灵媒来进行检验并不一定能够保证真正的一致性，因为这些灵媒也有可能受到同样的影响。

唯一可以真正检验灵性所传教义真伪的方法，是看众多遍布各地且互不相识的灵媒自发传授的启示之间是否存在整体一致性。

有一点需要明白的是，我们在这里讨论的并非那些无甚要紧的交流，而是涉及灵性主义学说之原则的交流。经验表明，凡新理论问世，总会以同样方式同时在各地**自发**传播，即便形式上有差异，至少在本质上也是如此。因此，假如某个灵性根据自己的思想形成了某种有悖真理的奇谈异论，那么除非这一理论能得到各地响应、八方印证，否则肯定会**受到局限**，继而被推翻。这样的例子不胜枚举。在灵性主义诞生之初曾出现过许多有失偏颇的理论，而这些理论无一例外都败在了这种一致性上，每个人在试图用自己的方式来解释这一现象时，鲜少有人真正理解到支配有形世界和无形世界间相互关系的法则。

这正是我们在创立灵性主义学说的原理时所依据的基础；并非因为它与我们自以为真理的想法一致；我们从未将自己视为真理的最高仲裁者，也从未对任何人宣称："你得相信这件事情，因为这是我们告诉你的。"在我们看来，我们的观点也无非是一个既有可能正确，亦有可能错误的个人观点，因为我们并不见得比其他人更加可靠无误。这也并非因为我们所接受的教义是绝对真理，而是因为它得到了一致认可。

这是基于我们曾与散布于世界各地的成千上万个真正的灵性主义者中心交流过，更是基于我们根据这种一致性对这一学说理论进行了深刻审视；这种审视引导我们开创了如今的局面，并将继续指引我们进一步探索灵性主义的未知领域。为此，在对法国及海外各地的通灵现象进行了仔细研究后，我们发现了一些极为特别的启示，它们呈现出一种新的趋势，昭示着向前迈出一步的时候到了。这些启示有时会以隐晦之语传述，因此往往会被接收者忽视；当然，还有很多人认为他们是唯一接收到这些启示之人。孤立地看，这些启示对我们似乎毫无意义——它们之所以让人觉得可信，仅仅是一种巧合；然而，待日后公诸于众之时，所有人才会想起来自己曾经也接到过同样的教义。这是我们在灵性的指导帮助下进行研究所观察到的普遍现象，有助于我们对何事可为而何事不可为做出判断。

这是一种放诸四海而皆准的检验方式，它能确保灵性主义未来发展的统一性，亦能推翻所有相互矛盾的理论。这种普遍性检验方式是人们在未来寻求真理将依据的标准。《灵性之书》和《灵媒之书》之所以能够成功奠定灵性主义学说，全在于书中所著之内容皆为灵性藉由各地灵媒直接传述之内容。倘若灵性四起反对，竞相否认，无需多时，这两本著作的命运便会与其他妄想荒谬的理念一般无异。此时，即便有媒体的支持，也难拯救其于危难之际；然而，灵性主义得到了灵性的支持，而灵性的善意极大地弥补了世人的恶意，因而即便不借助任何媒体，这一理论也能迅速广泛传播。因此，所有来源于灵性或世人的思想，无法经受住这一检验——该检验拥有无可争辩的力量。

因此，我们不妨假设，有的灵性会很乐意取个书名，然后口述一本与书名含义完全相反的著作；我们甚至还可以进一步假设，对这一学说怀有敌意和质疑之人会恶意唆使灵性进行虚假的通灵交流。如果这些著作被灵性全盘否定，那么它们又会产生怎样的影响呢？在以灵性的名义发表任何一种理论之前，我们都需要确保得到其默许。从个人理论到众人理论，需要经历一段从一至无限的距离。当数百万来自太空的友好声音传入世界的每个角落，甚至传入千家万户时，所有诋毁者的观点会对大众的意见产生怎样的影响呢？从这一方面来说，难道该理论还未得到经验证实吗？那些原本想要扫除灵性主义的出版刊物如今都变成了什么样子？迄今为止，它们当中哪一本书能够阻止灵性主义向前发展？到目前为止，人们还从未站在这一角度来考虑过这个问题——毫无疑问，这是最重要的问题之一；人人都自顾自地琢磨，从未信赖过灵性。

此外，一致性原则可以有效防止任何教派为维护自身利益以及迎合自身需求而对灵性主义做出任何篡改。任何想要扭转上天旨意的尝试都是徒劳，原因很简单：灵性会通过其所传教义的普遍性对任何偏离真理的理论进行修正。

由此可以得出一个重要事实：无论谁想要破除陈规惯例、老旧观念，无一例外都会引起局部的骚乱和暂时的纷扰，但无论是现在还是将来，这都不会成为主流。

此外，针对灵性主义学说中至今尚未澄清的要点，如果灵性所传授的教义是孤立的，那么它们就不可能成为法则，因此也不可能为世人所接受，保留它们，不过是为了参考而已。

故在发表这类教义时要极为谨慎，如认为确有必要，当尽量以个人观点提出，且应对这一必要性加以确认。除非有人不怕受到肤浅愚笨或草率轻信的指责，否则在将某一理论作为真理提出之前，务必要反复求证，三思谨行。

高度进化的灵性在传授启示时是极富智慧的；他们只会在条件成熟的情况下提出新理论，并在我们能够理解更高层次的真理时循序渐进地解答灵性主义学说的重大问题。这正是他们一开始没有全盘托出，甚至直到今天也未倾囊相授的原因，也是他们从未屈服于那些不等果熟蒂落便急于采摘的急功近利者的原因。对于这些人而言，促赶天意、逆时而为永远徒劳无益，因为那样的话，真正严肃的灵性必然会拒绝助其一臂之力。只不过轻浮草率的灵性对于真理不甚关心，反而事事都想掺和染指。正是由于这个原因，对于过早提出的问题，总会得到相互矛盾的答案。

上述原理并非由个人理论导致，而是灵性显灵时不可避免的结果。显然，如果一个灵性所言之事与其他地方成千上万的灵性所言之事截然相反，那么很难将一个或极少数灵性的观点推定为真理；故一个灵性背离所有其他灵性宣称只有自己的观点才是正确的，这种说法肯定是不合逻辑的，这一情况与在人间并无什么不同。真正明智的灵性如果认为自己对于某一问题未充分了解，**绝对不会**采用绝对的方式去解答它；他们会声明自己的回答仅代表个人观点，并且会澄清这一回答有待证实确认。

一个理论，无论其有多伟大、多美妙或多公正，都不可能从一开始就将所有观点统一起来。各种观点之间的矛盾是理论在发展演变过程中不可避免的一个结果；

这种矛盾对于进一步突显真理必不可少，尤其在理论形成初期非常有用，因为这样可以更快厘清和摒除各种错误观念。因此，对这一方面存在任何担忧的灵性主义者大可完全放心。在强大的普遍检验标准面前，任何孤立的主张都会因事物自身的力量而不攻自破。

这并非指其他人所拥护的任何个人观点，而是指灵性发出的一致声音；发现灵性主义正统观念的不是哪一个人——**也并非除我们之外的任何其他人**；它绝非灵性随意强加给某个人的观点；相反，它在灵性中具有普遍性，是灵性听从上帝旨意，在整个世间传播的理念；而这恰好代表了灵性主义学说的本质特征——力量和权威。上帝希望为神定法则赋予一个不可动摇的基础，因此他并未将其放在某一个人脆弱的肩头。

强大的阿雷欧帕古斯[b]不知阴谋和满心嫉妒的对手、教派和国家为何物，在他面前，所有的反对、野心和个人至高无上的主张都会被踏为齑粉。**但凡想要用我们自己的思想来取代这些至高无上的法令，我们便会自我瓦解**。任何尚存争议之事只能交由上帝解决——让异议者闭嘴，让相关者解释——或不予解释。当一个人或灵性面对着来自**上天的神圣旨意**时，他个人的观点又算什么呢？无非是滴水之于沧海，蚊蝇细语之于万钧雷霆罢了。

唯普遍理念——至高无上的审判——具有最终发言权；它的形成源于所有人的观点；倘若其中一个观点是正确的，那么它定然会在整个理念中占据一席之位；反之，则无立锥之地。这一泛化过程会消除所有个性，最终击破人类的傲慢与偏见。

协调统一的过程已然明了；因此，在本世纪，所有不确定的问题都会得到解决，璀璨的光芒也一定会大放异彩，因为从今以后，一旦时机成熟，万事俱备，上帝的使者将遵从其意志发出振聋发聩的强音，从而将所有人类团结到同一面旗帜之下。与此同时，那些在两种对立理论之间摇摆不定之人将找到形成普遍理念的正确方向。这是一个确切迹象，它代表着绝大多数灵性在通灵时所站的立场，也表明了这两种理论中哪一种最终将占据上风。

3．历史事实

为便于理解《福音书》中的某些段落，有必要了解书中一些常用词汇的含意，以及当时犹太社会的风俗特征。由于这些词汇对我们而言拥有不同的含义，所以常常被人误解，进而导致混淆不清。另一方面，弄懂这些词汇的含义有助于理解某些乍一看让人觉得离奇怪异的箴言所蕴含的真正寓意。

撒玛利亚人：在十大部落分裂以后，撒玛利亚成为了以色列异见者王国的首都。在罗马人的统治下，撒玛利亚曾多次遭到破坏和重建，这里既是撒玛利亚的行政所在地，同时也是巴勒斯坦的四大地区之一。被称为"希律大帝"的希律王曾用华丽的纪念碑装饰撒玛利亚，且为了取悦奥古斯都，将其命名为奥古斯塔（Augusta），希腊语为"色巴斯"（Sebaste）。

撒玛利亚人与犹大国王之间的战争几乎从未停息过。自分裂以来，这两个民族之间就一直存在着一种深刻的厌恶情绪，彼此也切断了双方之间的所有关系。为进一步加剧分裂，以及阻止人们前往耶路撒冷参加宗教节日的庆祝活动，撒玛利亚人修建了自己的庙宇，并采取了一系列改革措施。他们只认可包含了《摩西律法》的《摩西五经》，却拒不承认在此之后所出的其他任何书籍。他们的宗教著作采用最古老的希伯来文字书写。由于被正统的犹太人视为异教徒，他们经常受到鄙视、诅咒和迫害。尽管这两个民族的信仰有着相同的起源，但两者的对立使得他们只看到了宗教理念的分歧。撒玛利亚人是那个时代的**新教徒**。

时至今日，仍有一部分撒玛利亚人生活在中东的某些地区，尤其是纳布卢斯和雅法。他们比其他犹太人更加严格地信奉《摩西律法》，且只与自己的族人通婚。

拿撒勒人：该名词是指一支依据古代律法宣誓，要一生一世、时时刻刻让自己保持纯洁的犹太人。他们奉行节欲、戒酒和蓄发的习俗。参孙、撒母耳和施洗约翰均为拿撒勒人。

犹太人将这一名词给了第一个基督徒，暗指拿撒勒的耶稣。

该名称同时也指在基督纪元最初几个世纪出现的一个异端教派，该教派与以比诺派一样，其信奉的原则融合了《摩西律法》的教义和基督教教义。该教派消亡的时间为公元四世纪。

税吏：在古罗马，该名词是指公共税收的租契持有人。他们专门负责征收罗马以及帝国其他辖区的各种赋税。其类似于法国旧制中的收税官，某些地区至今仍保留着这一职位。税吏们所冒的风险使得大多数人对他们经常搜刮得来的财富视而不见，这些财富对于许多人而言就是征税和可耻盈利的产物。税吏一词后来扩展为所有的公共资金管理负责人及其下级代理。如今，这一词汇已具有一定的贬义，意指缺乏商业操守的金融家和经纪人。人们有时会说"像税吏一样贪婪"或是"像税吏一样富有"，实际指的是不义之财。

在罗马人的统治下，最让犹太人难以接受的就是税收，因为税收被认为是有违律法的，这最大程度地激怒了犹太人，引发了多次起义，最后演变为宗教问题。在戈兰人犹大的领导下，甚至还专门成立了一个强大的政党，其信奉的原则就拒绝纳税。因而，犹太人鄙视税收，并因此鄙视所有负责收税之人。他们憎恶各类税吏，其中还不乏体面之人，但由于所从事的职业，税吏以及与税吏有关的所有人都会受到鄙视。杰出的犹太人认为，与税吏保持任何密切关系都有可能对自己造成危害。

收税员：这一名词是指负责在城门口征收关税的低等级收税员。其职能大致相当于海关官员或收费员。他们忍受着人们对于所有税吏的憎恶之情。这就是为何在《福音书》中我们会发现**税吏**一词往往与**罪人**联系在一起。这一标签并不仅仅意味着放纵或不体面之人。这是一种蔑视，与**志趣不投的伙伴**，即不值得和**正派人士**混为一谈之人同义。

法利赛人（来自希伯来语 parasch，意为分裂、分离）：他们创立了作为犹太神学重要组成部分的圣传，包括汇编了用于阐述圣经的连续释文，并将其列入教条。在学者当中，圣传总会引起无休无止的争论，其中最常见的就是关于语汇或形式的简单问题，类似于中世纪的神学争论和经院哲学的微妙之处。这一切导致了不同教派的成立，每个教派都声称自己掌握了唯一的真理，而且无一例外地，各教派之间都相互憎恶、相互仇恨。

在这些教派中，最有影响力的是**法利赛人**，其首领为**希勒尔**。他是一位犹太学者，出生于巴比伦，是一所著名神学院的创始人，而这所神学院只传授起源于圣经的信仰。法利赛人的起源最早可追溯至公元前 180 至 200 年。法利赛人在希耳迦诺、大祭司、犹太国王、亚利士多布吕、亚兰王亚历山大等人的统治时期经常遭受迫害。不过，在亚历山大恢复了他们的荣誉和资产之后，他们重新获得了权力，直到公元 70 年**耶路撒冷衰败没落**，该教派才因犹太人的流散而最终消失。

法利赛人在宗教争论中表现得十分积极。他们卑屈地遵循形式上的朝拜习俗和仪式，狂热地追求改变宗教信仰，反对任何有新思想之人，假装非常严格地恪守教义。然而，在谨小慎微的忠诚背后，他们隐藏着放荡的习惯与极度的傲慢，而且最重要的是，拥有强烈的掌控欲。对他们而言，宗教更像是一种晋升手段，而非真正信仰的目标。他们道貌岸然，徒有其表。尽管如此，法利赛人在世人眼中却一直是神圣的，他们对世人产生了巨大的影响。这也是他们能在耶路撒冷发展得如此强大的原因所在。

他们相信——或者至少声称相信——上帝、灵魂的不朽、永恒的惩罚和死人的复活（参见第四章第四节）。耶稣最珍视纯朴和心灵的品质，就律法而言，他更注重**赋予生命的灵性，甚于杀死生命的文字**，他的使命就是要不遗余力地揭露法利赛人的虚伪，并与他们势不两立。正因为这一缘故，法利赛人联合祭司长，从而煽动百姓攻击耶稣，最后将其残害至死。

文士：这一名词最初是指犹太国王的秘书以及犹太军队中的某些负责人，后来则专指向世人传授和解读《摩西律法》的学者。他们与法利赛人可谓"志同道合"，与后者一样，也奉行相同的准则，并反对自由思想家。这正是为何耶稣的责备中也含了他们的原因。

犹太教会堂（来自希腊语 Synagogue，意为集会、聚集）：犹太王国只拥有一座圣殿，即位于耶路撒冷的所罗门圣殿，盛大的犹太人朝拜典礼便是在这里举行。每逢一年一度的逾越节、献殿节、住棚节等重要节日，犹太人都会去圣殿朝拜。耶稣也多次前往耶路撒冷参加此类场合。其他城市则没有圣殿，只有犹太人会堂：即指犹太人在安息日聚集在一起，在长老、文士或神学家的带领下进行公共祈祷的建筑物。圣书中也记载了关于犹太人会堂的解释和评注；人人都可以参加这一聚会；正因如此，尽管耶稣并非祭司，却可以在安息日来到会堂训导众人。

在耶路撒冷衰败没落以及犹太人开始大流散以后，这些城市的犹太教会堂便成为了朝拜异教的庙宇。

撒都该人：指公元前 248 年形成的一个犹太教派，得名于其创始人**撒多克**（Sadoc）。撒都该人不相信灵魂不朽，不相信复活，也不相信有善良和邪恶的天使。尽管如此，他们依然相信上帝，但对死后并无期待，他们服务于上帝只是为了获得暂时的回报，在他们看来，神的眷顾是有限的。此外，他们认为追求感官的满足是生活的基本目标。至于经文，他们坚持奉读《摩西五经》的古经文，既不接受圣传，也不认可任何释义。他们把善行和单纯地遵守律法置于外在的敬拜行为之上。他们是那个时代的唯物主义者、自然神论者和感官主义者。这一教派的人数很少，但网罗了一些重要人物，成为一个一直与法利赛人作对的政党。

爱色尼派：马加比人在公元前150年左右创立的一个犹太教派。该教派的成员居住在一种修道院中，相互之间形成了一种道德和宗教的联系。他们以和平的风俗和简朴的美德而著称，信奉爱上帝和爱邻里，相信灵魂不朽，也相信复活。他们过着独身生活，谴责奴隶制和战争，拥有共同财产，且从事农业生产。与声色犬马、否认永生的撒都该人以及行为刻板、徒有其表的法利赛人不同，爱色尼人并未参与分裂其他两个教派的争论。他们的生活方式接近早期的基督徒，他们所宣扬的道德准则让一些人相信耶稣在开始履行其公共使命之前就属于这一教派。可以肯定的是，耶稣一定知道这个教派，但没有任何证据证明他与该教派有任何关联，任何关于这方面的文字记载都只是假设。[2]

特拉普提派（来自希腊语therapeutai、therapeuein，指服务、照顾，意为上帝的仆人或疗愈者）：犹太人的宗派主义者，与基督生活在同一时代，该教派主要创立于埃及的亚历山大时期。特拉普提派与埃塞尼派关系密切，宣扬爱色尼派所信奉的教义，致力于践行所有美德。他们吃得极为节俭，过着独身、沉思和孤独的生活，建立起了一个真正的宗教秩序。菲伦是亚历山大时期的一位柏拉图式犹太哲学家，他是首个提到特拉普提派之人，认为他们是犹太教的一个教派。优西比乌斯、圣·杰罗姆和其他教会神父则认为他们是基督徒。无论他们是犹太人还是基督徒，很明显，就像爱色尼人一样，他们成为了犹太教和基督教之间的纽带。

4．苏格拉底与柏拉图：基督教思想和灵性主义的先驱

尽管耶稣肯定是熟悉爱色尼派的，但要说他的教义源于爱色尼派，而且说他若要生活在另一个环境，肯定会宣扬其他教义，那就大错特错了。伟大的思想从来都不是突然出现的。站在真理肩上前行之人总有奠基铺路、开疆拓土的先驱可以倚仗。直到后来时机成熟，上帝便派使者前去总结、协调和完成那些分散的要素，最终将其合而为一。这样一来，并非横空出世、从天而降的思想才能被人们心甘情愿地接受。基督教思想就是这样诞生的——早在耶稣与爱色尼派之前的数百年间，这一思想就已初现端倪，其中的苏格拉底和柏拉图便是这一思想的主要先驱。

与基督一样，苏格拉底本人从未著书立说，或者说至少没有著作遗世。与基督一样，苏格拉底也是因获罪致死，是狂热教徒的受害者，皆因他攻击了既定的信仰，将真正的美德置于虚伪和假象之上；换言之，因为他反对宗教偏见。耶稣生前曾被法利赛人以宣扬自己的教义令世人堕落的罪名指控，同样，苏格拉底生前也受到过法利赛人的指控——因为该教派存续了很长时间——其罪名是借宣扬上帝的统一性、灵魂不朽和来世等

宗教信仰腐蚀青年。正如我们只能通过其门徒的著作了解耶稣的教义一样，我们也只能通过其门徒柏拉图的著作了解苏格拉底的教义。我们认为有必要在这里总结一下最突出的要点，以证明其与基督教的原则是一致的。

对于那些认为这样的类比是对基督的一种亵渎，并声称异教徒的学说与基督的教义之间根本不可能有相似性之人，我们要指出的是，苏格拉底的学说并非异教徒的学说，因为它的目的是反对异教信仰；耶稣的教义比苏格拉底的学说更纯净、更完整，即使两相对比，也无损于前者，而且也并不会削弱基督神圣使命的伟大性；此外，我们所讨论的也是一个不可否认的历史事实。人类已进入到了一个绽放光芒、大放异彩的时代；时机已然成熟，是时候面对这一现实了——对那些不敢睁眼看世界之人而言更是如此。事到如今，我们应当站在一个全面的角度和更高的层次来审视问题，而且不应再从琐碎和狭隘的角度来看待教派和阶级的利益。

此外，如果这些引文能够证明苏格拉底和柏拉图曾预见到基督教的思想，那么从他们的学说中也应当可以找到灵性主义的基本原则。

苏格拉底与柏拉图学说概述

一、人是**灵魂的化身**。在化身之前，灵魂以原始状态的形式与真、善、美的思想结合在一起。化身之时，灵魂与思想分离，**并保留过去的记忆**，它所经历的折磨在程度上取决于想要返回的欲望。

当时还无人能清晰地阐明智慧本源和物质本源之间的区别和独立性。此外，这里提出了灵魂具有先在性，灵魂对于它所期待的另一个世界保留着一种模糊的直觉，在脱离肉体之后，灵魂仍能存活，它会离开灵性世界去转世轮回，死后又重新进入灵性世界；简而言之，这可以说是堕落天使教义的萌芽。

二、灵魂会四处游荡，在借用肉体考虑事物时，灵魂会变得迷茫。它会感到头晕，好像喝醉了一样，因为它所关联的事物在性质上发生了变化。另一方面，每当灵魂自省时，便会看到其纯洁、永恒和不朽的本质，恢复其本性，并尽可能地保留这一关联。灵魂与永恒不变的事物结合在一起会令其迷途知返、悬崖勒马，而灵魂的这一状态就是所谓的**智慧**。

因此，人类以世俗的方式和唯物主义的观点自下而上地思考事物时，难免会自欺欺人。为了对事物进行正确的评估，有必要从灵性的角度，自上而下地看待事物。为此，真正的智者必须通过某种方式将灵魂与肉体分离，这样才能用灵魂的眼睛去观察事物。这正是灵性主义主张的观点。（参见第二章第五节）

三、在我们拥有凡身肉体时，只要灵魂还沉迷于这种堕落的状态，我们就永远无法拥有我们想要的：真理。事实上，凡身肉体会带给我们无限障碍，因为它需要我们时刻关照。而且，它会让我们充满执念、欲望、恐惧、无数的幻想和无数的傻念头，因此，沉迷于肉体，哪怕是一瞬间，也是不明智的。然而，鉴于我们无法在灵魂与肉体结合时完全了解任何事物，那么只会有两种结果：要么我们永远不会知道真相，要么我们只有在死后才会知道真相。只有从肉体的疯狂中解脱出来，我们才能——希望如此——与同样获得自由的个体进行交流，才能自己看清事物的本质。正因如此，真正的哲学家常抱着赴死之心，而无惧于死亡。（参见《天堂与地狱》第一册第二章和第二册第一章）

这里阐述了灵魂的官能会被肉体的官能掩盖，以及灵魂在死后会拥有更强大的能力。但这仅适用于蒙上天关照的已净化的灵魂；不纯洁的灵魂并非如此。

四、在此状态下，不纯洁的灵魂会变得颓丧，并因为对无形和非物质世界的恐惧而再次堕入有形世界。然后，灵魂——据说——会在陵墓和坟墓周围游荡，这些地方有时会出现可怕的幽灵，其肯定是灵魂的样子，它们离开了肉体，又未完全净化，因而保留了某种物质形态，所以才能被肉眼看到。这些灵魂称不上善良，但很可怜，它们被迫在这些地方徘徊，承受着前世的惩罚；它们还会继续游荡，直至内在欲望变成物质形式，并将它们引入另一个肉体。然后，它们又会自然而然地回复到其前世所偏爱的生活习惯。

这里不仅清楚地阐述了轮回转世的原则，还描述了灵魂在物质控制之下的状态，其与灵性主义所论证的招魂过程是一样的。此外，这里还说明了灵魂轮回转世并化身为物质肉体是灵魂不纯洁的结果，净化的灵魂是自由的。灵性主义的观点并无二致；只是在此基础之上有一定的补充，即灵魂在游离状态下会做出正确决定，它们会保留之前获得的知识，并且与前世相比，拥有更少缺点、更多美德以及更直观的重生观念。因此，每一世都代表着智力和道德的进步。（参见《天堂与地狱》第二册示例）

五、在我们死后，我们命中所指定的守护神（daimon）会引领我们前往冥府，所有亡灵都必须聚集在此，接受审判。在冥府停留**足够长的时间后**，灵魂会重新转世，反复轮回。

这里提出了守护天使或守护灵性，以及在经历或长或短的游离状态后反复轮回转世的观念。

六、守护神充斥着分天辟地的空间；它们是将天地与自身结合在一起的纽带。由于神从来不与世人直接沟通，因此会通过神指派的守护神与世人交流——无论是醒着还是在睡梦中。

"守护神"（daimon）一词起源于 demon，其在古代并无现在所指的邪恶之义。它并不专指邪恶的生物，而是泛指所有灵性，其中包括被称为神的高度进化的灵性，以及进化程度较低的灵性，即直接与人类交流的魔鬼。灵性主义还认为灵性生活在太空中；上帝只会以委派传递神圣意志的纯洁灵性作为中介与人类沟通；无论是清醒状态和睡眠状态，灵性都可以与人类交流。用"灵性"一词代替"守护神"，就是灵性主义学说；用"天使"一词代替"守护神"，便是基督教教义。

七、哲学家们长时间的出神入定（如苏格拉底和柏拉图所理解的那样）是更注重对灵魂的关注甚于对生命的关注。从永恒的角度来看，生命只是一个瞬间。如果灵魂是不朽的，那么以永生的眼光来生活岂不明智？

在这一点上，基督教和灵性主义所宣扬的一样。

八、如果灵魂是非物质的，那么在这一世结束之后，它就必须进入一个同样无形的非物质世界，就像肉体在分解后重新变为物质一样。最重要的是，要区分清楚真正达到非物质状态的纯洁灵魂——它们与上帝一样，用知识和思想滋养自己——以及那些在**不同程度上受到**物质杂质污染的灵魂——这些杂质会阻碍灵魂一心向神，使其羁留于尘世之旅。

正如我们所看到的，苏格拉底和柏拉图完美理解了灵魂去物质化的不同程度。他们坚持认为有各种各样的情况会导致灵魂净化程度的**高或低**。他们所言是基于直

觉，而灵性主义则通过发生在我们眼前的无数例子对此进行了证明。（参见《天堂与地狱》第二册）

九、如果死亡是一个人的彻底毁灭，那么对于邪恶之人而言，这将是一个莫大的好处，因为他们死后可以立刻从肉体、灵魂和罪恶中解脱出来。只有那些用适当的装饰，而非不恰当的装饰来美化自己灵魂之人，才能平静地等待着自己去往另一个世界的时刻。

换言之，这是指宣称死后空无一物的唯物主义实际上是免除了所有最终的道德责任，因而是对罪恶的一种激励；这样一来，邪恶之人反而能从虚无中获得一切；只有那些摒弃陋习，用美德充实自己之人，才能平静地等待来世的觉醒。通过每天摆在我们面前的例子，灵性主义向我们揭示了对于邪恶的灵魂来说，从一世到另一世的通道以及进入来世的入口有多么痛苦。（参见《天堂与地狱》第二册第一章）

十、肉体所受的照顾或所经历的事故会在其上留下显著的痕迹；灵魂也是如此。当灵魂摆脱肉体的束缚时，它身上会带有明显的性格、情感以及此生一举一动所留下的痕迹。因此，对于一个人来说，最大的不幸就是带着一个充满罪恶的灵魂去往另一个世界。你看，卡立克利斯，无论是你、波卢克斯还是戈吉斯都无法证明，当我们发现自己在另一边时，我们一定会过着另一种有益的生活。所谓仁者见仁，智者见智，但唯有一点是不变的，那就是**宁可遭受不公，也不施加迫害**；在面对其他事情时，我们不应当仅仅让自己表现得道德高尚，而是应当身体力行地践行美德。（苏格拉底在狱中与门徒的对话）。

这里又提到了关键的一点，即未净化的灵魂会保留其在世间拥有的思想、倾向、性格和激情，这一观点如今已得到了经验的证实。箴言有云：**宁可遭受不公，也不施加迫害**，这难道不是彻底的基督徒吗？这与耶稣通过这个例子表达的思想是一样的："如果有人打你的右脸，将左脸也转过来由他打。"（参见第七章第七节和第八节）

十一、二者居其一：要么死亡是绝对的毁灭，要么死亡是灵魂到达另一个地方的通道。如果一切都会消亡，那么死亡就像我们为数不多的既没有做梦也没有自我意识的夜晚一样。然而，如果死亡仅仅是易地而居，是与亡者重聚的通道，那么与生前的故人再次重逢将是何等幸福之事！我最大的乐趣就是近距离观察居住在那里之人，分辨真正的智者和自以为是的蠢货，就像我在这里所做的一样。不过，是时候让我们分开了：我去死，你们去活。（苏格拉底对法官所说之话）

根据苏格拉底的说法，那些曾经生活在世间之人死后会再次相遇，并认出彼此。灵性主义指出，这种关系存在着延续性，如此一来，死亡既非生命的中断，也非生命的停止，它并非对这种延续性的削减，而是一种转变。

假如苏格拉底和柏拉图能得知五百年后基督的教义，以及灵性现在向我们传授的教义，那么他们就不会借他辞以言其事了。如果你记得伟大的真理是永恒的，先进的灵魂在来到尘世之前就已知晓这些真理，那么这也就不足为奇了；苏格拉底、柏拉图以及他们那个时代其他伟大的哲学家都有可能是帮助基督完成神圣使命之人，他们之所以被选中，正是因为他们比任何人都更能理解他宣扬的崇高教义；简言之，如果生在今天，他们就可能是肩负着向人类传授这些真理的灵性所化身的伟人之一。

十二、一个人不应以不公正报复不公正，也不应因受到他人加害而加害他人。然而，很少有人会接受这一原则，在这一点上存有分歧之人只会相互鄙视。

这难道不是教导我们不要以恶报恶，且要宽恕我们敌人的仁慈法则吗？

十三、观其果而知其树。只有通过所产生的结果，才能对一个行为进行判定：恶果对应恶行；善果对应善行。

箴言有云："观其果而知其树"，这在《福音书》中反复出现过多次。

十四、财富是一大危险。所有爱财之人既不爱自己，也不爱其本性，反而平生只爱身外之物。（参见第十六章）

十五、真正能感动神的既非最美妙的祈祷，也非最华丽的牺牲，而是一个努力去效仿上帝的道德高尚的灵魂。假如众神看重的只是我们的祭品，而非我们的灵魂，那将是一件严重的事情。这样一来，即使是罪大恶极之人也有可能占尽便宜。然而，除非他们通过自己的言行来向诸神和所负之人赎罪，否则这世间将无任何真正的公正和智慧可言。（参见第十章第七节和第八节）

十六、对于那些爱肉体胜过爱灵魂的平庸情人，我深为鄙夷。在自然界中，锤炼我们智慧的仁爱无处不在；即使在天体的运行中，也有仁爱的存在。仁爱以其千变万化之姿点缀自然；它着锦衣、披华服，以满园鲜花、馥郁芳香装饰天地。仁爱给人类以和平，给海以宁静，疾风遇之而静，苦痛遇之而眠。

仁爱，通过手足之谊将人类团结起来——这正是柏拉图将博爱作为自然法则的理论。苏格拉底曾断言："爱既不是神，也不是凡人，而是伟大的灵魂"，或者说是某种掌管着普世之爱的圣灵。而这一思想，在周遭俗世之人眼中正是他不可饶恕的罪恶。

十七、美德不可教；它是上帝赐给那些拥有它之人的礼物。

这大概是基督教关于恩典的教义；然而，如果美德是上帝赐予的礼物，那么它就是一种恩惠，我们可能会问为何它未赐予每个人；另一方面，如果它是一份礼物，那么拥有它的人就没有任何功德。对此，灵性主义阐述得更为明确。它指出，那些拥有美德之人是通过自己的努力，通过逐渐去掉自身的不完美而获得美德的。恩典是上帝赐予世间拥有善意之人，使其可以去恶从善的力量。

十八、认为自己的缺点比别人少得多，这是我们每个人的天性。

《福音书》上说："你看见你邻居眼中的微尘，却不见自己眼中的梁木。"（参见第十章第九节和第十节）

十九、如果说医生无法医治大多数疾病，那是因为他们只**治疗肉体，而不治疗灵魂**，因为整体的状态不好，任何一部分都不可能痊愈。

关于灵魂与肉体之间的关系，灵性主义提供了一把解答的钥匙，它证明了两者之间存在着持续的相互作用。它也因此开辟了一条通向科学的新途径，通过揭示某些疾病的真正原因，提供了对抗这些疾病的手段。一旦科学开始考虑肉体中的灵性因素，就会不那么容易失败了。

二十、所有的人类，从呱呱落地开始，所做的坏事远比好事多。

苏格拉底的这句话触及了地球为邪恶所支配的严重问题。如果不了解世界的多重性以及地球的命运，不了解只有一小部分人类居住在地球，那么这个问题就无法得到解答。对此，只有灵性主义提出了一个解决办法，这一点将在第二章、第三和第五章进行阐述。

二十一、不以不知为知，是一种智慧。

这句话针对的是那些明明一无所知，却喜欢评头论足之人。柏拉图对苏格拉底的这一观点进行了补充，他说："如果可能，让我们先试着用文字尽量忠实地反映事物的原貌；如果不行，**也不必对此太过再意**；我们不妨只追求真理。让我们努力自我修行，**而非互相攻击**。"对于那些诋毁他们之人，无论出于善意还是恶意，灵性主义者就该这么做。如果柏拉图今天还活着，他会发现时代虽有不同，世事却无两样，他以前所说的话，至今也仍适用。苏格拉底也会遇到这样的人，他们会嘲笑他对灵性的信仰，认为他和他的弟子柏拉图精神错乱。

对于这一理论的印证体现在，苏格拉底最初被嘲笑，后来又被指控亵渎神明，最后被判饮毒堇汁而死。所有这一切都让人确信，如果一个伟大的真理与个人利益和偏见发生了冲突，倘若不经斗争，或无人殉道，新的真理就无法建立起来。

~

[1] 诚然，针对每一个主题，除了我们引用的通灵案例外，我们还可以提供我们在其他城市和灵性主义者中心获得的大量例证；但首先，我们希望避免千篇一律的不必要的重复，同时考虑案例所涉及的深度和形式，我们也希望将选择限定在与本书内容最为贴合的案例，至于本书未能包含的案例，将待日后另行著书出版。关于灵

媒，我们不愿指名道姓；大多数情况下，他们并未主动要求公开身份，故不宜有所例外。此外，公开灵媒的姓名并不会为灵性主义者的工作增加任何价值；这不过是一种虚荣心的满足，而真正的灵媒对于虚荣心并无兴趣。他们明白自己扮演的角色完全是被动的，故通灵这件事本身并不会增加他们个人的功德，而且他们也清楚，倘若他们将自己的机械举动过誉为智力行为的话，那就太幼稚了。——作者按。

[2]《耶稣之死》，据说为爱色尼派的一位教徒所著，是一本完全虚构的书，其目的是为了支持某种观点，书中包含了其现代起源的证明。——作者按。

[a] 亚兰·卡甸在其著作中一直使用的是勒梅特·德·萨西（Lemaître de Sacy）的《圣经》传统法文译本。针对本书的此次翻译工作，已根据《圣经》的几个英文译本、法文的《耶路撒冷圣经》、《拉丁文圣经》以及经常采用希腊大楷体的《圣经》，尤其是《梵蒂冈抄本》等对采用法文原版翻译的文本进行了比较和对比。——译者按。

[b] **阿雷欧帕古斯**是古代雅典最高法院所在山丘的名字。——译者按。

第一章：
我来非为废除律法

- **三大启示：摩西；基督；灵性主义**
  - 摩西
  - 基督
- **灵性主义**
- **科学与宗教联盟**
- **灵性所传教义**
  - 新纪元

三大启示：摩西；基督；灵性主义

1. "莫想我来要废除律法和先知；我来非要废除，乃是要成全。我实在告诉你们：就是到天地都废去了，律法的一点一画也不能废去，都要成全。"（《马太福音》第5章第17节和第18节）

摩西

2. 《摩西律法》分为两个不同部分：在西奈山颁布的《上帝律法》，以及摩西制定的民事或礼仪律法。前者恒古不变；后者则因地制宜，因时制宜。

《上帝律法》包含了以下十条诫命：

一、我是耶和华——你的上帝，曾将你从埃及地为奴之家领出来。除我之外，你不可有别的神。不可为自己雕刻偶像，也不可做什么形象仿佛上天、下地以及地底下、水中的百物。不可跪拜那些像，也不可事奉它们。

二、不可妄称耶和华——你的上帝之名。

三、当记念安息日，守为圣日。

四、当孝敬父母，使你的日子在耶和华——你的上帝所赐你之土地上得以长久。

五、不可杀人。

六、不可奸淫。

七、不可偷窃。

八、不可做假证陷害人。

九、不可觊觎他人之妻。

十、也不可觊觎他人之房屋、仆婢、牛驴，并他一切所有。

这条律法适用于所有时代和所有国家，因此具有神圣性质。其他的则皆为摩西制定的律法，他不得不利用恐惧来约束那些天生爱惹麻烦和不守纪律之人，他也不得不与埃及奴隶制度根深蒂固的弊端和偏见作斗争。为了增加其律法的权威性，他必须为这些律法赋予一个神圣的起源，正如其他早期民族的立法者一样。人类的权威须得建立在上帝的权威之上，然而，也只有令人敬畏的上帝思想才能给那些欠缺道德意识和高尚正义情操的无知世人留下深刻印象。很显然，一个能制定出"不可杀人；不可害人"的诫命之人，是不可能视灭绝为己任，而让自己陷入自相矛盾之境地的。所以说，《摩西律法》从本质上来说具有暂时性。

基督

3. 耶稣来并非要废除律法——《上帝律法》。他是来成全它，即发展它，赋予它真正的意义，使它适应人类的进步水平。这就是为何在这条律法中可以看出对上帝之责任和对他人之责任的原则，而这正是耶稣教义的基础。相反，就《摩西律法》本身而言，耶稣无论是从形式上还是从本质上，都对其进行了深刻的修改。他一直反对滥用形式上的礼仪，反对错误的解释；而他所做的最激进的改革莫过于提出"爱上帝高于一切，爱人如己"，并指出"**这就是律法和先知的大道至理**"。

耶稣曾说过："若非万事圆满，天地未敢消亡。"这句话指的是《上帝律法》必须得以圆满完成，换言之，就是要让人人践行律法，人人得到净化，力求上进，而终得其果。否则，倘若它只是少数人，甚至某一个国家的特权，那么制定这一律法又有何好处呢？作为上帝的子民，所有人都会毫无例外地受到上帝的关照。

4. 然而，耶稣的角色并不仅仅是一个除了自己说的话之外再无其他权威的道德上的立法者。他来是为了实现宣称他会到来的预言；他的权威来自于他的精神，也来自于他的神圣使命。他来教导人类，真正的生命不在世间，而在天国；告诉他们通向那里的道路，效仿上帝之法，并预先警告他们未来事物的发展，以成全人类的命运。尽管如此，他并未将一切和盘托出，在许多问题上，他只播下了真理的种子，因为他所宣称的真理在当时还无法被世人理解。他言及万事万物，或清晰明确，或隐晦模糊。要理解某些词汇的隐含深意，需要有新的思想和新的知识为人类提供解答的钥匙，而这些思想在人类思想达到一定的成熟水平之前是不可能出现的。科学是促进这些思想产生和发展的重要因素；而科学的进步需要假以时日。

灵性主义

5. **灵性主义**是一门新科学，它通过无可辩驳的证据，揭示了灵性世界的存在和本质，以及灵性世界与物质世界的关系。它向我们表明，世界不再是某种超自然的东西，而是作为一种活生生的、不断活跃的自然力量，作为一种迄今为止难以理解的各种现象的本源，正因如此，其被归入了神奇非凡的领域。基督曾多次提到这种关系，这也是为何他所说的许多事情至今仍然难以被人理解或被人误解。灵性主义犹如一把钥匙，它让一切事物都能得到合理解释。

6.《旧约》律法以摩西为化身；《新约》律法则以基督为化身。作为《上帝律法》中的第三个启示，灵性主义并未化身为任何具体的个体；它不是某一个人的教义，而是来自世界各地的灵性通过无数的中介所传递的教义——代表着天堂之声。它是一种集体的存在，将一群来自灵性世界的生灵联系在一起，每个灵性都会向人类传授其掌握的知识，以便世人了解那个世界，了解他们在这个世界的未来命运。

7. 基督说："我来，不是要废除律法和先知，乃是要成全。"灵性主义说："我来，不是要废除基督律法，乃是要成全。"灵性主义的教义与基督所传之教义并无冲突，只是后者进一步发展、完善以及清晰地向世人阐述了基督通过寓言故事传递的思想。灵性主义的出现是为了在预言的时间印证基督之言，是为成全未来之事做铺垫。这因而成了基督的工作，正如他所宣布的，他亲力亲为，主导重生，为世间的天国之治做好准备。

科学与宗教联盟

8. 科学和宗教犹如人类智力的两大杠杆：一个揭示物质世界的规律，另一个揭示道德世界的规律。**但两者皆**

依循相同的原则，即上帝，故相互间并不会冲突抵触。假若两者彼此对立，必有一对一错之分，因为上帝不可能愿意去破坏自己的作品。之所以认为这两种层面的观点之间存在着不相容性，皆是缘于错误的观察以及过度的偏废所致。由此引发的矛盾使得两者相互质疑、互不容忍。

如今，是时候该让基督的教义大功毕成，揭开故意蒙在这些教义之上的神秘面纱了；也是时候该让科学不再是纯粹的唯物主义，而应考虑到灵性的因素；且不再让宗教曲解物质的有机与永恒法则了。这两股相互支持、共同前进的力量将彼此扶助，彼此依赖。如此一来，宗教就不必再忍受科学的质疑，它将获得不可动摇的力量，因为它将合乎理性，不再反对不可抗争的事实逻辑。

科学与宗教直到今天才得以相互谅解，因为在此之前，两者都只从自己独特的观点来审视问题，所以会互相排斥。我们需要一些东西来填补两者之间的鸿沟，这是一种能让两者彼此紧密相连的统一标志。这种统一标志存在于支配灵性世界之规律及其与物质世界之关系的认识中，这些规律与支配天体运动和生命存在的规律一样永恒不变。这一关系一旦得到经验的论证，便带来了新的曙光：信仰转向理性，而理性在信仰中未发现任何不合逻辑之处，唯物主义被彻底打败。然而在这一点上，就像在其他事情上一样，仍有一部分人裹足不前，甘于人后，直至他们被大势席卷；倘若还有人试图负隅顽抗，拒不屈服，必然会被彻底压倒。这是一场全面的道德革命，一场悄然发生的、塑造人类精神的道德革命。经过十八个多世纪的准备，这场革命即将完成，它将标志着人类的一个新纪元。这场革命的结果很容易预见；就社会关系而言，它必将带来不可避免的改变，没有人有力量去反对，因为这一切都是上帝的安排，是进步法则，即上帝律法的必然结果。

灵性所传教义

新纪元

9. 上帝是唯一的，摩西是他派来的灵性，他的使命不仅是要让希伯来人知道他，还要让异教徒也知道他。上帝藉由希伯来人，通过摩西和先知传达神的启示，这些人的兴衰变迁是为了给后人留下深刻的印象，是为了揭开阻止人类看见神的面纱。

上帝通过摩西传达的诫命中蕴含了最广泛的基督教道德的萌芽。不过，圣经的注释对其含义进行了限定，因为若真要全面践行，它们还无法被世人理解；尽管如此，《十诫》仍然堪称一幅光彩夺目的卷轴，是照亮人类前进道路的灯塔。

摩西所传之道德适合人类的进步状态，即所谓的重生，这些人从灵魂的纯洁性而言，仍处于半原始状态，他们不明白除了燔祭还可以通过其他方式敬拜上帝，也不明白他们应当宽恕自己的敌人。无论是从唯物主义的观点来看，还是从艺术和科学的观点来看，他们的智慧在道德上仍处于极为落后的状态，如果完全处在宗教信仰的统治下，他们将永远不会发生转变；他们需要一种半物质的表现形式，正如希伯来人的宗教所具有的那样。因此，燔祭会对他们的感官产生影响，而上帝的观念则会对他们的精神产生影响。

基督是最纯洁和最崇高的道德创立者：福音派基督教的道德就是要重建一个崭新的世界，让世间男女结成手足之谊；让所有人内心都充满对他人的仁慈和仁爱，让全人类团结一致；简言之，这种道德就是要改造地球，使之成为比现有居住者进化程度更高之灵性的居住场所。这是进步的法则，其中自然是进步的主体，其具有自我实现性，而**灵性主义**则是上帝借以促进人类进步的杠杆。

现在，是时候发展道德观念，从而实现上帝的安排中包含的进步了。这些思想必须依循与自由思想——其先驱——相同的路线。然而，千万不要认为这种发展可以得来毫不费功夫。绝无可能！为了让思想达到成熟，需要对这些思想进行讨论和辩论，这样才能引起广大民众的注意。一旦人们注意到这一思想，基督道德的美好和圣洁就一定会触动他们的心灵，他们会对一门科学产生兴趣，而这门科学将为他们提供解开来世之谜的钥匙，并为他们开启通往永恒幸福的大门。摩西可谓开疆拓土；耶稣则是继往开来；灵性主义定当终成大业。
（《一个以色列人的精神》，米路斯，1861 年）

10. 有一天，上帝出于其取之不尽的仁慈，让人类看见真理驱散了黑暗。那一天是基督降临的日子。在那束生命之光闪过后，黑暗再度来袭。世界在真相与混沌交替更迭后，又一次陷入迷茫。这时，就像《旧约》中的先知一样，灵性开始发声，并警告世人：世界的根基正在动摇；免不了雷霆咆哮，轰鸣贯耳；你们要坚定立场，岿然不动！

　　灵性主义是一种神圣秩序，因为它是建立在自然法则基础之上的，而任何一个神圣秩序都必定有着伟大有益的目的。你们的世界迷失了方向，科学的发展以道德秩序为代价，它只给你们带来了物质财富，却又重新投诚于暗黑之灵。基督徒啊，你们深知心灵与仁爱必须与科学携手同行。基督的统治，唉！十八个世纪过去了，尽管有那么多殉道者的鲜血，统治依然尚未实现。基督徒啊，请转向希望拯救你们的主！对那些拥有信仰和仁爱的人而言，世间无难事。爱使他们充满难以言喻的喜悦。是的，我的子民们，世界正在动摇；善良的灵性已几次三番告诉你们。既已预知风暴来袭，便应屈让以避其锋芒；要备豫不虞，切勿像那无知的处女，因新郎的来临而诧异。

　　这场酝酿中的革命与其说是物质上的，不如说是道德上的。伟大的灵性是神圣的使者，他们激发你们的信念，让你们所有人，思想开明且满怀热情的劳作者，以低微谦卑之声发出醒聩震聋之音，即使你们渺小如砂粒；然而，没有砂粒，何来高山？因此，"我们如此渺小"这句话对你们毫无意义。人人皆有其使命，人人皆付诸其劳动。小若蚂蚁，不也能建立自己的王国；微如蚜蜉，不也能供养整个大陆？新的十字军运动已然开始。现代的圣·伯纳是普世和平而非战争的使徒，他们展望远方，砥砺前行。世界的法则是进步的法则。（芬乃伦，普瓦捷，1861年）

11. 圣·奥古斯丁是最能泄露灵性主义的人之一。他几乎处处表现自己。我们在这位伟大的基督教哲学家的生活中找到了其原因，他属于教会教父的强大方阵，而这正是基督教最坚实的基础。和其他许多人一样，他从异教中被连根拔起，或者更确切地说，从最严重的不虔诚中，从真理的光辉中被连根拔起。当他纵情纵欲时，他在灵魂深处感到一种奇怪的振动在召唤他回到自己身边，使他明白幸福并不存在于令人衰弱的、短暂的快乐之中；最后，在去往大马士革的路上，他也听到了神圣的声音："扫罗，扫罗，你为何迫害我？"他喊道，"我的上帝！我的上帝！原谅我！我相信；我是一个基督徒！"从此，他就坚定地拥护《福音书》。在著名的自白中，这著名的精神离开我们，人们可以阅读他在失去了圣·莫尼卡时所说的特有和先知的话语：**"我相信，我的母亲将返回来看我，给我建议，向我展现未来等着我们的生活。"** 这句话给我们上了多么深刻的一课啊，对未来教义又是多么高瞻远瞩啊！"这就是为何今天，看到已经到了揭露他所预言之真相的时候，他就成了它的狂热传播者，可以说，他已经成倍地增加了自己，以回答所有召唤他之人。（Erastus，圣·保罗的信徒，巴黎 1863）

注释：圣·奥古斯丁会去破坏他亲手建造起来的东西吗？当然不会，但正如其他许多人一样，他会以灵性之双眼观凡人之所不见。他不受约束的灵魂看到了新的光明，理解了他以往无法理解的事物。新的思想让他明白了某些词汇的真正含义。活在尘世之时，他只能根据自身掌握的学识来判断事物，但当新的光芒照耀在他身上，他拥有了更加审慎而全面的判断力。于是，他不得不改变了自己关于男魇魔和女魇魔[a]的想法，改变了他对于对跖点理论[b]的批判。现在，基督教的纯洁性已在他眼前展露无遗，他可以用不同的方式来思考某些问题，而不是像生前，一生只是作为一名基督教的信徒。他可以不必放弃自己的信仰，而让自己成为灵性主义的传播者，因为他从中看到了预言之事的实现。作为当今灵性主义的先驱，他引导我们对文本进行更加细致和更合乎逻辑的解读。同样的事情还发生在其他有着相同境遇的灵性身上。

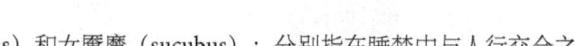

[a] 男魇魔（incubus）和女魇魔（sucubus）：分别指在睡梦中与人行交合之事的雄性和雌性恶灵。——译者按

[b] 对跖点理论是由希波的圣·奥古斯丁，一位最具影响力的早期贵族作家提出的关于人类可以生活在地球另一端的假设。奥古斯丁在《上帝之城》中曾写道："关于对跖点的传说，即生活在地球另一端的人，我处日落之际即为彼处日出之时……这一说法是毫无依据的。[……]然而[……]，即使人们认为或科学地证明了世界是一个圆的球形，但这并不意味着地球的另一面是没有水的；即使它是光秃秃的，也不能立即说明那里是有人居住的。"——译者按

第二章：
我的国不属于这世界

- **来世**
- **耶稣的王权**
- **认知视度**
- **灵性所传教义**
  - 世俗的王权

1. 彼拉多又进了官殿，叫来耶稣，问他说："你是犹太人的王吗？"耶稣回答说："**我的国不属于这世界。我的国若属于这世界，我的臣仆必要争战，使我不至于落入犹太人之手。只是我的国不属于这世界。**"

彼拉多就对他说："这样说你是王？"耶稣回答道："你说我是王；我就是王。我为此而生，也为此来到世间，特为给真理作见证。凡属真理之人，就听我的话。"（《约翰福音》第18章第33节、第36节和第37节）

来世

2. 耶稣所说的这些话显然指的是**来世**，在任何情况下，他呈现的总是人类的最终结局，以及人生在世最关注的问题。耶稣的所有箴言皆因循这一伟大原则。的确，假如没有来世，他的大部分道德戒律就没有存在的理由。这就是为何那些不信来世、只谈今生之人，要么无法理解这些戒律，要么觉得它们幼稚。

因此，这一理念可以视为基督教义的核心，之所以将其放在本书的开头，是因为它必将成为所有人的目标。只有这一理念能证明俗世生命的无常，证明它们符合上帝的公正。

3. 犹太人对于来世只有一种极为模糊的概念。他们相信天使，认为天使是一种受到恩典的存在，但他们并不知道人类有一天也会成为天使，与他们共享福赐。根据他们的说法，遵守上帝律法就能得到世间的财富、国家的霸权以及制敌的胜利。公众的灾难和失败是对他们不服从律法的惩罚。对于从未受过教育之人，尤其是牧羊人，那些需要首先被世间事物所触动之人，摩西做的远比说的多。后来，耶稣来告诉他们，上帝的公正在另一个世界循道而行。他向那些遵守神的诫命之人许诺了这个世界，告诉他们善有善终。那个世界就是他的国度；他在那里享有所有的荣耀，离开尘世之时，他将回到那个国度。

然而，耶稣是根据那个时代的世风民情来传授其教义的，他并不认为自己在启迪世人方面应完全和盘托出，因为这只会让无法理解这些教义的世人眼花缭乱，而无从受益。因此，他通常只告知世人，人有来世，这是一种无人可以逃脱的自然法则。每一个基督徒都坚定地相信来世，但许多人对于来世的概念却是模糊而不完整的，以至于从不同角度来看，甚至是错误的。对许多人而言，这只是一种信念，而无绝对把握；故易心生困惑，进而怀疑否认。

在这一点上，包括许多其他方面，灵性主义对基督的教义进行了补充，因为人类已足够成熟，他们能够理解真理。有了灵性主义，来世不再是简单的信仰，也不再只是一种假设。它是已得到事实验证的物质现实；有目击者描述过这一现实的所有阶段及所有转折，实在令人无法再生置疑，而且智力水平最一般之人也能描述出其真正面貌，就像一个人能够描述出他看过详细介绍的国家一样。这种对来世的描述是如此详尽细致，那些人幸福或不幸的境遇是如此合乎逻辑，以至于让人不得不打心底认同这一说法，并承认上帝的真正公正就包含在其中。

耶稣的王权

4. 每个人都知道耶稣的国度不是这个世界，但他在世间难道就不能拥有王权吗？拥有国王的头衔，并不等于就能行使世间的权力；唯天赋异秉、才华绝世之人，那些勇立思想前沿、引领时代发展、影响人类进步者，方能受众望所托，得王权加身。从这个意义上而言，便有了"哲学之王、艺术之王、诗歌王子、文学王子"等说法。这种因个人功绩被后人膜拜的王权，难道不比皇冠加冕的王权更优越吗？前者不朽而永存，后者朝立而夕废。前者可流芳百世，后者或遗臭万年。世俗王权会终结于生命；道德王权则死而不已。从这方面来说，耶稣难道不是比世间许多君主更强大的王吗？因此，耶稣对彼拉多说："我是王，只是我的国不属于这世界。"此言非虚！

认知视度

5. 一个人若对来世拥有清晰明确的概念，便会对未来充满不可动摇的信念。这种信仰对人类的道德教化具有意义非凡的影响，因为它会完全改变**人们对于俗世生命的看法**。一个人的思想如果向往无限的灵性生命，那么俗世生命对其而言不过是一个通道，是在一个薄情寡恩之国的短暂停留。人生的沉浮和磨难对其而言不过是所需忍耐之事，因为他们知道这只是短暂的，此后将更加幸福。死亡不再可怕，它不再是一扇通往虚无缥缈的门，而是通往幸福安乐之居的入口。他们知道自己当下的处境只是暂时状态，而非最终结局，故而对生活中的烦恼更能泰然处之，从而心生淡然之意，免于忧苦。

　　对来世鲜有怀疑之人，会尽心历练世俗生活。对未来不确定之人，只会在意当下，立足现世。因为预见不到自己将拥有比世间更珍贵的财富，他们会像孩子一样，眼里除了自己的玩具，再也看不见其他事物；他们会为了得到这些而无所不用其极。即使是最小的财产损失也会对他们造成莫大的伤害。失望、沮丧的希望、不满足的野心、自觉是受害者的不公、受伤的傲慢或虚荣心……**这一切都会成为一种折磨**，给他们的生活带来长久的苦恼。这样一来，他们每时每刻都在人为地为自己制造真正的痛苦。他们将自己置于世俗生命的中心，从此地放眼望去，周遭一切皆如障目之叶。无论自己受的罪，还是他人享的福——所有一切在他们眼中都是天大的事。这就犹如，入摩天大楼之市，便觉得无一物不高大；看身居显位之士，便以为无一人不巍峨。然而，会登绝顶，方觉天地开阔，人事轻微。

　　从来世的角度去思考俗世生命，眼前所见的便是：人类犹如苍穹之星，迷失于无边无际的宇宙之中。然后，他们会发现，无论是庞然大物，还是秋毫之末，都不过是土堆上的蝇攒蚁聚；无论一文不名，还是位高权重，身份地位皆无差别；他们会为那些为争一席之位、赢一时之气而心力交瘁、朝生暮死之人扼腕叹惜。故言，世间万物的重要性总是与对来世信仰的坚定程度成反比。

6. 有人可能会说，如果人人都这么想，便无人再关心尘世之事，世间一切必将受到威胁。但并非如此。人会本能地追求自身的幸福安乐，尽管其确信自己只是客居他乡，羁旅一时，仍会希望尽可能享受美好舒适的生活。这就好比发现在背之芒，在喉之刺，岂有不除而后快之理？对于幸福的追求会迫使人们改善一切，因为他们具有进步和自我保护的本能，而两者皆包含于自然法则之中。因此，他们会出于需要、享受和责任而劳作，从而实现上天的安排，即上帝让其经历尘世生活的目的。一个人，唯有着眼于来世，淡然于今生，方能顾念前路，不因失败而悲，不以落没为苦。

因此，上帝并不谴责世俗的快乐，而是谴责以牺牲灵魂为代价的放纵。此外，那些自身放纵却以耶稣之语，即**"我的国不属于这世界"**作为托辞之人，亦在谴责之列。

相信自己拥有来世之人，如家有万贯，虽略舍小财，常不以为然；只专注于尘世生活之人，便如家徒四壁，一旦失去所有，则易心生绝望。

7. 灵性主义拓宽了人的思想，开辟了新的天地。不要以狭隘短浅的目光去盯着现世的生活，因为这会让你将尘世如白驹过隙的短暂光阴当成永恒未来独一无二的脆弱中心；灵性主义告诉我们，今生今世只不过是造物主和谐宏伟之大作的一个环节而已。灵性主义还揭示了一个人的生生世世，同一世界的所有人以及所有世界的所有人相互之间的联系所具有的统一性。有人认为，灵魂是在肉体诞生的那一刻被创造出来的，所以人与人之间彼此互不相识，而灵性主义则为博爱的理论提供了一个基础和理由。这个基于个体与整体关系的统一性说明了，单考虑某一个体是行不通的。在基督的时代，人们并不能够理解这一点，这也是为何基督保留了这一教义以待后世传播。

灵性所传教义

世俗的王权

8. 主说，"我的王国不属于这世界"——有谁能比我更清楚这句话所蕴含的真理？我在世之时实在太过傲慢自大。除了我，还有谁能真正理解世间的那些王国是多么的微不足道？我带着我的尘世王国回到这里来了吗？没有，什么都没有。似乎是为了让我吸取更加可怕的教训，甚至没人陪我去坟墓！我是男人中的女王；作为一个王后，我曾以为我会升入天堂。这是怎样的一个错觉啊！我未能拥有至高无上的地位，却看到了那些曾经因为没有高贵血统而受到我藐视和鄙夷之人在我面前，高高在上——高不可攀。这一刻，真是让人无地自容，羞愧难当！哦！我当时终于明白了我在世间所追求的荣誉和权贵是何等贫乏！

为了使自己在这个王国中拥有一席之地，我们需要自我克制、保持谦卑，对万事万物常怀神圣的仁慈和仁爱之心。没人会问你是谁，有何地位，只在乎你所行的善事，擦去的泪水。

哦，耶稣啊！你说你的国不属于这世界，因为一个人必须受苦才能到达天堂，王座的阶梯不能带领我们升入天国；唯有最艰辛的人生之路才会如此。因此，只有在荆棘地，而非百花丛中才能寻找你的出路。

人们追逐尘世的事物，仿佛能够永远拥有，但来到这里，便再无这样的幻想。他们会很快意识到，他们所追逐的不过是一个虚无缥缈的影子，反而，他们忽略了唯一可靠而持久的财富，唯一能在天国里使用的财富，唯一能让他们升入天堂的财富。

怜悯那些未能升入天国之人吧！帮助他们，为他们祈祷，因为祷告能使人更接近上帝；它是天地合一的纽带。切莫忘记！（《法国王后》，勒阿弗尔，1863年）

第三章:
在我父的家中有许多住处

- 灵魂在灵性状态的不同境况
- 不同类型的居住世界
- 地球的命运；世间痛苦之因
- 灵性所传教义
  - 先进世界与原始世界
  - 审判与赎罪世界
  - 重生世界
  - 世界的进步

1. "你们心里不要忧愁。你相信神，也当信我。**在我父的家中有许多住处**；若是没有，我就早已告诉你们了；我去原是为你们预备地方。我若去为你们预备了地方，**就必再来接你们到我那里去**；我在哪里，叫你们也在那里。"（《约翰福音》第14章第1节至第3节）

灵魂在灵性状态的不同境况

2. 我父的家中就是宇宙；不同的住处是在无限空间中旋转的世界，为道成肉身的灵性提供适合其进化的驿站。

除了世界的多样性，这些话还可以理解为是指灵性在游离状态下处于幸福或不幸的境况。灵性所处的环境、其看待事物的观点、所拥有的感觉以及认知是无限变化的，这取决于它的净化程度及其与物质纽带的分离是否彻底。有的灵性无法离开其所生活的领域，而有的则可以穿越空间前往其他的世界。有罪的灵性只能在黑暗中游荡，受到福赐的灵性则能享有闪耀的荣光和无限崇高的奇观。此外，邪恶的灵性会因悔恨和悲伤而倍受煎熬，他们常常感到孤单，无所慰藉，不得不与所爱之人分离，因饱受精神上的痛苦而抱怨不已；反之，正义的灵性则会与所爱之人团聚，享受着难以言喻的幸福与愉悦。所以说有许多住所，尽管其既无边界，也无局限。

不同类型的居住世界

3. 从灵性传授的教义中，我们可以了解到，不同的世界，由于其居民的进化程度或等级不同，其在境况上存在很大差异。其中，有的居民在生理和道德方面的进化水平上低于地球上的居民；有的与地球相当，有的则在各个方面实现了不同程度的高度进化。在较低等级的世界中，生命的存在形式是完全物质化的，激情具有至高无上的统治地位，且几乎毫无道德生活可言。当道德生活发展到一定程度后，物质的影响就会相应减弱，在较高等级的世界，生命可以说是完全灵性化的。

4. 在中间等级的世界，善恶交织，根据具体的进化程度，或前者主宰后者，或后者支配前者。不同的世界虽然难以进行绝对的划分，但我们可以根据其地位和命运，以及更为突出的差异，将其大致分为以下几类：原始世界——适于人类灵魂的第一次化身；审判与赎罪世界——由邪恶主宰；重生世界——在那里，仍需赎罪的灵魂可以从疲惫的斗争中抽身休息片刻，汲取新的力量；幸福世界——善良压倒邪恶；天堂或神圣世界——已净化灵魂的居所，那里完全由善良统治。地球属于审判与赎罪世界，这也是人类之所以多灾多难的原因所在。

5. 对于化身于任何一个世界的灵性，其既不会与这个世界永久相连，也不会在这个世界完成为达到圆满而必须经历的所有进步阶段。一旦在某个特定世界达到了相应的进化程度，他们便会进入更高级的世界，如此类推，直到其达到灵性的纯洁状态。这些不同的世界是他们根据自身的进化程度寻找相应的进步要素的驿站。对于灵性而言，能够升入更高等级的世界，这是一种回报；倘因为恶不改而被迫留在不幸的世界或者下放到一个更不幸的世界，则是一种惩罚。

地球的命运；世间痛苦之因

6. 你或许会惊讶于世间竟然充斥着如此多卑鄙而邪恶的激情，拥有如此多苦难和各种各样的软弱，甚至可能会得出这样的结论：人类的确是一个非常可悲的物种。这种判断源于一种狭隘的观点，是对整体的错误认知。我们必须记住一点，并非所有人类都生活在地球上，相反，只有一小部分居住在这里。事实上，人类物种包含了具有理性的所有生物，他们生活在宇宙无数的世界中；故与所有世界的人口总数相比，地球的人口又占多大比例呢？倘若与一个庞大的帝国相比，它甚至比一个小村庄还要小。结合地球的命运及其居民的本性，地球上的人类拥有当前的物质和道德状况也就不足为奇了。

7. 如果泱泱之都的居民在无耻污秽之地接受审判，那么肯定会对前者产生一种极为荒谬的想法。在医院里，你只能看到病人或残废之人；在监狱里，你会看到各种罪犯和坏人聚在一起；在不健康之地，大多数居民脸色苍白、身体虚弱、体弱多病。那么，想象一下，地球犹如一个污秽之所，它是一所医院、一座监狱、一个不健康之地——因为其的确兼而有之——你就会明白为何这里的痛苦会大于欢乐。这就好比没人会把健康之人送到医院，也没人会将品行端正之人送进劳教所一样；医院和劳教所可不是什么令人高兴的地方。

因此，以一个城市为例，并非所有人都在医院或监狱里，推而广之，也并非所有人类都生活在地球上。正如一个人被治愈后会离开医院，一个人服完刑后会离开监狱，道德缺陷一旦得到治愈，人们便会离开地球去寻找更快乐的世界。

灵性所传教义

先进世界与原始世界

8. 先进世界与原始世界的划分只是相对的，而非绝对。从进化程度而言，世界与世界之间存在着或高或低的相对关系。

将地球作为一个参照对象，假设某个世界的居民所拥有的文化水平只相当于地球的原始或野蛮文化，并且拥有地球原始状态的残余，那么可以判定这个世界仍处于进化程度较低的状态。在进化程度最低的世界，居住在那里的生命从某种程度上而言，仍处于最基本的形态。他们虽有人的形态，但完全没有任何美感。他们的本能不会被任何高尚或仁慈的情操，或是任何是非对错的观念调和。暴力是唯一的法则。由于没有工业或发明，他们一生都在为获取食物而奔波。尽管如此，上帝并不会对他的创造弃而不顾。在这些人内心最黑暗的深处，或多或少地隐藏着一种关于上帝的潜在而模糊的直觉。这种本能足以让一些人比其他人达到更高的进化程度，为其拥有更加完整的生命做准备，因为他们并非堕落之人，而是成长中的孩子。

在最低和最高等级之间还可划分为无数层级。已完全去物质化的纯洁灵性闪耀着荣光，从他们身上，你很难辨认出他们曾经是如此原始的生命存在，就好像你很难在成人身上看出其胚胎的模样。

9. 在已经高度进化的世界，道德和物质生活的条件与地球相比存在着很大差异。与其他地方一样，他们的肉体也拥有人的形态，但更具美感，更加完善，而且最重要的是，已得到了净化。由于肉体已经完全脱离世俗物质，他们既不会受欲求和疾病的影响，也不会因物质的支配而发生退化。他们的感官更为精细，拥有这个世界因器官结构过于致密而不具有的感知能力。身体特有的轻盈让他们能够快速轻松地移动；他们不必费力地拖着身子在地上行走——确切地说——只需动用意志，而无需用力，便能在地面滑行，或在空中滑翔，他们好像画中的天使，又像古人想象的极乐园中的幽灵。这些人类可以根据自己的意愿保留其过去变迁中的特征，他们可以在其认识的亲友面前显灵，但高尚的本性会让他们发出一种神圣的光芒，拥有一种更加美化的内在形象。没有因苦难和激情而显得苍白的面孔，他们身上散发着智慧和生命之光，正如画家笔下描绘的圣人的光晕或光环。

物质对于高度进化的灵性构成的阻力可谓小之又小，这使得他们的身体发育更为迅速，婴儿时期也变得极为短暂，甚至几乎不存在。没有烦恼，没有忧愁，他们的寿命比地球上的人要长得多。原则上，寿命的长短与每个世界的进化程度成正比。人死后也不会出现可怖的肉体腐烂现象。死亡并不会让人感到恐惧，而是一种幸福的转变，因为在这样的世界，没有人会对未来存在怀疑。在有生之年，灵魂不会被束缚于致密的物质之中，它散发着光芒，保持着清醒，这使得它几乎长久地处于一种超脱状态，并能实现思想的自由传播。

10. 在这些幸福的世界，国与国之间始终保持着友好关系，从来不会被支配邻国的野心干扰，也不会被战争影响。那里没有主人和奴隶之分，也没有出身的特权；境遇的差异以及至高无上的地位皆源自道德和智力上的优越。权威会永远受到尊重，因为它只被赋予那些拥有丰功伟绩之人，同时也因为它会永远得到公正地行使。**那里的人们无意于超越他人，而是通过追求完美来超越自己。**他们的目标是升华为纯洁的灵性，这种持续不断的愿望并不是一种折磨，而是一种崇高的抱负，并促使他们为了达成这一目标而狂热地学习。那里充满了人性中所有温柔和高尚的情感，既丰沛又纯净。人们既不知道充满敌意的猜忌，也不知道何为卑鄙贪婪的嫉妒。仁爱与友爱的纽带将所有人团结在一起；强者扶助弱者。

他们拥有财产的多少取决于他们对于自身智慧的运用，但没有人会因为缺乏必需品而受苦，因为没有人需要赎罪。换言之，邪恶是不存在的。

11. 在你们的世界，需要以恶来感知善；正如经历了黑夜，才知道光明的可贵；身患疾病，才懂得健康的不易。而在高度进化的世界，这种对比是不必要的。灵魂拥有永恒的光明、永恒的美好、永恒的宁静，因而享有永恒的快乐，既不会被物质生活的焦虑烦扰，也不会因邪恶之人的纠缠受干扰——因为他们根本无法去往那个世界。这或许是人类灵性最难以理解的；绘画可以生动地描绘地狱的痛苦折磨，却永远无法形容天堂的欢乐喜悦。原因何在？因为他们进化程度很低，只承受过痛苦与不幸，却从未看见过天国的荣光，故其所言仅限于自身所知。然而，随着人类灵性的不断进步和自我净化，他们的眼界变得灿烂而辉煌，既能理解前方的美好，也能理解身后的邪恶。

12. 尽管如此，在那些吉祥幸运的世界是没有任何特权的，因为上帝并不会偏袒他的任何一个子民。他赐予所有人同样的权利和同样的能力，促使他们升入这样的世界。上帝将所有人放在同一起点，并未给任何人特别优待。每个人都有机会享有最高的地位，而付诸劳动则是赢得这一地位的唯一途径，有的或许会很快达成这一目标，有的则可能需要在人类的低级世界徘徊数百年之久。（《众灵教义汇编》）

审判与赎罪世界

13. 关于你们所知的赎罪世界，既然你们心中所虑不过当前所居住的地球，那么我还有什么更多东西可以告诉你们呢？那里居住着许多拥有高级智慧的居民，表明其并不是一个适合刚诞生不久的灵性化身而居的原始世界。他们自身具有的内在品质证明他们已经生活了一段时间，并取得了一定的进步。然而，他们同进也拥有许多恶习倾向，表明他们在道德上存在巨大缺陷。正因如此，上帝才会将他们安置在薄情寡恩的地球上：让他们可以通过痛苦的劳动和悲惨的生活来赎罪，修功积德，直至其可以前往更幸福的世界。

14. 然而，并非所有化身于地球上的灵性都是为赎罪而去。所谓的原始民族，是指刚刚脱离婴儿期的灵性，他们在那里可以说是为了接受教育，并通过接触更先进的灵性来促使自身进步。其次是半文明民族，其由进化程度更高的同类灵性组成。通常而言是指地球上通过漫长的岁月逐渐进化而来的土著民族。他们中有的人已经达到了与更加开明的民族相当的智力水平。

在这里赎罪的灵性都是异乡人——如果不介意我们这样称呼自己的话。他们曾经生活在另一个世界，后因怙恶不悛、骚扰良民而遭到驱逐。被流放后，他们与进化程度较低的灵性生活了一段时间，由于拥有之前的智慧和知识萌芽，他们的使命就是帮助后者进步。这就是为何在智力程度最高的民族中仍会看到正在接受惩罚的灵性。他们拥有更加灵敏的感知能力，对他们而言，生活的不幸更加苦涩，因为苦难带给他们的创伤远比带给道德意识更为迟钝的原始民族的创伤深刻得多。

15. 因此，地球可以说只是赎罪世界的一个写照，而赎罪世界的类型是无限的，尽管它们都具有一个共同的特点，那就是为违抗上帝律法的灵性准备的放逐之地。在那里，灵性必须同时与人类的邪恶和大自然的严酷作斗争，这是一项双重的艰巨任务，旨在同时升华心灵品质，提升智慧水平。如此一来，上帝，以其神的良善，让惩罚本身变成了有利于灵性进步的优点。（圣·奥古斯丁，巴黎，1862 年）

重生世界

16. 在蓝色苍穹闪烁的繁星中，有多少世界像你们的世界一样，是上帝指定用来审判与赎罪的世界！然而，这其中既有更悲惨的世界，也有相对美好的世界，还有可以称之为重生的过渡世界。每一个围绕着共同中心在太空中运行的行星漩涡都拥有自己的世界：原始的、放逐的、审判的、重生的和幸福的。我们曾经说过，新生的灵魂在还不知道善恶的时候，便会凭着他们的自由意志，朝着上帝的方向进步。正如你们所知，当灵魂被赋予足够的能力时，他们便会践行善行。但很可惜，难免有灵魂会屈服放弃，而上帝并不希望他们消亡，所以允许他们进入那些世界，反复轮回转世，让自身得到净化和重生，直至重新赢得为其保留的荣耀。

17. 重生世界可以说是赎罪世界与幸福世界之间的一个过渡。忏悔的灵魂在这里找到和平与安宁，最终完成自身的净化。当然，在这样的世界，人类仍会受到支配物质的律法约束；他们的人性中仍然有与你们一样的情感和欲望，不过已经摆脱了奴役你们的混乱激情；在重生世界，不再有让心灵保持沉默的傲慢，也不再有折磨心灵的嫉妒和令心灵窒息的仇恨。每个人的眉间都写着"仁爱"二字，社会关系遵循着真正的公平原则，所有人都承认上帝，并努力践行上帝律法，朝着上帝的方向进化。

尽管如此，这里并未实现完美的幸福，而只是拥有幸福的曙光。这里的人类依然附着于肉体之上，故而仍免不了只有完全去物质化的生命才能摆脱的悲欢离合。他们还需要经历一些考验，但已不必再承受赎罪带来的刻骨铭心的痛苦。与地球相比，这些世界是非常幸福的，你们中许多人会满足于生活在这里，因为这里拥有暴风雨后的平静安详，是残酷疾病后的康复治愈。由于这里的人类受到物质约束的程度较低，因而比你们更能预见未来。当死亡再度夺走他们的肉体，从而赋予其真正的生命时，他们懂得了上帝对应得之人所许诺的欢欣。自那以后，脱离肉体的灵魂便可四处游曳；摒弃了物质和粗糙的感官，他们感受到了来自上帝的纯净而神圣的呼吸，从内心散发出仁爱和仁慈的芳香。

18. 不过很遗憾，在这些世界，人们仍然容易犯错，邪恶的灵性并未完全失去它的帝国。俗语言：不进则退。一个人不坚持善道，便会重返赎罪世界，重新接受更可怕的审判与考验。

因此，当你趁着夜色休息和祈祷时，不妨面对头顶那蓝色的苍穹和无数发光的星球，静神凝思，扪心自问：哪一个能引领你靠近上帝。请求上帝在你完成世间的赎罪之后，赐予你一个重生世界。（圣·奥古斯丁，巴黎，1862 年）

世界的进步

19. 进步是自然法则之一。所有有生命的和无生命的创造物都受泽于希望万物生长和繁荣的上帝的仁慈。在人类看来，死亡似乎是事物的终结，然而，它只是通过蜕变达到更圆满状态的一种手段；万物为重生而亡，没有什么东西会毁灭。

　　生命会追求道德上的进步，与此同时，其居住的世界会经历物质上的进步。假若连续观察一个世界的不同阶段，从注定构成这个世界的第一个原子发生聚集开始，你会看到这个世界在经历着持续的进化和不断的发展，然而，就每一代人而言，这种变化程度难以觉察，这样便可为居民提供一个更加适合其自身进步过程的居所。因此，人类、动物（其帮手）、植物和居住形式的进化是同步的；自然界中没有什么东西是静止不变的。这是一个如此伟大的理念！而我们崇高的造物主是如此值得敬仰！另一方面，上帝让他的仁慈和远见惠及地球——这颗微不足道的砂粒，并限制少数人类居住在这个星球，如此看来，造物主的力量又是如此渺小和微不足道！

　　依据这一律法，地球曾经一度在物质和道德上处于一种较低水平，同时，它也将从这两个方面进化到更高水平。如今，地球已经进入了蜕变期，它将从一个赎罪世界转变成一个重生世界；在此之后，居住在这里的人类将享有幸福，因为上帝的律法将统治这个世界。

（圣·奥古斯丁，巴黎，1862 年）

第四章:
人若不重生，就不能看见天国

- 复活与轮回转世
- 家庭纽带会因轮回转世而强化，但会因一生一世而割断
- 灵性所传教义
  - 道成肉身的局限性
  - 道成肉身的必要性

1. 耶稣到了凯撒利亚腓立比的境内，就问门徒说："人说人子是谁？他们说我是谁？"他们回答说："有人说是施洗约翰，有人说是以利亚，又有人说是耶利米或是先知里的一位。"耶稣又问道："你们说我是谁？"西门·彼得回答说："你是基督，是永生之神的儿子。"耶稣对他说："西门，约拿之子，你是有福的！因为这不是血肉指示你的，乃是我在天上的父指示的。"（《马太福音》第16章第13节至第17节；《马可福音》第8章第27节至第30节）

2. 与此同时，分封的王希律听见耶稣所做的一切事，就游移不定；因为有人说是约翰死里复活；又有人说是以利亚显现；还有人说是古时的一个先知又活了。希律说："约翰我已经斩了，这却是甚么人？我竟听见他这样的事呢？"就想要见他。（《马可福音》第6章第14节和第15节；《路加福音》第9章第7节至第9节）

3. （变容后）门徒问耶稣说："文士为何说以利亚必须先来？"耶稣却回答说："以利亚固然要先来复兴一切。只是我告诉你们，以利亚已经来了，人却不认识他，竟任意待他。这样，他们必使人子死了。"门徒就知道他曾对他们说过施洗约翰。（《马太福音》第17章第10节至第13节；《马可福音》第9章第10节至第12节）

复活与轮回转世

4. 轮回转世在犹太教义中即指"复活"之意。只有那些认为万事万物都终于死亡的撒都该人不相信这一理念。与其他许多人一样，犹太人对于这一点并无明确定义，因为他们对于灵魂及其与肉体的联系只有着模糊和不完整的概念。他们相信人死可以复生，但并不清楚何以复生。他们以"复活"一词所表达的含义确切而言更切近于"轮回转世"。实际上，复活的前提是死去的肉体再度重生，而科学已证明这在物质上是不可能的，尤其是组成肉体的元素已历经长时间的分解和吸收。轮回转世则是指灵魂或灵性重新拥有俗世生命，但所化身的新生肉体与前世的肉体并无任何共同之处。故而"复活"一词适用于拉撒路，但不能用在以利亚或其他先知身上。因此，根据他们的信仰，如果施洗约翰是以利亚，那么约翰的肉体就不可能是以利亚的肉体，因为约翰是一个孩子，而他的父母亲是众所周知的。由此一来，约翰有可能是以利亚的**轮回转世**，而非**复活**。

5. 有个法利赛人，名叫尼哥底母，是犹太人的官。这人夜里来见耶稣，说："拉比，我们知道你是由神那里来作师傅的。因为你所行的神迹，若没有神同在，无人能行。"

耶稣回答说："我实实在在地告诉你们，**人若不重生，就不能见神的国。**"

尼哥底母问耶稣："人老了，怎能重生呢？他能再次进入母亲的子宫，重生吗？"

耶稣回答说："我实实在在地告诉你们，人若不是从水和灵重生的，就不能进神的国。从肉身生的，就是肉身，从灵生的，就是灵。不要惊讶于我对你说的，你必须重生。灵随自己的意思吹过，你的心听见它的声音，你却不晓得它从哪里来，往哪里去。凡从灵生的，也是如此。"

尼哥底母问他说："怎能有这事呢？"耶稣回答说："你是以色列人的先生，还不明白这事吗？我实实在在地告诉你们，我们所说的，是我们知道的，我们所见证的，是我们见过的。你们却不领受我们的见证。我对你们说地上的事，你们尚且不信，若说天上的事，如何能信呢？"（《约翰福音》第3章第1节至第12节）

6. 认为施洗约翰是以利亚，以及先知可以在地球上重生的思想在《福音书》的许多章节中均有体现，尤其是上文所提及的章节（第1节至第3节）。如果这一理念是错误的，耶稣就不会在与其他众多人做斗争时不对这一理念进行抨击。相反，他以自己所有的权威认可了这一信仰，并将其作为一项基本原则和必要条件，因为他说："若不重生，就不能看见天国。"他坚持补充道："不要惊讶于我对你说的，你必须重生。"

7. 对于"人若不是从水和灵重生的"这一表述，有人曾将其解释为通过圣洗之水获得重生，然而其原文本是"若不是从水和灵重生的"，有的译本中将"灵"一词换为了"圣灵"，其含义已有所不同。这一关键理念在《福音书》中的第一版注释中尤为突出，并且终有一天会得到毫无疑问的证实。[1]

8. 为理解这些词汇的真正含义，我们还必须特别注意"水"一词所代表的意义，因为这里所使用的并不是它平常的通用意义。

古人对自然科学的认知是极不完善的，因为他们相信地球是由水产生的，故而将水视为生殖繁衍所需的绝对要素。正因如此，《创世纪》中曾写道："神的灵运行在水面上；它在水面上盘旋……诸水之间要有苍穹，将水分为上下……天下的水要聚在一处，使旱地露出来……水要多多**滋生**有生命的动物，要有雀鸟飞在地面以上，天空之中。"

依据这一理念可以看出，水成为了物质自然的象征，正如灵性是智慧自然的象征一样。所以说，"人若不是从水和灵重生的"或者"人若不是在水和灵中重生的"，这样的表述在含义上其实相当于"人若不是以其肉体和灵魂重生的"。这是人们最初对于这些词汇所理解的意义。

这样的解释其实也是有依有据的："从肉身生的，就是肉身，从灵生的，就是灵。"在这里，耶稣明确地指出了灵与肉体的区别。"从肉身生的，就是肉身"，清楚地表明，只有肉体是来自于肉体的，而灵性是独立于肉体的。

9. "灵随自己的意思吹过，你的心听见它的声音，你却不晓得它从哪里来，往哪里去"，这句话中的"灵"既可以理解为将生命赐于神所愿之人的"神的灵"，也可以理解为"人的灵魂"。以后一种含义作为解释，"你却不晓得它从哪里来，往哪里去"，这是说没人知道灵魂过去曾是什么，也没人知道它以后将成为什么。如果灵性或灵魂是与肉体同时创造的，那你肯定知道它从何而来，因为你知道它的起源。无论是哪种情况，这段话都代表着对灵魂先在性原则的圣化，因此也是对多生多世原则的圣化。

10. 从施洗约翰的时候直到现在，天国不断遭受猛烈的攻击，强暴之人企图把它夺去，众先知和律法说预言，到约翰为

止。你们若肯领受，**这人就是那应当来的以利亚**。有耳可听的，就应当听。（《马太福音》第11章第12节至第15节）

11. 假如约翰所说的轮回转世原则可以被严格地解释为一种纯粹神秘的含义，那么《马太福音》中的这段话便另有所指，它显然代表着："这人**就是**那应当来的以利亚。"这里既没有象征，也没有寓言——而是一种绝对肯定的说法。"从施洗约翰的时候直到现在，天国不断遭受猛烈的攻击"，既然施池约翰当时还活着，这句话又是什么意思呢？耶稣对他们解释道："你们若肯领受，这人就是那应当来的以利亚。"因为约翰并非别人，乃是以利亚，故耶稣所指的就是约翰以以利亚之名活着的时候。"直到现在，天国不断遭受猛烈的攻击"，这句话暗指《摩西律法》的残暴，其命令消灭异教徒以赢得应许之地，即希伯来人的天堂，而依据新的律法，天堂是由仁慈和善良主导的。

耶稣还说道："有耳可听的、就应当听。"耶稣经常重复这句话，它清楚地表明，并不是每个人都有条件去理解某些真理。

12. "你们那些被杀之人，**将会复活**。在我周围被杀之人，将会复活。睡在尘埃的啊，要醒起歌颂神！因降在你们身上的甘露是光的甘露，又因你们要毁灭大地和巨人王国。"（《以赛亚书》第26章第19节）

13. 以赛亚的这段话也相当明确："你们那些被杀之人，**将会复活**。"假如先知所指的是灵性生命，他想说那些已死之人的灵性并未死亡，那么他会说："仍然活着"，而非"将会复活"。从灵性意义而言，这些话是矛盾的，因为其暗示着灵魂生命的中断。然而，从**道德**

重生意义而言，这是对永恒惩罚的否认，因为其在原则上认为**所有死去之人都会复活**。

14."然而人一旦死亡，肉体便与灵性分离，他既已气绝，又会变成什么呢？人若死了岂**能再活**？在这场战争中，我只要在我一切争战的日子，等我被改变的时候来到。"（《约伯记》第 14 章第 10 节和第 14 节，翻译：勒梅特·德·萨西）

人一旦死亡，便会失去所有力量而消灭，他此后又会在何处？人若死了，**还能再活吗**？我是否要在我抗争的所有日子，等待某种转变到来的时候？（等同于奥斯特瓦尔德的新教译本）

人死了，会永生。在我的俗世生命结束时，我将等待，因为**我会再次回归**。（等同于希腊教会版本）[a]

15. 多生多世原则在这三个版本中均得到了明确体现。我们不能假定约伯谈论的是通过圣洗之水获得重生，他当然并不知道这一点。"但若死了岂能再活？"可死而复生**一次**，则意味着可死而**复生多次**。如有可能发生这种情况，那么希腊教会的版本则表述得更为清晰。"在我的**俗世生命结束时**，我将等待，因为**我会再次回归**"，这其实是指我会再次拥有俗世生命。这就好比有人说："我要离开家，但我会回去。"

"在这场战争中，我只要在我一切争战的日子，**等我**被改变的时候来到。"很显然，约伯想要谈论的是他与生活苦难所作的斗争。他会等待自己的改变；意思是指他已经放下了。希腊版本中的"我将等待"似乎特指的是来世，"在我的俗世生命结束时，我将等待，因为我会再次回归。"约伯所言似乎是指自己死后会经历两世之间的间隔时期，并说他会在那里等待自己的回归。

16. 因此，毫无疑问，以"复活"之名的轮回转世原则是犹太人的基本信仰之一；耶稣和先知们正式证实了这一点，因此否认轮回就是否认基督的话。总有一天，他的这番话成为这一观点的权威——正如他的其他许多话一样——人们会不带任何固有成见地接受它。

17. 然而，这种宗教上的权威性在哲学上，即从观察事实得到证据的角度而言，也具有权威性。当一个人想从结果去分析原因时，轮回转世的出现具有绝对的必然性，它对于人类而言是一个固有条件；即换言之，是一项自然法则。它通过一种物质的结果——暂且这么说——来揭示自己，就像一个隐藏的马达通过运动来揭示自己一样。只有轮回转世这一理念才能告诉人类"他们从哪里来，往哪里去，为何会生活在尘世"，并证明生命所呈现的所有无常和所有表面上的不公其实都是合理的。[2]

如果没有灵魂的先在性与多生多世原则，《福音书》中的大多数箴言是难以理解的，也正因如此，才出现了如此矛盾对立的解释。这一原则是还原其真正含义的关键。

家庭纽带会因轮回转世而强化，但会因一生一世而割断

18. 正如某些人所相信的，家庭纽带并不会因轮回转世而遭到破坏，反而会变得更牢固和紧密。而摧毁家庭纽带的，正是与之相反的原则。

在灵性世界中，灵性通过感情、情感共鸣和类似倾向组成团体或家庭。这些灵性喜欢待在一起，会去寻找彼此。道化肉身只会使其暂时分离，因为待灵性重新进入游离状态后，便会像旅行归来的朋友一样再度重聚。甚至，他们往往还能随对方一起转世投身，在同一个家庭或同一个圈子里团聚，共同努力、相互促进。已化身的灵性与未化身的灵性之间仍可通过思想彼此相连。自由者会守护受困者；先进者会扶助落后者。每经一世，他们都会在通往圆满的道路上向前迈进一步。由于他们的灵性变得更加纯净，不再被自私和激情的阴云困扰，他们对物质的依恋也会越来越少，感情也越发深厚。即便经历无数次的俗世生命，也无损于他们彼此之间的感情。

有一点需要明白的是，我们这里所指的是灵魂与灵魂之间的真情实感，也是能够在肉体消亡后依然延续的唯一情感，因为在俗世世界仅仅通过感官联系在一起的人，他们到了灵性世界是没有理由去寻找彼此的。除了基于灵性的感情，没有什么感情是永恒持久的；基于肉体的感情会随着其产生的根源而消失；而在灵魂永存的灵性世界，这一根源已不复存在。至于那些为了自身利益而结合在一起的人，他们真的对于彼此没有任何意义——死后便天各一方、形同陌路，无论在天国还是在尘世。

19. 家庭成员之间的凝聚力和感情，表明他们在此之前就已经拥有让彼此走到一起的情感共鸣。还有人认为，如果某人的性格、品味和倾向与其近亲之间毫无相似之处，则说明此人并非那个家庭的成员。此言可谓分毫不差。上帝允许格格不入或外来的灵性投生于某个家庭，其目的有二，一是作为灵性的考验，二是为了灵性的进步。邪恶的灵性与善良的灵性接触，并从善良的灵性那里获得关爱，这会让前者逐渐变得更好。他们的性格变得更加温和，习惯变得更加纯净，反感之情也随之消失。这样一来，不同种类的灵性之间相互融合，正如人世间种族和文化之间相互融合一样。

20. 有人担心轮回转世会让亲缘关系无止境地扩展，这其实是一种自私之忧，表明一个人尚缺乏能推及大众的博爱之情。一个有很多孩子的父亲和一个只有一个孩子的父亲，两者对于子女的爱会有多寡之别，亲疏之分吗？不过，自私之人倒是大可安心，因为这种担忧毫无依据。倘若一个人经历了十次轮回转世，这并不是说他在灵性世界会遇到十个父亲、十个母亲、十个妻子，以及一大堆孩子和新的亲戚。在那里，他永远只会与其心之所托、情之所系之人再次相遇，这些人在世间与其有着不同的关系，甚至也有可能是同一种关系。

21. 现在，让我们来看看"非轮回转世"理念会造成怎样的后果。这一理念不可避免地会否认灵魂的先在性。由于灵魂与肉体同时而生，故两者之间并无先在的联系。它们彼此之间完全陌生。父亲对他的孩子来说只是一个陌生人。家庭之间的亲缘关系就只能被简化为毫无任何灵性联系的肉体亲缘关系。这样一来，一个人再无理由因拥有这样那样显赫的先祖而感到荣耀了。通过轮回转世，祖先与后代可能早已彼此认识，并曾生活在一起，相亲相爱，然后发现彼此又重新团聚，这样会进一步加深他们之间的情感共鸣。

22. 所有这些都与过去有关。至于未来，依据非轮回转世所衍生出来的一项基本教义认为，灵魂的命运是不可改变的，它是在经历一生一世之后就已注定了的。命中注定意味着所有进步的终止，因为只要有任何进步，命运就不再是注定的了。他们今生今世生活得好与坏，将决定他们会立即升入天堂还是被打入地狱。"因此，他们即离而永别，无望再聚"，因此父母和孩子，丈夫和妻子，兄弟、姐妹和朋友或将永不能相见。这是家庭纽带最彻底的破裂。

有了轮回转世以及由此而来的进步，彼此关爱之人会在地球和太空中再次相遇团聚，一起靠近上帝。中途迷路之人会延迟自身的进步和幸福，但其并未丧失所有希望。爱他们的人会给予他们帮助、鼓励和支持，总有一天，他们会走出自己深陷的泥潭。总而言之，轮回转世能让化身者与未化身者之间保持持久的凝聚力，从而让感情的纽带变得更加紧密。

23. 综上所述，针对人死之后的未来大致有四种说法：其一，根据唯物主义学说，人死后将归于虚无；其二，根据泛神论学说，人死后将被吸纳于宇宙整体；其三，根据教会的教义，个人有个人的命运，皆上天注定；其四，根据灵性主义学说，个人有个人的未来，且会不断进步。按照前两种说法，人死后家庭纽带破裂，再无相见的希望；第三说法认为，家庭成员有机会再见，但必须处在同一环境中，这个环境可能是地狱，也可能是天堂；由于多生多世与逐渐进步密不可分，所以彼此关爱之人之间拥有一种延续不断的关系，而这正是构成家庭的真正要素。

灵性所传教义

道成肉身的局限性

24. 道成肉身有何局限性?

"如果将'道成肉身'一词理解为包裹灵性的皮囊,考虑到这一皮囊的物质性会随着灵性的净化而逐渐消减,那么就道成肉身本身而言,其并不存在确切的追溯极限。在某些比地球更先进的世界,肉体的致密性更低、重量更轻、情感更超脱,因此也不太容易因人生无常、世事变迁而受到影响。在进化更高的世界,肉体是透明的,几乎呈流体状。它的去物质化程度越来越高,最终与灵性包完全融合。根据其赖以生存的世界,灵性会化身于与这个世界的性质相适应的皮囊中。

灵性包自身会经历连续的蜕变。它会变得越来越空灵虚无,直至完全净化,表现出纯洁灵性所具有的特征。如果某些特殊的世界是专为高度先进的灵性而设置的驿站,那么这里的灵性是不会与欠发达世界的灵性联系的。他们所处的这种超然状态使得他们可以前往任何地方,去完成委派给他们的使命。

如果从物质的角度来看——这与地球上的情况一样——道成肉身可能始于进化程度较低的世界。它取决于灵性通过自我净化以实现自由解放的快慢程度。

此外,我们还必须了解一个事实,对于处于游离状态,即俗世生命间隔时期的灵性,其境况与其所关联世界的性质是一致的,而这一世界的性质又与其进化程度密不可分;在游离状态下,灵性的幸福与否,自由与否

和开化与否，取决于其自身的去物质化程度。（圣·路易斯，巴黎，1859年）

道成肉身的必要性

25. 道成肉身是一种惩罚吗？只有有罪的灵性才需要道成肉身吗？

灵性唯有历经俗世生命，才有可能在肉体的作用下，完成上帝托付给他们的安排。这对他们而言是必要的，因为他们可以藉由其不得不为之事，提升自己的智力水平。上帝是无上公正的，他必须平等对待所有子民；为此，他赐予了他们同样的起点、同样的资质、**同样的义务以及同样的行动自由**。任何特权都是一种偏向，任何偏向都是不公正的。不过，对于所有灵性而言，道成肉身只是个短暂的状态。这是上帝在他们投生之时派遣给他们的一项任务，作为对其自由意志的第一道考验。越是急切地想要完成这项任务的人，他们在最初阶段所经历的痛苦就越小，并且能更快地享受自己的劳动成果。相反，若是他们滥用上帝赐予的自由，便会延迟自己的进步；正因如此，他们的固执己见可能会要求他们无限地增加其轮回转世的次数，自此，轮回转世也变成了一种惩罚。（圣·路易斯，巴黎，1859年）

26. **注释**：我们不妨进行一个粗略比较，这样有助于更好地理解这种差别。一个学生只有在经过一系列课程的学习之后，才能达到一定的知识水平。无论其需要完成哪种工作，这些课程都是帮助学生达到这一目标的手段，而非对他们的惩罚。勤奋的学生可以缩短学习时间，遇到的困难也会相对较少。然而，对于那些因粗心大意和懒惰懈怠而不得不复读某些课程的学生而言，情况就有所不同了。他们所受到的惩罚并不是来自于课堂作业本身，而是必须重新完成同一件工作的义务。

这一情况同样适用于地球上的人类。对于原始的灵性，其灵性生命尚处在萌芽阶段，道成肉身只是发展其智力水平的一种手段。然而，对于已受过良好教育且道德感已得到极大提升的人而言，如在应竟之时未能达成目标，则必须重新经历俗世生命的痛苦，这便是一种惩罚，因为他们必须在等级较低的不幸世界停留更长时间。另一方面，那些为自身的道德进步而积极努力之人不仅可以缩短肉体化身的时间，还有可能一下子跨越中间等级，直接进入高度进化的世界。

灵性在同一个星球上是否只能投生一次？他们是否需要在不同的领域完成多生多世的经历？只有当世间所有人都处于相同的智力和道德水平时，这一观点才站得住脚。原始个体与文明个体之间存在差异，这表明从前者进化到后者须历经多个等级的提升。此外，道成肉身还须以达成有益的目标为宗旨。然而，对于夭折的儿童而言，转瞬即逝的化身有何用处呢？如既不利己，也不利人，这便是他们当遭的罪，应受的苦。上帝律法拥有无上智慧，上帝不做任何无用之事。让灵性在同一星球上轮回转世，上帝旨在让灵性再度相遇，从而使其有机会修正彼此所犯的罪过。上帝还希望他们能藉由其先前的关系，建立起灵性上的家庭纽带联系，并使团结、友爱和平等原则成为一项自然法则。

[1] 奥斯特瓦尔德的译本与原文一致。原文为："若不是从水和灵重生的"；萨西的译文为："若不是从水和圣灵重生的"；拉梅奈的译文亦为："若不是从水和圣灵重生的"。——作者按。

[2] 关于轮回转世学说的发展演变，请参见亚兰·卡甸所著《灵性之书》第四章、第五章和第二章"什么是灵性主义？"，以及佩扎尼所著的《多生多世》。——法国出版商注。

[a] 由于卡甸引述了三个历史译本，我们已经根据其原文形式进行了修辞润色，以使三者在语义上尽可能地贴近。——译者按。

第五章:
受苦之人受到祝福

- 苦难的公正性
- 苦难的现世因由
- 苦难的前世因由
- 遗忘前世
- 顺从忍耐的原因
- 自杀与精神错乱
- 灵性所传教义
  - 忍辱负重或怨天尤人
  - 罪恶及改过
  - 幸福不属于这个世界
  - 失去至亲至爱；夭折早逝
  - 如果他是个好人，他早就死了
  - 自愿受苦
  - 真正的不幸
  - 忧郁悲伤
  - 甘受考验；真正的麻衣
  - 我们是否应该结束他人的考验？
  - 对一个没有治愈希望的病人来说，是否允许缩短他的生命？
  - 牺牲自己的生命
  - 让自己的痛苦对他人有益

1. "悲伤之人受到祝福，因为上帝会来抚慰他们；渴望正义之人受到祝福，因为上帝会满足他们的要求；为了执行上帝的意志而受到迫害之人受到祝福，因为天国属于他们。"（《马太福音》第5章第4节、第6节和第10节）

2. "贫穷的人们，你们受到祝福，因为天国属于你们。饥饿的人们，你们受到祝福，因为你们将得到饱餐；哭泣的人们，你们受到祝福，因为你们将要欢笑。"（《路加福音》第6章第20节和第21节）

"但你们富足之人有祸了,因为你们在这世间受过你们的安慰!你们饱足之人有祸了,因为你们将要饥饿!你们喜笑之人有祸了,因为你们将要哀恸哭泣!"(《路加福音》第6章第24节和第25节)

苦难的公正性

3. 耶稣应许给世间受苦之人的补偿,只有在来世才能实现。如果对来世不确定,这些箴言听上去就不过是无稽之谈,甚而是一派胡言。但即使怀抱这样的确信,我们也很难理解受苦受难对于获得幸福倒底有何益处。据称,这是为了修积更大的功德。但肯定有人会问:为何有些人要遭受比其他人更多的痛苦?为何有些人平白无故地天生贫穷,有些人却毫无理由地天生富有?为何有些人总是一事无成,有些人却能事事遂意?然而,更令人费解的是,善恶间福报不均,灾祸不平;好人常吃苦,坏人却多得意。对于来世的信念固然能寄我们以安慰,给我们以耐心,但这并不能解释这些无常之事,因为它们貌似掩盖了上帝的公正。

然而,如果一个人相信上帝,除了设想上帝是无限完美的,很难再另做他想。上帝必然是全能的,至正至善的;否则,上帝就不能称之为上帝。上帝既是无上善良与公正的,那么上帝就不会反复无常,亦不会偏轻偏重。**故生命之沉浮变迁是有起因的,既然上帝是公正的,这一起因必然也是公正的**。每个人都必须很好地理解这一点。上帝曾藉由耶稣的教义向世人透露过这一起因;如今,上帝认为人类已经足够成熟,能够理解这一起因，故通过灵性主义，即灵性之声将这一起因完全揭示出来。

苦难的现世因由

4. 人生的沉浮变迁大致可分为两种，或者说，归结于两类截然不同的起因，这两类起因非常关键，需要加以区分：一是现世因由；二是其他因由。

在探究世间不幸的根源时，人们往往会发现这是本人性格和行为所导致的自然结果。

有多少人不是由于自己的过错而弄得一败涂地？有多少人不是由于自己的轻率、傲慢和野心而连累受害者？

有多少人不是由于缺乏纪律、缺乏毅力、行为不当或贪得无厌而毁掉自己？

有多少不幸的婚姻不是由于个人的一己私利或虚荣之心，夫妻间从未真心以待导致的？

有多少争论分歧与大吵大闹是不能通过自我克制和情绪控制来避免的？

有多少疾病和衰弱不是由于各种放纵和荒淫无度引发的？

有多少父母对自己孩子感到不满不是缘于他们未能从一开始就纠正孩子的不良倾向而自作自受？他们或是出于软弱，或是出于冷漠，任由傲慢、自私和愚蠢的虚荣心在孩子身上生根发芽，继而令其内心枯萎凋零。到后来，他们种瓜得瓜，种豆得豆，终因发现孩子缺乏对自己的尊重和感激而深感惊讶和痛苦。

那些因生活的沧桑和失望而感到伤心之人，真该好好冷静地审视一下自己的良心，一步一步地去追溯那些折磨自己的不幸的根源，看自己会不会说："如果我当初这样做或者不那么做，就不会陷入如今的困境了"。

那除了埋怨自己，他们还能责怪谁呢？可以说，一个人所经历的不幸大多是其本人一手造成。但人们并不肯承认这一事实，相反，他们发现，与其承认自己的厄运和不幸皆源于自己的粗心，不如怨天恨地，指责命运，毕竟后者要简单容易得多，也顾及自己面子得多。

在人生的沉浮变迁中，这种性质的不幸无疑具有极大的偶发性，人类只有通过努力提升自己的道德和智力水平，才能避免这种不幸。

5. 人类的律法能在一定程度上对不义之举进行限定并加以惩戒；所以，被判刑之人可谓承担了自身所作所为的后果。不过，这些律法既没有、也不可能涵盖所有恶行；它所涉及的主要是危害社会的罪状，而非伤害自己的过错。然上帝唯望众生进步，故而从不轻饶任何灭德立违的行为。任何不义之举，哪怕是最小的过错，或任何违反神圣律法的行为都会造成严重而不可避免的后果，让人生出追悔莫及之心。因此，无论事大事小，人只要犯了罪，就一定会受到惩罚。因罪受苦，这是对世人所犯错误的警告。这旨在让他们吸取经验教训，懂得知善辨恶，懂得完善自我，以免自酿苦果，日后自作自受；否则，他们将缺乏改过自新的动力，以为自己不会受到惩罚，从而不求进步，也因此迟迟得不到未来的幸福。

只不过，有的时候，这种经验教训非要等到人生已年华虚度，沧桑遍历，力气耗尽，再无机会改邪归正之际才姗姗来迟。然后，此人方叹："早知如此，何必当初！多少过错，本可避免！**若能重新来过**，我定当另行其事。可如今，已时日无多！"好比一个懒散拖沓的工人说"我虚度了一天"，他只能感叹"我虚度了一生！"尽管如此，当第二天太阳升起，新的一天开始，工人仍有机会弥补自己失去的时间；同样，待死亡之夜过去，太阳照亮新生，前世之事仍可鉴，来世之日亦可期。

苦难的前世因由

6. 然而，对于今生今世所遭遇的不幸，如果主因在人，那么这是另一种不幸——至少表面如此，是一种与自己全然无关，近乎于宿命的不幸。例如，失去至亲至爱和养家糊口之人；无法预见，亦无法避免的意外事故；虽精心谋划，仍难免失算的命运逆转；再如，自然灾害和先天疾病，尤其是那些让不幸的受害者无法自谋生计的疾病——如身体残疾和智力障碍等。

很显然，那些生而不幸之人在今生今世并未做任何咎由自取之事，未欠任何理当补偿之债，面对悲惨的命运，他们既无法避免，亦无力改变，只徒然让人同情和怜悯。那么，为何会有这样不幸之人呢？为何住在同一屋檐下，生在同一家庭中，他身边的其他人就能事事称心如意呢？

还有，那些幼年早夭，只知人生苦多的孩子又当何论呢？若以灵魂与肉体同生，转瞬即逝的俗世生命一旦结束，命运从此既定，再不可改这一假设为基础，哲学是无法对这些问题做出合理解释的，宗教也无法证明世事的无常是公正的，这必然会否定上帝的仁善、公正和天意。这些灵魂刚离开造物主之手，既未及行善，亦尚未作恶，为何一出生便要在这世间忍受此般痛苦，又为何要修来世的福报，消前世的罪孽？

然万事皆有因果，此乃千古不变的定律，苦痛是果，必有其因，如果一个人相信公正的上帝，那么这个因也必然是公正的。是故先有因，再有果，既然这起因不在今生，自然只能归结于前世，即今生之前。另一方面，上帝不惩已行之善，不罚未行之恶。一个人若是受到惩罚，肯定是曾经做过坏事——若非今生，便是前世。此二者必居其一，别无他选；这一逻辑也正好体现了上帝的公正。

因此，一个人若是今生犯下错误，未见得能在今生消完所有罪孽，受完所有惩罚，但其永远无法逃脱由此带来的后果。恶人得意仅在一时，罪孽今日不赎，便会留待明日；同样，今日所受之苦，是为偿以往所犯之过。有的不幸，乍看冤枉，实则咎有应得，因受苦之人总说："主啊，请宽恕我，因我犯了罪。"

7. 与因今世所犯过错而受苦一样，因前世因由而受苦是以往所犯过错的自然结果；换言之，依据不偏不倚、大中至正的公正法则，凡施之于他人者，皆会加诸于自身。一个前世冷酷无情之人，今生可能反过来受到严厉和非人的对待；一个前世傲慢自大之人，今世可能出身卑微，地位低下；一个前世吝啬自私或滥挥霍无度之人，今世可能无衣无食，家贫如洗；一个前世曾为顽劣儿童之人，今世可能受到自己子女的伤害，等等。

因此，按照多生多世以及地球是一个赎罪世界的说法，这世间好人多厄运，坏人常如意的人生无常，便能解释得通了。只不过仅从现世的角度来看，才显得世事无常罢了。然而，若能在思想境界上进一步提升，认可多生多世的理念，我们就会看到，每个人得到的，都是应得的，这不会影响其在灵性世界的得失，上帝的公正永远不会被打破。

人类绝不能忽视这样一个事实：他们还生活在一个进化程度较低的世界，之所以停留此地，皆因其尚不圆满。每经历一次世事变迁，他们都应当告诉自己，如果自己属于一个更先进的世界，这一切就不会发生，而这完全取决于他们自己——通过努力完善自我——无需再返回这个世界。

8. 对于那些冥顽不灵、愚昧而明知故犯的灵性，人生的苦难是被迫施加于他们身上的；但对于那些**心怀忏悔**，并希望洗心革面、痛改前非的灵性，人生的苦难是他们自由选择和自愿接受的。如果事业未成，使命未达，灵性会要求从头开始，以免劳而无功，徒费无益。因此，苦难既是为惩罚前世的赎罪，也是为迎接来世的考验。我们要感谢上帝，感谢他出于神圣的仁善，赐予人类救赎的机会，感谢他不以人之初犯，而定人永罪。

9. 然而，我们不能认为，在这个世界上所遭受的每一次苦难都必然是某一具体过错的体现。很多时候，这往往只是灵性为了实现自身净化，加速自我进步而选择的考验。所以说，赎罪一定是考验，但考验并不一定是赎罪。然而，无论是考验还是赎罪，这都表示灵性属于较低等级，因为一个完美的灵性是不再需要接受考验的。因此，一个灵性在实现了某种程度的提升后，还想继续进步的话，他会主动要求完成一项任务。经历的困难越多，一旦顺利克服，便能获得更大的回报。具体而言，有的人拥有纯善的本质、崇高的灵性和与生俱来的高洁情操，前世似乎从未做过坏事，却请求上帝降苦难于自己，无怨无悔、心甘情愿地以基督教的忍耐精神，承受着最大的苦难。另一方面，有人也许会认为，这些为了赎罪而经受的苦难会让人心生怨念，迫使人类反抗上帝。

毫无怨言地承受痛苦无疑是一种赎罪，但这表明它是事先自愿选择的，而不是强加的，这是对坚定决心的考验，是进步的标志。

10. 灵性只要不纯洁，就无法渴求圆满的幸福。任何缺陷都会阻碍其进入幸福的世界。他们犹如疫船上的乘客，只有经过净化，才能进入城镇。灵性历经多次俗世生命，逐渐消除自身的缺陷。人生的考验，若泰然受之，能使人进步。他们改过自新、净化自我，作为赎罪。此如一剂良药，用以清洗伤口，治愈病人。病越重，则药越猛。故受苦之人应清楚自己罪孽深重，尚待一一赎清，也应为自己能早日痊愈而感到欣慰。是逆来顺受、获益于苦难，还是怨天尤人、碌碌无所成，这取决于他们自己。若非顺从忍耐，一切还须从头来过。

遗忘前世

11. 一个人若以为遗忘有碍于借鉴前世的经验教训，这种担心无异于杞人忧天。假如上帝认为有必要给前世蒙上一层面纱，那肯定是因为这是有好处的。事实上，未遗忘的记忆会带来诸多不便。有时，它可能会带给我们奇耻大辱；有时则可能让我们更加狂妄自大，从而阻碍我们的自由意志。无论如何，这都会对社会关系造成不可避免的困扰。

灵性往往会在前世生活过的环境中重生，并再次遇到前世之人，以弥补自己在前世所犯下的罪过。如果让他们认出前世所憎之人，则有可能唤醒他们的仇恨。而面对前世曾冒犯过自己之人，也难免会感到分外羞辱。

上帝已为我们提升自我悉心备齐了一切必要和充分的条件：我们的良心之声和本能倾向，让我们远离可能伤害我们之物。

人一出生，便会带着前世的印记。前世之所终，今生之所始；每一世都是一个新的起点。对他们而言，是否记得自己前世是谁并不重要。如果他们今生受到惩罚，那肯定是因为前世做了坏事；今世的邪恶倾向意味着余罪未了、余孽未消，这才是他们应该关注的，因为凡已改正的过错、已赎清的罪孽是不会留下任何痕迹的。是良心之声让他们下定决心，一心向善，告诫他们要辨善明恶，并为他们提供抵抗邪恶倾向的力量。

此外，这种遗忘只存在于俗世生命阶段。在重新进入灵性生命后，灵性便会重拾前世的记忆；故遗忘只是一种短暂的中断，它和睡觉一样，并不会妨碍我们在第二天仍记得过去或前一天发生之事。

但这并不是说，只有在死后，灵性才能恢复前世的记忆。可以说，灵性永远不会失去前世记忆，因为经验证明，无论是在道成肉身及肉体睡眠的过程中，还是处于某种自由状态时，灵性都能意识到自己之前的所行所为。他知道自己为何受苦，也知道受苦是理所应当的。只有涉及人际关系的外在生活时，记忆才会被抹去。然而，清晰的记忆可能会令人感到痛苦，也可能对社会关系造成伤害，没有了这些清晰的记忆，才能让灵魂在超脱之时获得新的力量——如果其懂得充分利用的话。

顺从忍耐的原因

12. 耶稣说："受苦之人受到祝福，因为他们必得安慰"，意思是说，受苦之人将得到补偿，顺从忍耐将获得福赐，作为疗愈的前奏。

这句话也可以这样翻译：你应当认为自己受苦是幸运的，因为你在这个世间所承受的痛苦，乃是你前世所犯过错欠下的债。今生顺从地忍耐这些痛苦，来世几百年便可免于受苦。故你应当感到高兴，因为上帝通过允许你现在偿还减掉了你的债务，从而确保你来世安宁。

受苦之人犹如债台高筑的欠债之人，债主对他说："今日你若能偿还欠债的哪怕百分之一，其余的我便一笔勾销，还你自由。如若不然，我必穷追不舍，直至你一分不少地还完所有钱。"就算要忍受各种艰辛困苦，但一想到只要偿还所欠债务的百分之一，便能钱债两清，获得自由，这位欠债者难道不应感到更加高兴吗？难道他会对债主不心怀感激，反而心生抱怨吗？

而这，正是这句话的寓意："受苦之人受到祝福，因为他们必得安慰。"他们是蒙福的，因为他们还清了欠债，让自己获得了自由。然而，倘若他们旧债虽还，又添新债，便永远得不到自由。因此，每犯一个新的过错都会增加债务，因为没有哪一个过错——无论其是什么——不需要承担义不容辞和不可避免的惩罚——若非今天，便是明天；若非今生，便是来世。在这些过错中，不服从上帝意志位居其首；故凡抱怨苦难，不顺从、不忍耐、不以为罪有应得者，凡指责上帝不公者，必使自己背负新债，无法从受苦中获益。这正是有必要重新开始的原因；正如面对一路追讨的债主，你刚还清了旧债，却又向其借下了新债。重新进入灵性世界的人类，就好比那些在发薪日排队等候的工人一样。上帝对其中一部分人说："这些日子你辛苦劳作，这是你的回报"；然而，对于那些生前幸运之人，那些无所事事，将幸福寄托于自我满足和世俗享乐之人，上帝会说："既然生前已得回报，至此无所相欠。去重新完成你的任务吧！"

13. 人类对待尘世生活的态度会减轻或加重其所受的苦难。认为苦难持续时间太久的，受得苦就会越多。因此，从灵性生命的角度看待事物，便能理解俗世生命其实不过是瞬息之间。他们将其视为无限中的一个点；他们知道这是短暂的，告诉自己这个痛苦的时刻即将结束。他们坚信更加幸福的来世就在不远处，给自己支持和鼓励，他们毫无怨言地感谢上天赐予让自己进化的痛苦。另一方面，对于那些只看到俗世生命的人来说，痛苦似乎是无穷无尽的，它将所有的重量都压在他们身上。前一种看待生命的方式会弱化世间之事的重要性，能让人减轻自身的欲望，知足于无人艳羡的生活，从而缓解经历挫折和失望所产生的心理效应。因此，他们从中获得安宁，懂得顺从，这对于身心健康是有益的。相反，嫉妒、艳羡和野心会让他们在意志上屈服于痛苦，让其短暂的一生更加不幸和痛苦。

自杀与精神错乱

14. 防止**精神错乱和自杀**的最好办法是，在看待尘世生活的方式和对未来的信念中获得安宁，懂得顺从，让灵性感到平静。事实上，大多数精神错乱的案例都是由于人们无力承受世事变迁导致的。然而，灵性主义的思维方式让他们能泰然地看待世间之事，最终淡定——甚至欣然地接受各种逆转和失望，否则他们定会感到走投无路，陷入绝境。很显然，这种让他们超然于世事之外的力量能让他们保持头脑清明、心智健全，免于罹患精神疾病。

15. 自杀也是如此。除了在醉酒或精神错乱的状态下自杀（我们可以称之为非故意自杀），可以肯定的是，无论自杀的具体动机是什么，最终可以归结为心怀不满。因此，那些相信厄运是短暂的，更美好的日子即将来到之人，比较容易拥有耐心。只有在看到自己的苦难没有尽头时，他们才会感到绝望。与永恒相比，一生难道不是不过一日之长？然而，对于那些不相信永恒之人，那些相信生命结束便万事皆空之人，一旦受到苦难和不幸的压迫，他们看到的就只有死亡。他们觉得通过自杀来缩短痛苦是很自然的，甚至是合乎逻辑的。

16. 对来世的否认与单纯质疑——换言之，唯物主义观点——是自杀的最大诱因：它们会导致**道德上的怯懦**。那些所谓的科学家们倚仗着自己在知识方面的权威，试图向听众或读者证明，人在死后是没有任何希望的。他们这样做，未尝不是在引导其听众或读者得出一个结论，即如果一个人身遭不幸，自杀或许是最好的解脱办法。除了此番结论，那些听众或读者还能从中看出别的什么吗？他们又能为其听众或读者提供怎样的补偿，带来怎样的希望呢？除了虚无，什么也没有。这只会让人得出一个结论：如果归于虚无是一种英勇的行为，是唯一的解救方法，唯一的希望，那么与其拖到日后，不如立即赴死，至少可以让自己少受些罪。

所以说，唯物主义思想的传播宛如一种毒药，它将自杀的念头灌输给许多人，而那些传播这一思想的信徒对此负有不可推卸的责任。相反，灵性主义不允许人们再对来世心存质疑，这会让人改变自己的人生观。灵性主义的信徒们知道，一个人的生命在死后还会无限期延续，尽管是以另一种状态。所以，他们怀抱着一种不急不躁、忍耐顺从的心态，从而自然而然地远离自杀的念头；总之，这就是所谓的道德勇气。

17. 从这一角度来看，灵性主义还会带来另一个同样积极向上，而且可能更具决定性的结果。它向那些通过自杀来逃避不幸处境之人揭示和证明，没有人可以违反绝不允许人自寻短见的上帝律法，而不受到任何惩罚。在自杀事件中，痛苦虽说是暂时而非永恒的，但它无论如何还是令人生畏的，而且痛苦具有一种性质，它会促使人们反思那些未待上帝召唤就被引诱离开尘世之人。因此，灵性主义者列出了若干理由来对抗自杀的念头：**确信**人有来世，知道自身的幸福与自己在世间所经历的不幸和忍耐顺从的程度成正比；**确信**人一旦自寻短见，事实上得到的结果只会与自己期望的完全相反；让自己从一种罪恶中解脱出来，反而会招致另外一种更恶劣、更长久、更可怕的罪恶；认为通过自杀可以更快地进入天堂，这不过是一种自欺欺人的想法；自杀会阻碍在另一个世界与自己所爱之人以及希望再次相见之人重聚；由此得出结论：自杀除了带来失望，别无其他，这与个人的最大利益是背道而驰的。事实上，通过灵性主义阻止的自杀事件，其数量相当可观，通过这一事实，不难得出结论：假如每个人都能成为灵性主义者，那么世间将不会再出现故意自杀的事件。因此，仅从自杀的角度来对比唯物主义和灵性主义，我们发现前者的逻辑会致使人自杀，而后者的逻辑会阻止人自杀，这是经验所证实的事实。

灵性所传教义

忍辱负重或怨天尤人

18. 基督说："受苦之人受到祝福，因为天国属于他们。"基督所指的并不是一般的受苦之人，因为地球上的每一个人，无论贵为君王，还是贱如草民，都是在受苦。不过，遗憾的是，懂得忍辱负重之人寥寥无几。很少有人明白，唯有忍耐顺从地经受考验，才能进入神的国。失去勇气是一种过错。上帝拒绝给你安慰，因为你缺乏勇气。祈祷是灵魂的支柱，但这还不够。它必须建立在信仰上帝仁善的基础之上。常言道，上帝从不将重担托负给软弱之人。责任与能力成正比，正如奖赏与顺从和勇气成正比。回报总会大于苦难。然而，一个人要得到回报，必须修积功德，这就是为何生活总是充满了苦难。

没被派往前线的士兵一点儿也不高兴，因为在营房休息并不会给他带来晋升的机会。所以，你得像那个士兵一样，不要老想着休息，因为这会令你的身体变得虚弱，灵魂变得麻木。上帝派遣你去打仗时，你要知足。这场战斗所要面对的并不是炮火销烟，而是生命的痛苦，有时这比血腥的战争更需要勇气，因为那些在敌人面前威武不屈之人，在精神痛苦的胁迫下反而可能变得软弱。人不会因为拥有这种勇气而得到奖赏，但上帝会为他们保留胜利的荣誉和荣耀。当你被烦恼或忧愁所困，要试着让自己去超越它，当你努力抑制急躁、愤怒或绝望的冲动时，要心满意足地对自己说："我曾经是强者。"

因而"受苦之人受到祝福"这句话大可以这样理解：有机会考验自己的信念、定力、忍耐和顺服上帝意志之人受到祝福，因为他们将成百倍地得到世上少有的喜乐；劳碌之后就得安息。（拉科代尔，勒阿弗尔，1863年）。

罪恶及改过

19. 那么，你们所在的地球是一个喜乐之地，快乐天堂吗？先知的声音岂不是仍在你耳边回绕吗？他岂不是说，生在这痛苦之谷的人，必要哀哭切齿呢？你们去那里居住的人，必然会有热泪盈眶的痛苦，但无论你们的苦难有多煎熬、多深重，你们都要仰望天上，称颂耶和华，因为他曾立志要考验你们！……人啊！只有当你的主人治愈了你身体上的伤痛，用祝福和欢乐为你的日子加冕时，你才肯承认他的能力吗？只有当他用各种荣耀装饰你的身体，让它恢复光辉和纯洁时，你才肯承认他的仁爱吗？你须效仿给你作为榜样之人。他躺在污浊之地，已经到了极度沮丧和痛苦的地步，对上帝说道："主啊，在我知道了什么是富庶丰饶的快乐后，您将我变成了最痛苦之人；感谢您，感谢您，我的上帝，谢谢您曾立志要这样考验您的仆人！"你的目光会在死亡的地平线上停留多久？你的灵魂何时才会渴望超越坟墓的限制？即使你不得不哭泣，忍受一生的痛苦，与那些凭借信仰、仁爱和顺从忍受考验的人们所拥有的永恒荣耀相比，那又算得了什么呢？所以你们要去寻找神为你们预备的来世之病的安慰，要去寻找前世之疾的原因。你们这些受苦最多的人，要把自己当成这世间有福之人。

当你们脱离肉身，在太空中飘荡时，是你们自己为自己选择的考验，因为你们相信自己有足够的力量去承受这一考验。那现在为何要抱怨呢？你们当初要求财富和荣耀，是为了忍受和克服诱惑。你们当初要让自己的身体和灵魂与道德之恶和物质之恶做斗争，那是因为你们知道考验越艰辛，胜利越辉煌。如果你们能在这场斗争中取得胜利，那么即便身处污浊之地，死后灵魂也会散发出无暇的光芒，因为它已经通过赎罪和痛苦的洗礼而变得纯净。

因此，对于那些被残酷的执念和痛苦的疾病所困扰的人，还有什么治疗方法值得推荐呢？良方只有一剂：保持信念，仰望天堂。当你面临最残酷的苦难，在混乱中，上帝会听到你的声音，床边的天使会向你显示救赎的先兆和未来属于你的位置……信念是医治痛苦的良药；它总是指向无限的地平线，在这之前，当下短暂的黑暗日子即将过去。因此，不要问我们该用什么方法来治疗这个溃疡或那个伤口，这个诱惑或那个考验。要记住那些以信念为良药而获得力量之人，也要记住那些怀疑信念的作用——哪怕只有一秒——而立即受到惩罚之人，因为他们同时经历了强烈的痛苦。

耶和华在一切信他之人身上盖了印记。基督告诉你们，只要有信心，你们就能移山倒海；我告诉你们，那些以信念作为后盾的受苦之人，必将受到他的关照，不再受苦。对他们而言，最痛苦的时刻便是奏响永世喜乐的第一个幸福的音符。他们的灵魂会脱离身体，这样，当肉体还在抽搐中扭动时，灵魂就已在天堂飞翔，与天使一起唱响感恩颂主的赞美诗。

受苦和哭泣之人是幸福的！愿他们的灵魂喜乐，因为神必给他们福赐。（圣·奥古斯丁，巴黎，1863年）

幸福不属于这个世界

20. "我不幸福！幸福与我无缘！"无论社会地位高低，人人都会这么感叹。我亲爱的孩子们，没有任何理由能比这更好地证明《传道书》中这句箴言的真理："幸福不属于这个世界。"的确，财富、权力甚至青春，都不是幸福的必要条件。我还想说：哪怕是这三个令人梦寐以求的要素加起来也不能代表幸福，因为我们常常听到即使是地位最高之人，无论年龄大小，也在痛苦地抱怨自己的处境。

面对这样的事实，要说工人和士兵会如此贪婪地嫉妒那些似乎受到命运偏爱之人，这是不可思议的。无论他们在这个世界上做什么，他们都有自己分内的工作和痛苦，需要经历许多的苦难和失望。从这一点来看，我们不难得出这样的结论：地球是一个考验和赎罪之地。

所以说，有的人鼓吹地球是人类唯一的家园，只需在地球上经历一世，便可获得最高等级的幸福——这样的话本质上不过是自欺欺人罢了，因为几百年的经验证明，这个星球只在极少数特殊情况下才具备个人极乐所需的条件。

总而言之，有一点可以肯定，幸福只是一个乌托邦，人们世世代代一直在寻找，却从未抵达。在这世间，既然真正的智者是稀有罕见，那么绝对幸福之人自然也不那么好找。

对于那些行为不明智之人来说，地球上的幸福只是短暂的，即使是一年、一个月或一个星期的完全满足，他们的余生也会在一系列的痛苦和失望中逝去。亲爱的孩子们，请注意一点，我所说的是世间那些幸运之人，那些被大众羡慕之人。

因此，如果尘世的住所是用来审判和赎罪的，人们就必须接受这样一个事实：在别处有更美好的家园，在那里，人类的灵性虽然依然为肉体所禁锢，却拥有与人类生活有关的全部喜乐。这就是为何上帝在你们的太阳系种下了那些美丽的高阶行星，你们的努力和倾向有朝一日将会使你们受到吸引，只要你们变得足够纯净和完善。

然而，不要依据我的话就推断，地球永远只是一个忏悔监禁之地。当然不是！因为从已经取得的个人进步中，可以很容易推断出未来的进步；从已经取得的社会进步中，也可以推断出新的、更多的进步。这是一项艰巨的任务，须由向你传授的新的灵性主义学说来完成。

因此，我亲爱的孩子们，愿神圣的效仿使你们振作起来，愿你们每个人都积极地摆脱旧的生活方式。你们每个人都应致力于传播灵性主义，它已经让你们开始了新生。让你的兄弟姐妹分享圣光的普照是你的责任。因此，去工作吧，我亲爱的孩子们！在这庄严的大会上，愿你们所有的心都渴望实现这一伟大的目标：为后代打造一个幸福世界，而在那个世界，幸福不再是一个毫无意义的字眼。（弗朗索瓦-尼古拉斯-玛德琳，红衣主教莫尔洛，巴黎，1863 年）

失去至亲至爱；夭折早逝

21. 当死亡降临到你家人身上，不分青红皂白地夺走了最小的孩子，而不是最老的长者的生命时，你往往会说："上帝不公平，因为他牺牲了那个身强力壮并拥有伟大前程之人，却留下了那些许多年来一直生活在失望中之人；他带走了栋梁之才，却留下了那些无用之人，他将一个母亲的心伤透了,让她失去了全部的快乐——那个无辜的生命。"

世人啊,对于这个问题,你们应超脱出关于生命的一般认知,这样才能理解,善往往是你所以为的恶,而上天的智慧在于你所以为的宿命。为何你要按照自己的标准来评判神圣的公正呢?你认为全世界的主仅仅因为你单纯的任性就对你施加残酷的惩罚吗?凡事都有一个明智的目的,无论发生什么事,每件事都有它存在的理由。如果你能更仔细地审视你所遭受的所有痛苦,你就会发现其中总有一个神圣的理由,一个新生的理由,而你可怜的个人利益只是次要的考虑因素,你会将其放到最后的位置。

相信我,如果人生在世二十年,比起做出那些损害家族荣誉、让母亲伤心、令父母华发早生等令人蒙羞的放纵之举,死亡是更可取的。夭折早逝通常是上帝给予那些离世者的最大福赐,以使他们远离生活的痛苦,或者远离可能让他们迷失自我的诱惑。在花样年华去世之人并不是宿命论的受害者;更确切地说,只是上帝认为他们不需要再留在世间了。

你说,这是一种可怕的不幸,因为一个充满希望的生命就这样过早地夭折陨落了!那么,你所说的希望是什么呢?是指那些离世之人原本能在世间光彩照人,原本能取得成功,赢得财富吗?这种看待事物的狭隘方式会让你永远无法超脱于事物之外。你以为的那个充满了希望的生命,你如何能知道他的命运究竟是怎样的呢?谁能说它不会充满了痛苦呢?如果这样,你就认为来世没有希望了吗?还是说你更喜欢那些在你有生之年见到的短暂生命？你是否认为其他人类中的位高权重者比受福赐的灵性更有价值？

当上帝将他的一个孩子从这个痛苦之谷中带走时，不要抱怨，而应高兴。希望他们留下来和你一起受苦，这难道不是自私的表现吗？啊！这就是那些没有信仰之人所设想的悲伤，他们在死亡中只看了到永恒的分离。但是，身为灵性主义者的你们都知道，当灵魂从肉身皮囊中解脱出来时，它会活得更好。母亲们啊，你们要知道自己亲爱的孩子离你们很近，是的，非常近。他们流动的身体环绕着你们，他们的思想注视着你们，你们对他们的怀念令他们陶醉欣喜；但你们无谓的忧愁也会让他们难过，因为这是缺乏信仰的表现，是违背上帝意志的。

你们既然理解灵性生命，便要聆听自己的内心，召唤你们所爱之人，如果你们想让上帝保佑他们，你们会在内心深处感受到一种莫大的安慰，它会抚平你们的伤痕，擦干你们的眼泪，感受到一种不可思议的愿望，它会向你们展示至高无上的耶和华对来世的承诺。（桑森，巴黎灵性主义协会前会员，1863 年)

如果他是个好人，他早就死了

22. 在谈到一个坏人从危险中逃出来时，你往往会说："如果他是个好人，他早就死了。"你这一说法倒是揭示了一个真理，因为对于处在进步初期阶段的灵性，上帝给他的考验时间通常较长，而善良的灵性会受到上帝的恩典，作为其所积功德的奖赏，他接受考验的时间会尽可能缩短。因此，无论什么时候引用这一箴言，你无疑都是在亵渎神灵。

如果一个好人死了，而他的邻居恰好是个坏人，你会急急忙忙地说："我倒宁愿那个人是他。"那你可就大错特错了，因为离世之人已经完成了他的使命，而在世之人尚有任务没有完成，甚至还未开始。既然如此，你为何还要让坏人无暇完成任务，却让另一个继续被囚禁在世间呢？将一个服刑期满的囚犯继续关在监狱，而释放另一个没有这一权利的囚犯，对此你会说些什么呢？因此，要明白，真正的自由在于脱离肉体的束缚，而只要你在世间，你就是被囚禁的。

不要批判你所不理解的事物，要相信上帝对万事万物都是公正的。很多时候，看似不幸的事情其实是一种福赐，但你的官能如此有限，以至于你迟钝的感官无法感知整体大局。要通过思想，努力超越你所处的有限领域，等到你提升到一定高度，物质生命的重要性将在你的眼前消失殆尽，因为它向你展示的，只不过是你作为灵性拥有的无限生命中的一个小小插曲——而灵性生命才是你唯一真实的存在。（芬乃伦，桑斯，1861 年）

自愿受苦

23. 人类总是在不断地追寻那些匆匆流逝的快乐，因为世间并无一尘不染的幸福。尽管人生难免遭遇世事变迁，但人类至少可以享受相对的幸福；然而他们总喜欢从同样变化无常的易逝事物中寻找快乐，即喜欢追求物质上的快乐，而非灵魂上的快乐——而后者才能让人预尝天国的永乐。他们不去寻求**内心的平静**——这个世界上唯一真正的幸福，反而渴望任何会使他们感到焦虑和不安之物。奇怪的是，他们似乎是人为地制造了他们本该避免的折磨。

　　还有比羡慕和嫉妒更令人痛苦的折磨吗？喜欢羡慕和嫉妒之人永无宁日；他们始终处于一种狂热状态。他们没有的和别人有的会导致他们失眠；竞争对手的成功会令他们眼花缭乱；他们的模仿只会使他们的邻居相形见绌；让那些与他们一样毫无理智之人感到愤怒的嫉妒便是他们所有的快乐所在。可怜的毫无理智之人，实际上，这些人谁也不会想到，也许明天他们就不得不将这一切无用之物抛诸脑后，这些无用之物，通过贪婪，毒害着他们的生命！"受苦之人受到祝福，因为他们必得安慰"这句话并不适用于他们，因为他们关注的根本不是来自天堂的补偿。

　　另一方面，那些对自己拥有的知足常乐之人，那些不因自己没有的而心怀嫉妒之人，以及那些不愿装模作样之人，他们又会受到多少折磨呢？这些人始终是富有的，因为，如果他们将眼光放低而不是抬高，他们总会看到更穷的人。他们内心平静淡泊，因为他们从不为自己制造假想的需求。能在生活的风暴中保持宁静淡泊，这难道不是真正的幸福吗？（芬乃伦，里昂，1860年）

真正的不幸

　　24. 每个人都谈论不幸，都经历过不幸，都认为自己知道不幸的多重特征。我来告诉你们，你们几乎都弄错了，真正的不幸并不是人们，即不幸之人所以为的不幸。他们以为，不幸就是贫穷，是生不了火的烟囱，是凶神恶煞的债主，是摇篮旁失去了曾经微笑的天使；他们以为，不幸就是哭泣的泪水，是我们顶着光光的脑袋，带着破碎的心，跟着棺材走在后面，是背叛的痛苦，是想要用紫衣遮挡起来，却难掩盖其赤裸裸的虚荣心的傲慢被揭之于众。在人类语言中，诸如此类以及其他，皆被称为不幸。是的，对于那些只看到眼前的人来说，这的确是不幸；然而，真正的不幸更多的在于事物导致的结果，而非事物本身。举例来说，有一件事情眼下是最快乐的，但它会导致灾难性的后果，另一件事情虽然一开始引起了大麻烦，但最终带来好的结果，两相对比，前者难道不是更不幸吗？再比如，狂风袭来，虽然刮倒了你的树木，却净化了空气，驱散了那些会致死的不健康瘴气，这难道不是一种福赐，而非不幸？

要判断一件事情，必须考虑它导致的后果。这就是为何要确定什么是真正的幸运或真正的不幸，必须让一个人立足于今生之外，因为唯有那样，才能让他体会到后果。因此，从你们缺乏远见的狭隘视角来看，所有你们以为不幸的事情都会随着俗世生命的结束而完结，并在来世得到补偿。

我所揭示的不幸是一种新的形式，一种漂亮迷人、多姿多彩的形式，是你受到迷惑的灵魂以全部力量去渴求和追求的形式。不幸是欢喜、快乐、骚动、空虚的焦虑、虚荣心得到的疯狂满足，它们会让良心沉默不语，压抑思想的行动，使人们对未来感到困惑。不幸，正是你热切渴望的遗忘的鸦片。

哭泣的人啊，你们会拥有希望！饱食终日而欣喜若狂的人啊，你们会颤抖！我们无法愚弄上帝；也无法逃避我们的命运。审判，那些比被痛苦所释放的狼群更加无情的债主，正虎视眈眈地盯着好似正在休息的你，随时准备将你突然投入到真正不幸的痛苦之中，那种因冷漠和自私而使灵魂麻木不仁的痛苦。

愿灵性主义能带给你启迪，让因你的盲目无知而变得面目全非的真理和错误重新恢复它们真正的模样！然后，你会像勇敢的士兵一样，不再逃避危险，而是选择勇敢地迎接无关荣耀也无关晋升的战斗，最终赢得和平！只要士兵能取得胜利，凯旋而归，就算在战斗中失去了武器、装备和制服，又有何关系呢？对那些相信来世的人而言，只要他们的灵魂能光彩夺目地升入天国，就算将他们生前的财富和肉体的皮囊留在人生的战场上，又有何关系呢？（德尔菲娜·德·吉拉丁，巴黎，1861 年）

忧郁悲伤

25. 你知道为何你心中时常会涌起一种莫名的悲伤，让你觉得生活如此痛苦吗？那是你的灵性，渴望幸福和自由的灵性，当它与肉体结合在一起，它会徒劳地想要竭力挣脱出这个囚禁他的牢笼。但看到这样的努力毫无用处，它就会变得意志消沉，而肉体受到灵性的影响，会让你感到倦怠、沮丧和冷漠，让你觉得自己不快乐。

相信我，要强烈抵制这些削弱你意志力的情绪。向往美好生活是所有人的灵性与生俱来的渴望，但不要试图在这个世界寻找。现在，上帝派遣他的灵性来向你传授为你预备的神圣幸福，要耐心地等待拯救天使前来帮助你打破束缚你们灵性的枷锁。要记住，当你在世间接受考验时，你必须完成一项使命——无论是为家人任劳任怨，还是履行上帝赋予你的各种义务，对此，你不能质疑。如果在接受考验和执行任务的过程中，你感到忧郁、烦恼和忧愁，要坚强，要勇敢地去承受。要坚毅地面对它们。要知道这一切都是暂时的，它会将你带到你为之哭泣的朋友那里。他们将为你的到来而欢欣鼓舞，将向你伸出双臂，将你带到一个再也没有世间苦难的地方。（弗朗索瓦·德·日内瓦，波尔多。）

甘受考验；真正的麻衣

26. 你问允不允许减轻对你的考验。由这个问题，可以衍生出以下问题：溺水之人允不允许自救？身上有刺之人允不允将刺拔掉？生病之人允不允请医生？考验的目的在于让人拥有智慧、耐心和顺从。一个人可能天生就处于痛苦和困难的境地，而这正是为了让他们寻找克服困难的办法。要修积功能，便要毫无怨言地去承担不可避免的病痛及其带来的后果，在斗争中坚持不懈，失败时也不绝望，但并非漠不关心——后者与其说是功德，不如说是懒惰。

当然，这个问题还会引申出另一个问题。既然耶稣说"受苦之人受到祝福"，那么主动寻求苦难，即自愿受苦以接受更多考验，算是功德之举吗？对此，我要非常明确地回答：如果经历这种苦难和贫困是为了他人利益，自然是功德无量，因为这是牺牲自我的慈善之举；如果这一切只是为了自己的利益，便毫无功德可言，因为这仅仅是源于自私自利的执念。

这两者之间有很大的区别：就个人而言，你要满足于上帝给你的考验，不必额外加码，因为这些考验通常已经很沉重了。忠实地接受考验，不要抱怨；这是上帝对你的全部要求。不要以无谓的贫困和毫无目的的屈辱来削弱你的身体，因为你需要聚积你所有的力量，来完成你在世间的劳动使命。故意折磨和损耗你的肉体是对上帝律法的侵犯，因为上帝给了你滋养和强化肉体的手段。毫无必要地削弱肉体，无异于自杀。使用肉体，但不要滥用它；这就是律法。滥用最好的事物，会招致惩罚，带来不可避免的后果。

一个人为了他人承受痛苦则是另一回事。如果你忍受寒冷和饥饿是为温暖和喂养需要帮助之人，如果你的身体因此而受苦，那么这就是上帝所祝福的牺牲。你离开自己温馨的家，前往一个受疾病感染的茅舍里去安慰病患；你不惧弄脏自己娇嫩的双手，去清理治疗病人的伤口；你不眠不休地守在病床前，看护着与你并无亲缘关系的兄弟姐妹，你以自己的健康为代价，做好事，行善举：这才是你的麻衣，是真正带着福赐的麻衣，因为世间的享乐并未让你的心枯萎。你没有沉溺于骄奢淫逸、令人萎靡的温柔乡中，却让自己成为慰藉无家可归的穷人的天使。

然而，那些为了逃避诱惑而遁世隐居之人，你的作用何在？既然你逃避困难，放弃斗争，经受考验的勇气又何在？如果你想要麻衣，就将它披在你的灵魂上，而不是你的身体上。让你的灵魂变得更坚强，而不是你的肉体；打击你的傲慢之心；毫无怨言地忍受屈辱；鞭笞你的自私自利；坚毅地面对羞辱和毁谤带来的，甚于肉体痛苦的折磨。这才是真的麻衣，这上面的伤痕是有意义的，因为它们将证明你的勇气和对上帝意志的顺服。（一个守护天使，巴黎，1863年）

我们是否应该结束他人的考验？

27. 如果我们能，我们是否应该结束他人的考验，还是应当出于对上帝安排的尊重，让他们走自己的路？

我们已经重申过多次，你生在这个赎罪的世界是为了完成你的考验，你身上所发生的一切都是你前世的结果，是你所欠债务的一部分。然而，在某些人看来，由这种思想所引发出的观念是不可取的，因为它们可能会带来灾难性的后果。

有些人认为，既然一个人来到世间是为了赎罪，那么所有的考验都应当按部就班地进行。有些人甚至还认为，不仅不应采取任何措施来减轻考验，相反，还有必要进一步增加考验的强度，使考验更有益。这是大错特错的。的确，你们的考验必须按照上帝指定的方向进行，但是你又如何知道上帝指定的是什么方向呢？你怎么知道他们必须走多远？或者说，你怎么知道仁慈的天父不会对受苦的这个兄弟或那个姐妹说："你不用再走了"？你们怎么知道上帝的旨意不是要让你作为惩罚的工具，来加重有罪之人的痛苦，而是要你作为安慰的药剂，来治愈上帝实施公正所留下的伤口呢？所以，当你看见你的兄弟姐妹受苦时，不要说："这是神的公正，必须遵其执行。"相反，你要告诉自己："让我们看看恩慈的天父给了我哪些力所能及的方法，让我可以用来帮助我的兄弟姐妹减轻所受的痛苦。让我们看看我在精神上的安慰、物质上的帮助或提供的建议忠告能否帮助他们获得更大的勇气、耐心和顺从，从而战胜这场考验。让我们看看上帝是否交给了我结束这一痛苦的方法；如果没有，这也是一种考验，也或许是一种赎罪，目的是为了除恶安民。"

因此，在你们各自接受考验时，要永远互相帮助，而非让自己变成施加痛苦的工具。这样的想法会令每个人，尤其是所有的灵性主义者觉得反感，因为灵性主义者比任何人都更能理解上帝的无限仁慈。灵性主义者认为，他们的一生当践行仁爱与奉献；无论他们做了什么来违抗耶和华的意愿，上帝的考验都会照样进行。因此，他们可以无所畏惧地尽一切努力来减轻赎罪的痛苦，但只有上帝才能在其觉得必要时缩短或延长考验的时间。

人类如果认为自己有在别人伤口上捅刀子的权利，难道不会觉到非常有面子吗？打着让对方赎罪的幌子，在一个受苦之人的心里注入更大剂量的毒药？哦！这不过是始终将自己视为用来终结痛苦的工具罢了。总而言之：你们所有人来世间都是为了赎罪，但你们所有人，无一例外地都必须依循仁爱和仁慈律法，尽力减轻他人的赎罪。（贝尔纳丁，一位守护灵性，波尔多，1863年）

对一个没有治愈希望的病人来说，是否允许缩短他的生命？

28. 有一个人快死了，他受了极大的痛苦。他目前的状况看来已经毫无希望了。这时能不能尽快结束他的生命，让他免受哪怕片刻的痛苦呢？

谁给了你预知上帝安排的权利？难道上帝不能将某些人带到坟墓边缘，然后再将他们带回来，从而让他们审视自己，并改变他们的想法吗？无论一个垂死之人的状况有多惨，没有人能肯定地说其大限已到。科学的预测难道就从来没有错过吗？

在我所知道的有些案例中，病人的情况一开始看上去非常危急；然而，即使在起死回生和恢复健康毫无明确希望的情况下，不也有无数的病人在最后关头自己苏醒，并恢复了片刻意识？那么，这个恩典的时刻对他们来说可能是非常重要的，因为你并不一定清楚灵性在死亡的痛苦中可能产生什么想法，或者可以通过突然的忏悔而避免多少痛苦。

唯物主义者只看到肉体而不考虑灵魂，所以无法理解这些事物，而灵性主义知道死后发生的事，也知道临死之前的想法具有何等重要的意义。所以，要尽你所能减轻最后的痛苦，但不要缩短生命，哪怕只有一分钟，因为那一分钟可能会省却来世的许多泪水。（圣·路易斯，巴黎，1860 年）

牺牲自己的生命

29. 有的人对生活大失所望，却又不想自杀轻生，为了让自己的死变得有价值，所以在战场上一心求死，这样的人算不算有罪？

一个人无论是自杀还是他杀，其目的总归要缩短自己的生命，因此，这种情况也算故意自杀——即使事实上并非如此。认为他们的死亡会对某些事情有用的想法是荒谬的；这不过是粉饰其行为，让他们能够自我原谅的借口罢了。如果他们真的想为自己的国家服务，他们会寻求生存，在任何事情上保卫国家，而不是寻求死亡，因为一旦死亡，他们就不能再为国家服务。真正的奉献在于在有必要时，为有益之事不惧死亡，冒着危险，勇于牺牲，而无所遗憾。然而，企图将自身置于危险来寻求死亡的**蓄谋意图**，即使确有效力，也无功德可计。（圣·路易斯，巴黎，1860 年）

30. 一个人为了救另一个人的命，虽预知自己会死，却仍于危难之时亲身赴险，这算是自杀吗？

没有寻求死亡的意图，就不是自杀，而是一种虽知必死而无惧的奉献和忘我精神。但谁又能如此肯定呢？谁能说上帝没有在最关键的时刻预留一种出人意料的拯救手段呢？上天难道不能拯救一个正对着炮口的人吗？在许多情况下，上天希望将忍耐顺从的考验延长到极限，直至意外情况使致命的打击发生偏离。（圣·路易斯，巴黎，1860 年）

让自己的痛苦对他人有益

31. 有的人顺从上帝的意志，一心企盼来世幸福，所以心甘情愿地接受自己的苦难，这些人难道不是只在为自己做打算吗？难道他们能让自己的苦难对别人有益吗？

这种痛苦可能在物质上和道德上对他人有益：从物质上来说，如果通过劳动，他们强加给自己的贫困和牺牲有助于他人获得更好的物质条件；从道德上来说，他们树立了服从上帝意志的榜样。这一例子证明了灵性主义信仰的力量，它可以鼓励不幸之人忍耐顺从，使他们不再感到绝望，避免给来世带来灾难性的后果。
（圣·路易斯，巴黎，1860年）

第六章：
基督——慰藉者

- 温和之轭
- 应许的慰藉者
- 灵性所传教义
  - 真理之灵的来临

温和之轭

1. "所有背负重担、疲惫不堪之人，都到我这里来吧，我会让你们得到休息。你们要负起我的轭，向我学习，因为我内心温和谦卑，你们会从我这里得到心灵上的安宁。我让你们负的轭是轻松的，我给你们的担子不是沉重的。"（《马太福音》第11章第28节至第30节）

2. 无论怎样的痛苦——不幸、失望、肉体痛苦、失去至亲至爱——都能在相信来世和相信上帝的公正中得到安慰，这是基督来向世人传授的教义。另一方面，对于那些对死后并无期待或心存怀疑的人来说，苦难是沉重的负担，没人能指望减轻他们的痛苦。这正如耶稣所说的："所有疲惫不堪之人，都到我这里来吧，我会让你们得到休息。"

不过，耶稣向受苦之人应许的帮助和幸福附加有一个条件。这一条件蕴含于耶稣所传授的律法中。耶稣的轭是指必须遵循这一律法，只不过这个轭是轻松的，律法也是温和的，因为它视仁爱和仁慈为责任。

应许的慰藉者

3. "如果你们爱我，你们就会遵守我的命令，我将请求父赐给你们另外一位帮手与你们永远在一起：他是真理之灵，世人不能接受他，因为，世人既看不见他，也不认识他，但是，你们认识他，因为他与你们在一起，在你们心中。不过你们的帮手——即父以我的名义派来的圣灵会教给你们一切，他会提醒你们我告诉过你们的一切。"（《约翰福音》第14章第15节至第17节和第26节）

4. 耶稣应许了另一个慰藉者：真理之灵。世人不认识真理之灵，因为他们不够成熟，无法理解，天父将派真理之灵去教世人一切，并提醒世人基督说过的话。所以，既然说真理之灵必须晚一点来教导万物，那说明基督并未向世人说明一切。既然说圣灵会来提醒基督说过的话，那说明这些话已经被遗忘或未被真正理解。

灵性主义在指定的时间来实现基督的应许：真理之灵负责创立灵性主义；他号召世人遵循律法，教导万物，使他们理解基督以隐晦的方式所说的话。耶稣说："有耳可听的，就应当听。"灵性主义之所以能让人睁眼看，张耳听，因为它不是采取比喻或寓言的方式来传授教义的。它故意揭开了某些神秘事物的面纱，最终给世间被剥夺继承权之人和所有遭受苦难之人带来了无上安慰，为所有的痛苦赋予了公正的原因和有益的目的。

基督说："受苦之人受到祝福，因为他们必得安慰。"然而，如果我们不知道自己为何受苦，又怎能祝福受苦呢？灵性主义揭示了这一原因，它归结于前世，亦归结于地球的命运，即人们之所以来到地球，是为了赎前世之罪。此外，灵性主义还揭示了苦难的目的。苦难是一种有益的危机，它能促进疗愈、实现净化、确保来世的幸福。人类知道自己应当受苦，也知道受苦是公正的。他们知道这种痛苦会帮助自己进步，所以会毫无怨言地接受它，就像工人们接受能够保证他们工资的工作一样。灵性主义给了他们对来世不可动摇的信念，也让他们的灵魂不用再忍受痛苦的怀疑。它让人们站在更高的角度去看待事物；世间沧桑的重要性在灵性所深思的广阔而辉煌的地平线上消失了，而等待他们的幸福前景给了他们耐心、顺从和勇气，让他们能够沿着自己的道路走到终点。

因此，灵性主义履行了耶稣关于慰藉者的应许：让世人知道自己从哪里来，要去往哪里，为何生在世间。这既是对上帝律法的真正原则的呼唤，也是通过信仰和希望给予的安慰。

灵性所传教义

真理之灵的来临

5. 我来了，正如我当日在刚愎任性的以色列人中所行的，要带来真理，驱散黑暗。听我所言。正如我过去所说，灵性主义必将提醒怀疑者，统治他们的是永恒的真理：是仁善的上帝，伟大的上帝，是让植物萌芽生长，让潮汐涌动澎湃的主。我早已将这一神圣学说公诸于世，如收割者聚麦成捆，散播人间，并言："凡受苦之人，你们都上我这里来！"

然而，忘恩负义的世人已偏离了通往我父王国的大道正途，在不敬的痛苦道路上迷失了方向。我父不想消灭人类；他希望你们相互帮助——无论生者，还是死者；死亡仅针对肉体而言，因为死亡是不存在的——从而相互救赎，因为先知和使徒的声音再也听不见了，取而代之的是离世者的声音在告诉你们："要祈祷，要相信！因为死亡是复活，生命是选择的考验，在此期间，你的功德须像雪松一样成长和发展。"

哦，脆弱的人类，你们要意识到自己心灵的黑暗，不要偏离神圣仁慈放在你们手中的灯塔，它将照亮你们的道路，指引你们这些迷路的孩子回到天父的怀抱。

我同情你们的不幸和你们的脆弱，要向那些刚愎任性的不幸之人伸出一只可靠的手，因为他们看到了天堂，却陷入了错误的深渊。要相信，要仁爱，要冥想正在向你揭示的事物。不要将稗子与好种子混为一体，不要将乌托邦与真理混为一谈。

哦，灵性主义者们啊！彼此相爱；这是第一教义。教育自己；这是第二教义。所有的真理都能在基督教中找到。那些根深蒂固的错误皆源于世人自己；在这里，在坟墓之外——你所以为的虚无——有声音在呼唤着你们："兄弟姐妹们！人死并非灭亡。耶稣基督是战胜邪恶的胜利者；要战胜不敬。"（真理之灵，巴黎，1860年）

6. 我是来教导和安慰被流离失所的穷人的。我来告诉他们，要更加顺从地忍受自己的考验；可以哭泣，因为在橄榄园里，悲哀是神圣的；但也要抱有希望，因为安慰的天使会来擦去他们的眼泪。

劳作的人们，要去寻找你们的道路。第二天，重新开始前一天尝试的旅程。你们劳碌的双手为你们的身体供给世间的食物，但你们的灵魂并未被忘记。我，作为神圣的园丁，在你们思想沉默时培养你们的灵魂。当你们休憩的时刻来临，当你们生命的线从你们的指间滑过，当你们闭上眼睛，再也看到不阳光，你们会感觉到我播下的宝贵种子在你们内心滋长萌芽。在天父的国里，没有任何东西会丢失，你们的汗水和苦难将成为能使你们在更高领域拥有财富的宝藏，在那里光明取代了黑暗，曾经最衣衫褴褛之人可能是最光芒万丈之人。

我实在告诉你们：那些背负重担，帮助兄弟姐妹之人受我所爱。你们要通过宝贵的灵性主义教导自己，消除叛逆的错误，理解人类考验的崇高目的。正如清风拂去尘土，愿灵性的清风驱散你们对世间富贵之人的嫉妒——他们往往是最悲惨的，因为他们的考验比你们的更危险。我与你们同在，我的使徒会教导你们。饮啜仁爱的生命源泉，让生命受到囚禁的你们终有一天自由快乐地投入造物者的怀抱，上帝造你们之时虽然是软弱的，目的是为了让你们变得圆满，他希望你们通过自我塑造，成为缔造自身不朽的工匠。（真理之灵，巴黎，1861年）

7. 我是伟大的灵魂医生，我给你们带来了治愈灵魂的良药。脆弱之人、受苦之人和软弱之人皆受我福赐，我会来拯救他们。因此，你们这些受苦受累之人，到我这里来，你们必得安抚和慰藉。不要到别处去寻求力量和安慰，因为世间无法提供这些。上帝藉由灵性主义向你们的心灵发出至高的呼吁：要聆听。愿不敬、欺骗、错误和怀疑从你们痛苦的灵魂中清除。他们是吸吮你们最纯洁血液的怪物，而且几乎总是让你们受到致命的伤害。在未来，要谦卑地顺从你们的造物主，愿你们实践他的神圣律法。要爱和祈祷。在主的灵面前要顺服。若你们从内心深处呼求他，他会派他的爱子前来教导你们，并告诉你们这些善言："我在这里；我到你这里来是因为你曾呼求我。"（真理之灵，波尔多，1861 年）

8. 上帝安慰谦卑之人，并赐予呼求的受苦之人以力量。上帝的力量覆盖世间大地的每一个角落，他在每一滴泪水旁洒下安慰的药膏。奉献和忘我是一种持续不断的祈祷，它们包含着深刻的教义。人类的智慧蕴涵在这两个词汇之中。愿所有受苦的灵性理解这一真理，而不是抱怨他们的痛苦，抱怨你们许多人在世间所忍受的道德痛苦。把这两个词作为你们的座右铭：**奉献**和**忘我**。你们会变得坚强，因为这囊括了仁慈和谦卑施加给你们的责任。完成使命的成就感将让你们的灵性感到顺从，得到休息。心脏跳动得更好，灵魂变得平静，身体不再虚弱，因为身体受到的痛苦更多地取决于灵性受到的打击有多深。（真理之灵，勒阿弗尔，1863 年）

第七章：
灵里贫穷之人受到祝福

- 如何理解"灵里贫穷之人"
- 凡自高者必降为卑
- 向聪明智慧之人隐藏的奥秘
- 灵性所传教义
  - 傲慢与谦卑
  - 世间智慧之人的使命

如何理解"灵里贫穷之人"

1. "知道自己在属灵境界中有需求之人受到祝福，因为天国属于他们。"（《马太福音》第5章第3节）

2. 怀疑者取笑"灵里贫穷之人受到祝福"这则箴言，就像取笑他们无法理解的许多其他东西一样。耶稣所说的"灵里贫穷之人"并不是指缺乏智慧之人，而是指谦卑之人：他说天国是属于他们的，而不是属于傲慢之人的。

世人眼中那些博学多智之人大多自以为是，自命不凡，对于神圣之物往往不屑一顾。他们的目光只专注于自己，不肯抬眼仰视上帝。这种相信自己凌驾于一切之上的倾向，往往使他们否认任何可能凌驾于自己之上的东西——甚至是神本身，否认任何令其感到谦卑低下的东西。或者，即使他们愿意信神，也会质疑神最美好的属性：即世间诸事皆奉上天旨意。他们自以为自身有足够能力来统治世间万物。他们将自己的智慧当作普遍智慧的标准，认为自己能够理解一切事物，绝不相信有任何事物会超出其理解能力的可能性。他们一旦做出审判，便不允许任何人对其判决进行上诉。

如果他们拒绝相信无形世界和超越人类的力量，并不是因为这超出了他们的能力，而是因为他们的傲慢自大阻止其接受居然还有任何事物是他们无法凌驾其之上的想法，而这种想法只会让他们从自己所筑的高台上跌落下来。因此，对于任何不属于可见和有形世界的事物，他们都只会轻蔑地一笑了之。他们自视甚高，以为自己拥有大学大智，不相信那些在他们看来对**纯朴**之人有益的事物，并将那些认真对待这些事物的人视为"灵里贫穷之人"。

尽管如此，不管他们怎么说，就像其他人一样，当他们不得不进入一个被其嘲笑的无形世界时，他们便会睁开自己盲目的双眼，意识到自己的错误。不过，上帝是公正的，他不会将那些蔑视神圣力量之人和那些谦卑地服从神圣律法之人归为一类，他们也不可能彼此平等。

耶稣说天国是属于纯朴之人的，意思是没有**纯朴的心灵和谦卑的灵性**是不允许进入天国的；那些具有这种品质的愚昧之人会比那些自以为学识超过上帝之人更受欢迎。在每一个例子中，耶稣都将谦卑归于使我们更接近上帝的美德，而将傲慢归于使我们远离上帝的罪恶——其原因很明显：谦卑是顺从上帝的行为，而傲慢是反抗上帝的行为。因此，作一个世俗意义上的**灵里贫穷**之人，即道德上的富有之人对于世人的幸福而言更为重要。

凡自高者必降为卑

3. 这时，门徒们走过来，问耶稣："天国里谁最伟大？"耶稣招呼过来一个孩子，让他站在他们面前，说："我实话告诉你们，除非你们内心变得像孩子一样，否则你们永远进不了天国。**所以，谁像这个孩子一样谦卑，谁就是天国里最伟大的人**。谁以我的名义接受像这个孩子的人，谁就是在接受我。"（《马太福音》第18章第1节至第5节）

4. 这时，西庇太的妻子带着两个儿子来见耶稣，她跪在耶稣面前，求他一件事，耶稣问她："你想要什么呢？"她回答说："答应我，让我的两个儿子在天国里和您坐在一起，一个在坐您的左边，一个在坐您的右边。"耶稣说；"你们不知道自己在要求些什么！你们能喝下我必须喝的这杯苦酒吗？"他们回答："我们能！"耶稣又说："即使你们真的要喝下我的这杯苦酒，可是谁能坐在我的左右，不是由我赐予的，那是由我父来决定的，我父已为他们预备了位置。其他十名门徒听到这些，对兄弟俩非常生气。耶稣把门徒们叫过来，对他们说："你们知道，这个国家的统治者们热衷于炫耀他们统治人民的权力，他们的首领们还热衷于对人民滥用权力。但是，在你们中间，不该这样。**谁想在你们当中出人头地，谁就必须做你们的仆人；谁想在你们中间居先，谁就必须做你们的奴仆**。你们应该像人子一样，人子来不是让人伺候他的，他来是为了服侍他人的，而且，为了拯救众人，他还牺牲了自己的生命。"（《马太福音》第20章第20节至第28节）

5. 在一个安息日里，耶稣来到法利赛人的一个首领家里吃饭，在场的人们都密切地注视着他。耶稣看到客人都为自己挑选贵宾席位，所以耶稣给他们讲了一个比喻，他说："有人请你们去赴婚筵时，不要坐在贵宾席上，因为主人可能已邀请了比你们更重要的客人。如果真是那样的话，邀请你的人就会走到你身边，对你说：'请把你的座位让给这个人。'那时，你只好羞愧地退到最后的座位上去。但是你们受到邀请时，你们主动坐到了末座上，所以，当主人来对你说：'朋友，请上座。'那时，你就会在所有的来客面前有光彩。**因为自命不**

凡之人将受到贬低，而自甘谦卑之人则受到器重。"（《路加福音》第 14 章第 1 节和第 7 节至第 11 节）

6. 这些箴言体现了谦卑的原则。耶稣反复指出这一原则是向上帝选民应许幸福的基本条件，他说道："知道自己在属灵境界中有需求之人受到祝福，因为天国属于他们。"他将孩子作为纯朴的榜样，说：**"谁像这个孩子一样谦卑**，谁就是天国里最伟大之人。"他所指的，就是不自以为高人一等或绝无谬误之人。

这一基本思想在其他箴言中亦有体现，例如，"谁想在你们当中出人头地，谁就必须做你们的仆人"；以及"自命不凡之人将受到贬低，而自甘谦卑之人则受到器重。"

灵性主义通过实例来证明了这一理论，它向我们揭示，灵性世界的伟人志士在世间可能籍籍无名，而世间的位高权重者在灵性世界往往非常渺小。这是因为，前者死后带来了使他们在天国真正变得伟大，且永远不会失去之物：功德；而后者在死后则不得不抛下那些使他们在世间显得伟大，却无法带走之物：财富、头衔、荣耀和出身。他们失去了一切，一无所有地来到另一个世界，就好比船只失事的幸存者失去了一切，甚至包括身上的衣服。他们只保留着一贯的傲慢自大，而这只能令其新的身份地位显得更加丢人，因为他们看到在世间受其鄙夷之人反而位居于他们之上，光芒四射，熠熠生辉。

灵性主义还向我们揭示了这一原则适用于生生世世，即在上一世拥有最高地位之人，如果被傲慢和野心所支配，那么在下一世也会被降至最低的地位。因此，如果你不想体会被贬身份的滋味，就不要追逐世间虚名或凌驾于他人之上。相反，你要找一个最卑微谦虚之位，如果你堪任其位，上帝必会让你升任高位。

向聪明智慧之人隐藏的奥秘

7. 然后，耶稣高声说道："我赞美您，父——天地之主，我感谢您，您向聪明、智慧之人隐藏了这些事，却把它们揭示给像孩子似的人。"（《马太福音》第11章第25节）

8. 奇怪的是，耶稣感谢上帝**向纯朴之人**（灵里贫乏之人）揭示这些事，同时**向明显更具有理解力的聪明智慧之人隐藏了这些事**。因为要明白一点，前者是**谦卑**的，在上帝面前始终谦逊恭顺，从不认为自己有超越他人的优越感；后者是**傲慢**的，自负学识广博，否认上帝，自作聪明，或虽不完全否认上帝，却平庸以视，尽管在古代**学识**是**智慧**的同义词。这就是为何上帝要让他们去寻找世间的秘密，反而将天国的秘密告诉给了跪拜于上帝面前的最纯朴和最谦卑之人。

9. 今天，灵性主义所揭示的伟大真理也是如此。一些怀疑者对于灵性并不热衷于说服他们而感到惊讶。这是因为灵性只关注那些满怀善念和谦卑之心寻找光明之人，而不是那些自以为拥有所有光芒，似乎以为上帝会很乐意向他们证明自己的存在，从而引领他们亲近自己之人。

无论是最微小之事，还是最伟大之事，上帝的力量无不闪耀光芒。上帝从不将光藏在斗底，而是将光散播四方；因此，那些看不到它的人都是盲目之人。**上帝不会强迫他们睁开眼睛，既然他们乐于如此。**不过，待大限将至，他们须首先感受黑暗的痛苦，并承认上帝的存在，**承认这一确确实实一扫其傲慢之气的神**。上帝会根据每个人选择最合适的方法来消除其怀疑。但上帝要做什么并不是由怀疑者来规定的，怀疑者也无权对上帝说："如果你想说服我，必须选择这样或那样的方式，而且必须选在某个时候，因为这个时间是最合适的。"

所以，假如上帝和作为神的意志代理人的灵性并未服从他们的要求，怀疑者也没什么可感到惊讶的。他们该问问自己，假如他们的仆人中有一个要将自己的意愿强加给他们，他们会怎么说。上帝强加条件，而不屈服于他人。上帝会和善地聆听谦卑的人说话，而不会听自以为比神伟大的人说话。

10. 有人可能会问：难道上帝不能通过显灵的方式亲自接触他们？这样一来，即便最顽固的怀疑者也必然会跪拜致礼的。当然可以，但这样做有何功德，又有何益处呢？有很多人会否认这一证据："即使我亲眼所见，我也不会相信，因为我知道这是不可能的。"这样的例子，我们每天见到的还少吗？如果他们拒绝承认真理，那是因为他们的灵性还不够成熟，无法理解真理，或者其内心未能感知到真理。**傲慢是遮蔽他们视线的面纱**。把光给盲人有何好处呢？因此，正如高明的医生总是治病先治本一样，上帝会首先惩罚他们的傲慢。上帝不会遗弃任何迷失的孩子；上帝知道他们迟早会睁开双眼，但上帝希望这是他们自己的意愿，当他们被难以置信的折磨所压倒时，他们会让自己投入神的怀抱，就像回头的浪子请求神圣的恩典一样。

灵性所传教义

傲慢与谦卑

11. 亲爱的朋友们，愿主的平安与你们同在！我是来鼓励你们走从善之路的。

对于那些曾在地球上居住的卑微的灵性，上帝赋予了他们前来启示世人的使命。感谢神赐给我们的恩典，使我们能够帮助你们进步。愿圣灵之光照耀我，帮助我，从而让世人能理解我说的话，并赐予我恩惠，将这些话传播给所有人。道成肉身的你们，是受苦和寻找光明之人，愿上帝的意志帮助我，以使他在你们的眼睛里闪耀！

谦卑往往是被你们忽视的一项美德。你们很少关注那些摆在你们面前的好榜样；然而，如无谦卑之心，你们何以能善待他人？哦！当然不能，因为这种情感让众生平等相待；它告诉世人，他们是兄弟姐妹，必须互相帮助；它引导世人走善道，行善举。没有谦卑，你们只能用自己没有的美德来装饰自己，好像穿着华衣锦服来隐藏你们身体上的缺陷一样。记住拯救我们的上帝；要记住他的谦卑，这种谦卑更突显了他的伟大，使他超乎于众先知之上。

傲慢是谦卑的可怕对手。如果基督把天国应许给那些最贫穷之人，那是因为世间的权豪势要臆想着其头衔和财富是对自身功德的奖赏，以为他们的本质比穷人更纯洁。他们认为这些都是欠他们的，正因如此，无论上帝什么时候将他们带走，他们都会指责上帝不公。哦！这样的嘲弄和盲目！上帝会通过你们的肉体来区分你们吗？难道穷人的皮囊与富人的皮囊不一样吗？造物主创造了两种人吗？上帝所做的一切都是伟大而明智的；千万不要将你们的傲慢思想归咎于他。

哦，你们这些富人啊！当你睡在金色的屋顶下避寒时，难道你们不知道还有成千上万如你一般的兄弟姐妹睡在稻草上吗？那些忍饥挨饿的可怜人难道和你不一样吗？我很清楚，这些话有伤你一贯以来的骄傲。你可能同意给他们施舍，但要与他们友好地握手——绝对不行！"什么！"你会说："我，拥有高贵血统的后裔，世间最伟大的人之一，能和那些衣衫褴褛的可怜之人一样吗？所谓哲学家的空想乌托邦！如果我们是平等的，那为何上帝会让他们生而低贱，而让我生而高贵？"没错，若论身上穿的衣服，你们确实不一样；但脱掉衣服，你们之间又有何区别？你会说："高贵的血统。"但是化学研究并未发现贵族和平民，或者主人和奴隶之间在血统方面有任何区别。谁知道你以前不曾像他们一样贫穷和不幸，不曾乞求过施舍？谁又知道你以后不会向那些你今天所鄙视之人乞求呢？财富是永恒的吗？难道不是生不带来，死不带走，只会随肉体——包裹灵性的易腐朽的皮囊——一起消亡吗？哦！要让自己谦卑一点！要去洞察这世间的现实，看看到底何谓伟大，何谓卑贱。记住，死亡待你并不比任何人更宽恕；这些头衔也并不能拯救你；明天，今天，一小时后你就会明白。如果你仍以高傲自居，哦！那么我为你感到难过，因为你值得怜悯。

你们这些傲慢的人！在你变得高尚和强大之前，你是什么？也许你比那些最微不足道的仆人还低下。所

第七章：灵里贫穷之人受到祝福

以，收起你那傲慢自大的眉梢，因为上帝会将高高在上的你拉下云端。在神的天平上，所有人都是平等的，在上帝的眼中，人与人的区别只在于他们修积的功德。所有灵性都拥有唯一而相同的本质，所有肉体都由相同物质构成；无论是你的头衔，还是你的名字，都无法以任何方式改变这一点。肉体只能埋于坟墓中，它们不会给你只应许给选民的幸福。唯仁慈和谦卑才能赋予他们高贵的头衔。

可怜的人！你是一个母亲；你的孩子在受苦。他们又冷又饿；沉重的十字架让你弯腰驼背，你不惜卑躬屈膝，只为他们能有一片面包聊以裹腹！哦！但我要在你面前鞠躬！在我眼中，你是何等的圣洁，何等的伟大！要怀抱希望，要祈祷；因为幸福不在这世界。那些相信上帝的困苦穷乏之人，上帝必让他们进入天国。

而你，一位年轻的少女，可怜的孩子，常年劳作，依然穷困潦倒——为何会有如此悲伤的想法呢？你为何哭泣？把你那虔诚而安详的目光投向上帝。上帝为小鸟提供了食物，相信他，他也不会抛弃你。聚会的喧嚣，世间的享乐，这一切令你心跳加速。你想用鲜花装饰你的秀发，和世间的有钱人交往。你对自己说，你要像从你身边走过的这些女人一样，满不在乎、纵声大笑，你也可以成为富人。哦！安静些吧，孩子！如果你知道有多少眼泪和无名的悲伤隐藏在这些锦绣的华服之下，有多少哭泣被管弦乐队欢乐而嘈杂的喧嚣之声掩盖，那你会宁愿拥有你卑微的孤独和贫穷。如果你不希望你的守护天使飞回上帝身边，从此不再理你，让你在这世间徒余悔恨，没有向导，没有扶助，迷失自己，只能等待来世的惩罚，那你便要保持上帝眼中的纯洁。

你们这些忍受世间不公正待遇之人，请宽容你们兄弟姐妹的错误，要记住你们自己也不能免于责难——这样做是仁慈，也是谦卑。如果你遭受诽谤，就在审判中低头。世间的流言对你有何意义？如果你的行为是纯洁的，难道上帝不会补偿你吗？勇敢地忍受别人的羞辱就是一种谦卑，要认识到只有上帝才是崇高而强大的。

亲爱的上帝啊！难道基督必须再次来到世间，向世人传授已被他们遗忘了的上帝律法吗？难道他要再次将商人赶出庙宇，因为他们玷污了你只接纳祷告者朝拜的圣殿吗？谁知道呢？哦，人类啊！如果上帝给你们这样的恩典，也许你们会像以前一样拒绝它。你们会称他为亵渎者，因为他会羞辱现代法利赛人的骄傲。也许你们会让他再次踏上去往各各他的道路。

当摩西登上西奈山去领受上帝的诫命时，以色列人就放弃了那独一的真神。世人用金子和珠宝来崇拜偶像。你们这些文明时代的人类，你们也是这样做的。基督将他的教义传授给你们，为你们树立了所有美德的榜样，你们却抛弃了他的榜样和戒律。你们顺从自己的激情，按照自己的模样造了一个神：有的是可怕嗜血的；有的则是对世事忧漠不关心的。你们所造的神不过是一只由你们每个人按照自己的口味和想法去喂养的金牛犊。

醒醒吧，我的兄弟姐妹们，我的朋友们！愿灵性之声触动你们的心灵。要宽厚仁慈，切忌虚夸；也就是说，要谦虚地做好事。你们要一点点地拆毁你们为傲慢所筑的祭坛。总之，做一个真正的基督徒，你将拥有真理的王国。上帝给了你们这么多的证据，你们不应再怀疑他的仁慈。我们来到这里，是为实现预言做准备的。当耶和华以更加高亢的方式向你们展示他的宽厚仁慈时，愿天界的使者将你们当作大家庭的一员。愿你那温柔谦卑的心，堪以理解他向你们传达的圣言。愿天选之子沿着以你的仁善、仁慈和博爱铺就的棕榈枝，找到自己的道路。从此，你们的世界将变成一个人间天堂。但是，如果你们对被派去净化和更新你们文明社会的灵性之声无动于衷的话，只能说明你们的知识如此丰富，情感却如此贫乏……唉！除了为你们的命运哭泣和呻吟，我们别无他法。但不，不会是那样的。回归到天父我们的神，到时，所有侍奉上帝以实现上帝意志的人们将一起咏唱感恩的颂歌，感谢上帝无限的仁慈，永远赞美上帝。阿门！（拉科代尔，康斯坦丁，1863年）

12. 啊，人类，你们为何要抱怨自己头上的灾难呢？你们既然貌视基督神圣的道德，就不要惊讶于盛着罪恶的杯子从四面溢出。

灾祸已到处扩散。除了你们自己，还能责备谁呢？如果彼此不仁爱，你们就不会幸福；但心存傲慢，又如何能做到仁爱呢？傲慢是你们一切弊病的根源；所以，如果你们不想让它的恶果延续下去，就要全力摧毁它。你们唯有一个办法，也是绝对可靠的办法可以做到这一点：将基督的律法，即你们在解释中所拒绝或篡改的律法，作为你们一贯的行为准则。

为何你们如此看重那些能让你们眼前一亮，令你们神魂颠倒之物，而非那些能触动你们心灵之物呢？为何你们对骄奢淫逸的恶习趋之若鹜，却对默默无闻的真正美德不屑一顾呢？你们宁愿让纵情声色，放荡不羁——肉体和灵魂的迷失——无处不在，让所有的门向它们敞开，让所有眼睛都注视它们，却几乎没有人愿意向那些以劳动为生的道德高尚之人致意！只要对人的考量是由他们所拥有黄金的重量或他们的名字来衡量的，那他们在改正自身缺陷方面还会有什么兴趣呢？

倘若公众舆论会以同样的方式批判黄金的缺陷，结果就会恰恰相反。然而，傲慢是指放纵于任何取悦自己的事情。你们说："这是一个贪婪的时代，一个金钱的时代"。毫无疑问，的确如此；但是你们为何要让物质需求蚕食良好的意识和理智呢？为何有人总想凌驾于自己的兄弟姐妹之上呢？当今社会正承受这一现实带来的后果。

切莫忘记，这种状态永远是道德堕落的标志。当傲慢自大到极致，便是跌落云端的前兆，因为上帝总会惩罚傲慢的人。如果有时候上帝允许他们高升，那是给他们时间去反思和修正自己的道路，他还会不时打击一下他们的傲慢以示警告。然而，如果他们仍不懂得谦恭虚己，反而抗拒反感，那么，便到了杯满则溢之时，上帝会突然让他们跌下云端，那时候，他们升得越高，就会跌得越惨。

可怜的人类，他们的自私腐蚀了每一条道路，尽管如此，他们还是会再一次振作起来。上帝以无限的仁慈，赐给你们一种去病除疴的强大力量，这对解救你们的苦痛是一种意想不到的帮助。睁开你们的双眼去寻找光明：那些离世的灵魂前来召唤你们履行自己的真正职责。他们会以自身经历的权威告诉你们，与永恒相比，你们那些转瞬即逝的虚荣和伟大是多么的微不足道。他们会告诉你们，你们所在的这个世界只是一个渺小的世界，最伟大的人，就是世间最谦卑的人；爱自己兄弟姐妹的人，就是天堂里最受敬爱的人；世间的位高权重者，若滥用职权，就必降低身份，顺服于他的仆人。简而言之，仁慈和谦卑，这两个手牵手的姐妹，是在永恒者面前获得恩典的最有效手段。（阿道夫，阿尔及尔主教，马芒德，1862年）

世间智慧之人的使命

13. 不要为你所知道的感到骄傲，因为你所知道的在你所居住的世界是极为有限和狭隘的。即使你是这个世界上最杰出的人物之一，你也没有资格自夸。如果上天安排你出生于一个有利于智力发展的环境，那是因为上帝希望你运用你的智慧造福所有人。这是神赋予你的使命，他将工具交到你手中，希望你用这工具帮助落后者启智开明，并将他们带给上帝面前。这一工具的性质不正好说明了它的用途吗？园丁放在帮手手中的锄头，难道不是表明要帮手去耕种吗？如果这个帮手不干活，反而举起锄头来打他的主人，你会说什么？你会说这太可怕了，他应该被开除。那么，那些用自己的智慧去毁掉他们兄弟姐妹心中关于上帝和天意的想法之人是不是也该拥有同样的遭遇呢？难道他们不是在举起锄头来反抗他们的主人吗？他们有权利拿自己的工资吗？还是应该把他们赶出花园？不用怀疑，他们肯定会被驱逐，会在充满屈辱的悲惨生活中跋涉，直到他们向亏欠的上帝鞠躬。

智慧能为来世修积大功大德，但前提是要得到正确的运用。如果所有拥有智慧之人都按照上帝的安排运用它，那么灵性就能轻松地完成促进人类进步的使命。不幸的是，许多人把智慧当成了自己傲慢自大和毁灭堕落的工具。人类像滥用其他官能一样滥用他们的智慧；尽管如此，这些教训并未让他们意识到，有一只强有力的手可以收回赋予他们的一切。（费迪南德，守护灵性，波尔多，1862年）

第八章:
心灵纯洁之人受到祝福

- 让那些孩子到我这儿来
- 思想犯罪;通奸
- 真正的纯洁;脏手
- 犯罪;如果你的手使你犯罪,就把它砍下来
- 灵性所传教义
    - 让那些孩子到我这儿来
    - 闭着眼睛的人受到祝福

让那些孩子到我这儿来

1. 心灵纯洁之人受到祝福,因为他们将与上帝同在。(《马太福音》第5章第8节)

2. 人们带着自己的孩子来见耶稣,以便耶稣能把手放在孩子们身上,为他们祝福,但是门徒却责备这些人。耶稣看见这个情景,非常生气,对门徒们说:"让那些孩子到我这儿来,不许阻拦他们。天国属于像他们一样的人。我实话告诉你们,如果谁不能像孩子一样地接受天国,谁就进不了天国。"耶稣把孩子们搂在怀里,把手按在他们身上,为他们祝福。(《马可福音》第10章第13节至第16节)

3. 心灵纯洁与纯朴和谦卑密不可分,它摒除了所有自私和傲慢的想法。这就是为何耶稣把童年当作纯洁的象征,就像他把童年当作谦卑的象征一样。

这一比较似乎不太贴切,毕竟有一个事实需要考虑,就是一个孩子的灵性有可能年纪很大,他在俗世生命中重生时,仍未摆脱前世未能消除的不圆满。而只有达到圆满的灵性才能为我们树立一个真正纯洁的典范。

不过，从现世的角度来看，这种对比还是准确的，因为小孩子尚未表现出任何堕落的倾向，他们给我们的印象是天真和坦率的。此外，耶稣并未明确说神的国是**属于他们的**，而是说**属于像他们一样的人**。

4.既然一个孩子的灵性早已存在，那为何他不从一出生就显示出其真实面目呢？在上帝的作品中，一切都有智慧的。孩子们需要的是细心的关怀，只有母亲的温柔才能给予他们这种关怀，孩子越是脆弱和纯真，母亲给予他们的温柔关怀也越多。对于一个母亲而言，她的孩子永远是天使，而只有通过这种方式，才能引起她的关注。假如一个母亲发现自己孩子幼稚的性格背后隐藏着的不是天真的魅力，而是刚毅的性格和成熟的思想，她就不会对自己孩子抱有同样的关爱；假如她还知道孩子的过去，那么她对孩子的关注会更少。

此外，智慧本源的活动与肉体的柔弱程度是对应的，柔弱的肉体往往无法承受大量的灵性活动——特别早熟的人可能例外。这就是为何在临近道成肉身的时刻，灵性会进入一种混乱状态，并逐渐失去自我意识；而且他会在一段时间内处于一种睡眠状态，在这一时期，其所有官能都会蛰伏休眠。这一短暂的状态是必不可少的，它能给灵性一个新的起点，使他忘记可能对其新的俗世生命造成阻碍的事情。尽管如此，过往仍会对他产生影响。由于对前世经历所保留的直觉为其提供了支持和帮助，所以无论是在道德上，还是智力上，他都获得了更好的重生。

从一出生开始，他的思想就随着器官的发育程度逐渐重获动力，因此可以说，在最初的几年，灵性确实是一个孩子，因为构成其性格基础的思想仍然处于休眠状态。在这段时期，他具有更大可塑性，因此更容易接受能改变自身本性并实现自我进步的观感，这反过来又会使父母的养育任务变得更加容易一些。

因此，灵性会暂时披着天真无邪的外衣，所以说，尽管灵魂拥有前世，耶稣用孩子作为纯洁和单纯的象征这种说法也是正确的。

思想犯罪；通奸

5. "你们听说过'不许通奸'的话了吧？我告诉你们，如果有人看见女人就萌生淫邪之念，那么，他在心里就已经和她通奸了。"（《马太福音》第 5 章第 27 节和第 28 节）

6. 在这里，"通奸"一词绝不能理解为其通常含义中的狭义定义，而是更广义的定义。耶稣经常使用这个词汇泛指罪恶、罪孽和不良思想。例如，在这段话中："当今这代人充满了淫乱和罪恶，你们生活在他们之中，若以我和我的教导为耻，那么，当我——人子伴随着我父的荣耀和神圣的天使降临时，也会以你们为耻。"（《马可福音》第 8 章第 38 节）

真正的纯洁不仅表现在一个的行动中，也体现在一个人的思想中，因为那些有纯洁心灵的人甚至不会想到邪恶。这就是耶稣的意思。他谴责罪恶，哪怕是思想上的，因为它是不洁的标志。

7. 这一原则自然引发出了下面的问题：**如果一个邪恶的思想并未造成任何影响，那么这个人需要承担后果吗？**

这里有很重要的一点需要加以区别。当灵魂在其灵性生活中走上歧途时，它会启发自己，并一点一点地消除自己的缺陷，这取决于他运用自由意志的意愿强弱。任何一种邪恶的思想都是由于灵魂的不完美所致；然而，根据灵魂自我净化的意愿，即使是邪恶的思想，如果加以强力抵制，也有可能成为一个进步的机会。这可以证明灵魂为了消除污点所付诸的努力。因此，如果灵魂没有屈服于某个可以满足其邪恶欲望的机会，他在反抗并取得胜利后，会感到自己更加强大，更加快乐。

相反，意志不坚定的灵魂主动寻求为非作歹的机会，如果他未能真正付诸行为，并非由于其意志，而是因为缺少机会。所以，这与实际犯罪并无两样。

总而言之，那些毫无一丝邪念之人已经取得了进步；心有邪念却懂得抗拒抵制之人，正在走向进步；最后，心有邪念并乐在其中之人，说明其仍完全受到邪恶的支配。第一类人，使命已达成；而其他两类人，使命仍有待完成。上帝是公正的，他会考量人对其自身行为和思想的责任等所有细微的差别。

真正的纯洁；脏手

8. 一些律法师和法利赛人从耶路撒冷来见耶稣，他们说："您的门徒为何不保持我们祖先遗留下来的传统？他们不洗手就吃东西！"

耶稣回答他们："为何你们要为了自己的传统而违背上帝的命令呢？上帝说：'要孝敬父母。'上帝还说：'侮辱父母的人必被处死。'可是你们却教导一个人可以对父母说：'我有可用来帮助你们的东西，但是我不用它帮助你们，我要把它献给上帝。'你们这是在教他们不必孝敬父母，所以你们在教执行上帝的话并不重要，你们认为更重要的是保持你们的传统。

"虚伪的人啊！以赛亚对你们的预言是准确的：'这些人说他们尊敬我，但实际上我对他们无关紧要。他们对我的崇拜毫无价值，他们教导的只是人定的规矩。'"

耶稣把人们叫到身边，对他们说："你们不但要听，而且还要理解我的话。吃进嘴里的东西不会玷污一个人，从嘴里说出来的话才会玷污他。从嘴里说出来的话是来自内心的，它才会玷污一个人。邪念、谋杀、通奸、不道德的性行为、偷盗、伪誓、谎言、诽谤都源于人的内心。正是这些东西使人们受到玷污，而用脏手吃东西并不会玷污一个人。"

耶稣的门徒走过来对他说："您知道吗？法利赛人听见您的话，他们被激怒了。"耶稣答道："不是我的天父栽种的植物是要被拔掉的。随他们去吧，他们是盲人领盲人。如果盲人领盲人，最终他们都会跌进沟里。"（《马太福音》第15章第1节至第20节）

9. 耶稣讲完这些话后，一个法利赛人请他一同去吃饭，耶稣来到他家，坐到饭桌边。那个法利赛人看见耶稣吃饭前不洗手，非常惊讶。所以主对他说："你们法利赛人把杯盆外面都洗得干干净净，但内在却充满了贪婪和邪恶。你们这些蠢人！那造外边的上帝，不也造了里边了吗？"（《路加福音》第11章第37节至第40节）

10. 犹太人摒弃了上帝的真正诫命，去遵守人制定的规矩，也摒弃了忠实信奉者本该依着良心所做的事情。在复杂的形式之下，最朴实的基础消失殆尽。人们之所以**洗手而不是洗涤自己的心灵**，是因为遵循外在的行为远比道德上的自我改造要容易得多，人们自欺欺人地以为，只要按照这么做，他们与上帝便是一致的。即使他们和从前一样毫无改变，他们也被告知上帝并未做更多的要求。所以先知说："这些人口头上崇拜我毫无价值，他们教导的只是人定的规矩。"

基督的道德教义也存在同样的情况，所以最终它被放在了次要的地位。就像过去的犹太人一样，许多基督徒开始相信，他们的救赎可通过外在行为而非道德得到更多保障。耶稣说："不是我的天父栽种的植物是要被拔掉的。"

宗教的目的是把人们带到上帝面前，但是人们只有在他们达到圆满的时候才能接触到上帝。所以，任何一种宗教，如果它不能让人们变得更好，就无法实现这一目标。任何一种宗教，如果它让人们相信自己可以为恶作恶，要么它本身就是错误的，要么在原则上是错误的。凡讲究外在形式甚于本质基础的宗教，无一不是这种结果。如果不能阻止谋杀、通奸、抢劫、诽谤或邪恶的行为，任何外在的形式都是徒劳的，无论这种形式是什么。这种信仰只会带来迷信、虚伪和狂热——而不能造就道德高尚之人。

因此，仅仅装出纯洁的样子是不够的；最重要的是，一个人必须心灵纯洁。

犯罪；如果你的手使你犯罪，就把它砍下来

11. "我为这个世上的人感到惋惜，因为总有使人犯罪的事情发生。这些事情必然会发生，导致这些事情发生的人要有祸了。"

"这些孩子相信我，如果有人导致他们其中的一个去犯罪，他就要遭殃了，那么最好是让他挂着磨盘沉到海底去。"

"要当心，不要看不起这些小孩子，我告诉你们，在天堂里，他们的天使总是与天父同在，因为人子是来拯救迷失的人们的。"

如果你的手或脚使你犯罪，就把它们砍下来扔掉。对于你来说，与其四肢俱全地被投入永恒的地狱之火，不如舍弃身体的一部分而获永生；如果你的眼睛使你犯罪，就把它挖出来扔掉。对于你来说，与其双目俱全地被投入地狱之火，不如独眼而得到永生。"（《马太福音》第18章第6节至第10节）

12. 从一般意义上来说，**犯罪**是指所有以明目张胆的方式冲击道德或有损体面的行为。犯罪并不仅在于行为本身，更在于它可能造成的相互影响。"犯罪"一词总是暗示着一定会爆发的含义。很多人热衷于掩盖**犯罪**，因为这种行为会伤害到他们的骄傲，损害他们在别人眼中的价值。只要他们的卑鄙行径没被发现，他们和他们的良心就会感到轻松。按照耶稣的话来说，他们"是粉饰的坟墓，外面好看，里面却装满了腐烂的骨头；是漂亮的容器，外面干净，里面却很污秽"。

从福音派而言，其经常使用的"犯罪"一词具有更为广泛的含义，这就是为何人们难以理解"犯罪"在某些情况下的具体意思。它不仅触犯了他人的良心，更是人类恶习和缺陷所导致的一切；是一个人对另一个人犯下的所有错误行为，不管有没有相互影响。在这种情况下，犯罪**是道德败坏的直接结果**。

13. 耶稣说，"总有使人犯罪的事情发生"，这是因为人在世间是不圆满的，所以倾向于作恶，就像坏的树会结坏的果子一样。所以，对于这些话，我们应当理解为，邪恶是人类不圆满的结果，而不是他们必须实施的义务。

14. 之所以说犯罪是必然会发生的,是因为人在世间处于赎罪状态,他们须通过与自身恶习接触这一方式接受惩罚,只有当他们成为自身恶习的第一受害者,才能最终意识到这些罪恶的错误性。等到他们厌倦了邪恶的折磨,他们自会弃恶从善。因此,人们对这些恶习的反应即是对某些人的惩罚,也是对某些人的考验。上帝正是通过这种方式以恶显善,使人因祸德福。

15. 如果是这样,人们可能会说邪恶是必要的,而且会永远存在,因为如果它消失了,上帝就少了一个惩罚罪孽的有力手段;所以说,试图改进人类是毫无意义的。然而,如果没有犯错之人,就没有必要再受到惩罚。让我们将世人想象成道德上的个体:没有人会试图对其邻居做坏事,每个人都会因为自己是好人而感到高兴。这就是除尽邪恶的先进世界所具有的状态,也是地球在充分进化之后将达到的状态。然而,当一些世界进化时,还有些世界才刚刚形成,这里居住的人类皆为原始灵性。这些世界是被放逐的居所,是供不圆满的、叛逆的、一直为恶而不允许进入幸福世界的灵性用来赎罪的地方。

16. 导致犯罪发生的人要有祸了。这意味着,既然邪恶总是邪恶的,那么那些不自觉充当神圣公正的工具之人,那些邪恶本能被利用之人,无论如何都会犯下罪恶,且必须受到惩罚。举个例子来说,一个忘恩负义的孩子是对父母的惩罚或考验,因为他们有可能以前自己就是坏孩子,如今必须受到以牙还牙的惩罚。然而,无论如何,这个孩子都是应当受到责备的,他或她反过来必须以自己的孩子或其他方式受到惩罚。

17. 如果你的手使你犯罪，就把它砍下来。 这是一个非常形象的比喻，如果照字面意思理解，会觉得很荒谬，但其实际的意思是：一个人必须摧毁自己心里可能导致犯罪的所有根源，即邪恶的根源；一个人必须从其内心根除一切不纯洁的情感和一切不道德的倾向。此外，这句话还有一层意思，即与其将自己的手当作作恶的工具，还不如将自己的手砍下来，与其让一个人的眼睛充当邪恶思想的途径，还不如剥夺一个人的视力；相比较而言，后一种方式更值得称赞。对于那些能理解他的话中所蕴含的寓言和更深的意义之人，耶稣从未说过任何荒谬的话。然而，没有灵性提供的钥匙，很多事情无法被正确解读。

灵性所传教义

让那些孩子到我这儿来

18. 基督说："让那些孩子到我这儿来。"这句话看似简单，却意味深长，这不仅仅是对孩子的召唤，更是对那些徘徊于低等地区之灵魂的召唤。耶稣让那些身体虽已发育成熟，但智力仍处于婴儿期的人——弱者、被奴役者和邪恶者——到他那儿去。他不能将所有东西传授给生理上的婴儿，因为他们受到物质和本能的束缚，在理性和意志方面尚未达到更高等级，这样做是为了他们考虑，且对他们有好处。

耶稣希望人们带着如同蹒跚学步的小生命的信任来到他身边。他对孩子们的召唤将赢得所有身为母亲的妇女们的心。因此，他可以将灵魂托付给他那温柔而神秘的权威。他是黑暗中闪耀的火焰，是唤醒黎明的晨光。他是灵性主义的开山鼻祖，反过来，这位开山鼻祖要召唤的并不是孩子，而是成熟的善意个体。一个生机勃勃的进化历程已经开始；这不再是本能地相信和机械地服从的问题；人类须遵循揭示其普遍性的智慧本源。

亲爱的人们啊，错误一旦得到正确的解释，就会变成真理。我们将告诉你们寓言的确切含义，并向你们展示相互之间的密切关联。我实实在在地告诉你们：世间的显灵现象与日俱增，灵性主义犹如信使，散发出太阳般的光芒，照耀着巍巍山顶。（福音传道者约翰，巴黎，1863年）

19. 之所以让孩子们到我这儿来，是因为我有让弱者变强壮的牛奶。凡胆怯软弱、需要帮助和安慰之人，都可以到我这儿来。让没有文化之人到我这儿来，我好开导他们。凡受苦之人——遭受了诸多苦难和不幸之人——都可以到我这儿来。我要教授给他们疗愈生命痼疾的良方，要给他们医治创伤的秘诀！我的朋友们，什么才是拥有最高美德的万金良药，是可以用来治疗所有心灵创伤的灵丹妙药呢？是仁爱，是仁慈！如果你拥有这神圣的火焰，你还会害怕什么？在你生命中的每一刻，你都会说："天父，愿达成你的意志，而并非我的愿望。如果你愿意在痛苦和磨难中考验我，愿你蒙福，因为这是为了我自己好，我知道压在我身上的是你的手。主啊，如果你愿意怜悯你那软弱的生灵，如果你让我的心享受应诸的快乐，愿你更有福。但不要让你神圣的仁爱沉睡在我的灵魂里；愿我不停地将我的感恩之声奉在你的脚下！"

如果你有仁爱，你就拥有了世间所需的一切。你拥有最宝贵的珍珠，无论是环境还是那些憎恨者和迫害者的邪恶，都无法阻止你将它带走。如果你有仁爱，你会将你的宝藏放在虫蚁和铁锈无法触及的地方，你会看到，所有可能玷污其纯洁的东西都会从你的灵魂中消失。你会感觉到物质的重量一天比一天轻盈，没有了尘世的记忆，就像鸟儿在天空中飞翔，你会不断飞升，永远飞升，直到你欣喜若狂的灵魂来到上帝的怀抱，对生命感到心满意足。（一位守护灵性，波尔多，1861年）

闭着眼睛的人受到祝福

20. 我善良的朋友们，你们为何召唤我？难道我只要将手放在这个可怜的病人身上，就能治好她吗？啊！这是如此的痛苦，我的上帝！她失去了视力，黑暗笼罩着她。可怜的孩子！愿她祈祷，愿她怀抱希望。除了上帝的意志，我不知道还能如何创造奇迹。我能得到的，并给你们看过的一切治愈良方，都归功于那凡事作为我们之父的上帝。

所以，当你们身经苦难时，你们要仰望上天，从心底祈祷："天父啊，求你医治我吧！愿我软弱的灵魂先于我虚弱的身体得到医治！如果需要，愿我的肉体受到惩罚，以便我的灵魂能以你创造它时的纯洁飞升到你那里。"我善良的朋友们，仁善的上帝将总会听到你们的祷告，他会赐予你们力量和勇气，或许还有你们曾经胆怯请求的治愈良方，作为你们自我克制的回报。

无论如何，既然我在这里参加的是一个以学习为主要目的的聚会，那我就要告诉你们，那些被剥夺了视力之人应该把自己看作是赎罪的受祝福之人。记住，基督曾说过，如果你的眼睛是邪恶的，与其让它成为毁灭你的原因，不如把它剜出来扔进火里。唉！有一天，你们世间有多少人会在黑暗中诅咒自己曾经双目俱全！哦！是的，那些曾经失明的赎罪之人该多么幸福！他们的眼睛不会成为犯罪或堕落的原因；他们拥有淋漓尽致的灵魂生命；他们看得比你们更清楚……每当上帝允许我医治这些受苦之人的眼睛，恢复他们的视力时，我就对自己说：亲爱的灵魂啊，你为何不懂生活在静观和仁爱中的灵魂的快乐呢？你不用去看那些失明时看不到的不纯洁、不甜蜜的画面。

哦！是的，希望与上帝同在的盲人是有福的。他们比在这里的你们更快乐，因为他们能感受并触摸到幸福，能在灵性领域看到灵魂，并和他们一起飞翔，这是在你们的地球上注定看不到的。睁大眼睛之人总是随时准备着让灵魂失败；相反，闭着眼睛之人总是随时准备好让灵魂接近上帝。相信我，我善良亲爱的朋友们，双目失明往往是心灵的真正光芒，而双目健全往往是导致死亡的黑暗天使。

现在，可怜的受苦的女人，我要对你说几句话：要耐心等待，振作起来！如果我告诉你：我的女儿，你的眼睛会看见的，你会多么高兴啊！但是谁知道这样的快乐不会导致你的损失呢！要相信赐予我们幸福和悲伤的仁善的上帝！我要为你做一切可以做的事，但你也要祷告，尤其是要沉思我刚才所说的一切。

在我离开之前，愿聚在这里的所有人都能得到我的祝福。（维亚尼，本堂牧师，巴黎，1863年）[1]

21. 注释：当某种痛苦不是现世行为的结果时，就只能从前世寻找其原因。所谓偶然的突发奇想，都只不过是上帝公正的结果。上帝从不滥施惩罚，他总是希望错误和惩罚之间存在关联。如果说上帝出于神圣的仁善，为我们前世的行为蒙上了一层面纱，但尽管如此，他仍为我们指明了道路："凡用刀剑杀害的，必死于刀剑"，这句话可以理解为"惩罚始终与罪孽相对应"。因此，人若受失明之苦，就是因为健全的视力曾使其跌倒。也可能是这个人曾致使其他人失明；或许有人由于过度工作、或是遭受虐待、缺乏照料等原因而失明，所以现在这个人要接受以牙还牙的惩罚。这个人自己选择了这样的方式来赎罪，如同耶稣亲口说的话："如果你的眼睛使你犯罪，就把它挖出来扔掉。"

---

[1] 此次通灵的主题是关于盲人，召唤的灵性代表是一位名叫 J. B. 维亚尼的本堂牧师。——作者按。

第九章:
温和而热爱和平之人受到祝福

- **侮辱与暴力**
- **灵性所传教义**
  - 亲切和温柔
  - 耐心
  - 遵从与顺服
  - 愤怒

侮辱与暴力

1. 温和之人受到祝福,因为他们将承受上帝许诺的土地。(《马太福音》第5章第4节)

2. 追求和平之人受到祝福,因为他们必将成为上帝之子。(《马太福音》第5章第9节)

3. 你们一定听说过告诫我们祖先的话:"不许杀人,杀人者必受到审判。但是,我要告诉你们,凡是对别人动怒之人,也将受到审判;凡是侮辱别人之人,也将受到犹太法庭的审判;凡是说别人'蠢货'之人,也将遭到地狱烈火的焚烧。(《马太福音》第5章第21节至第22节)

4. 通过上述箴言,耶稣将温和、节制、顺从、亲切和耐心归为一条律法。因此,他谴责对他人的暴力、愤怒乃至任何有失礼貌的表达。在希伯来语中,"拉加"是一个表示轻蔑的词语,意为**一无是处之人**。人们在说这个词语的时候,通常会作出唾弃侧目之状。耶稣则更进了一步,因为他预言那些说别人"蠢货"的人将遭到地狱烈火的焚烧。

很显然，在任何一种情况下，个人的主观意图既可能加重错误，也可能减轻错误；但一个简单的词汇怎么会招致如此严重的谴责呢？首先是因为，任何一个冒犯无礼的词汇所表达的，都是一种违背仁爱与仁慈律法的情感，而仁爱与仁慈律法应当作为处理人与人之间的关系，并使其保持和谐与团结的一种规范；其次，这样一个字眼对于人与人之间的仁慈和友爱其实是一种侮辱；第三，它所鼓吹的完全是仇恨和敌意；最后，对于每一个基督徒而言，除了对上帝保持谦卑之外，对他人心怀仁慈也是其必须遵循的第一法则。

5. 耶稣说："温柔之人有福了，因为他们将承受上帝许诺的土地。"难道这句话的意思是要一个人完全舍弃世间之物，而求取上天应许之事吗？

然而人在期待上天之事时，仍需借助世间之物方可得以生存。所以说，耶稣只是建议世人不要把后者看得比前者更重要。

耶稣这句话的意思是指，时至今日，世间诸事皆为争强好胜者独占，以致于温顺而爱好和平之人常受其害；后者往往贫乏不堪，而前者却多奢侈淫靡。他应许说，温和智人和追求和平之人必得公正——无论是**在尘世还是在天国**，因为他们必将成为上帝之子。当仁爱和仁慈律法最终成为人类的律法时，自私自利将不复存在；弱者与追求和平者将不再被强者和侵略者剥削或镇压。这将是地球未来发展的前景，按照进步法则与耶稣的承诺，通过驱逐邪恶之人，地球将变成一个受到祝福的世界。

灵性所传教义

亲切和温柔

6. 对同胞的仁慈，对邻居的仁爱，会让人产生一种亲切感和温顺感。然而，一个人不能总是相信外表。良好的举止和世故的技巧可以使这些品质显得更具魅力。有多少人的伪善不过是一副徒有其表的面具、一件精心设计的华服，目的在于掩盖其不为人知的缺陷！世间这样的人无处不在，他们嘴上挂着微笑，心里充满怨恨；**只要不惹他们生气，他们就温顺可人，但谁若与他们做对，他们便反唇相讥**；当面舌灿莲花，背地口吐毒箭。

这类人还包括那些表面上看起来面慈心善，实际上却是家庭暴君之人，他们以傲慢和专制向家人和下属施以重压，仿佛是在报复别人加诸于他们身上的制约。他们不敢在陌生人面前耀武扬威，因为他们对此有自知之明，他们所希望的不过是让那些无法抗拒他们之人感到畏惧。他们爱慕虚荣，喜欢对人说："我在此命令你，你要服从于我"，却丝毫无不认为自己还有可能"十分遭人厌恶"。

嘴上说的话像蜜一样甜，心里却另怀鬼胎，这就是虚伪。和蔼温顺之人从不装模作样，自欺欺人；无论对外还是在家，始终如一。还有一点，人们常说，就算我们能通过外表愚弄他人，也绝计愚弄不了上帝。（拉撒路，巴黎，1861年）

耐心

7. 痛苦是上帝赐予选民的祝福；所以，当你受苦时，不要烦恼；相反，要祝福全能的上帝，因为他以世间的痛苦，为你标记了天国的荣耀。

要有耐心。耐心也是仁慈的一种表现，你必须践行上帝的使者——基督所教导的仁慈律法。将捐赠施舍给穷人的慈善只不过是所有仁慈中最简单的一种形式。除此之外，还有一种更艰辛不易，因此也更值得称赞的形式：宽恕那些上帝让我们在前行之路上遇到的，并借其让我们历经痛苦、考验我们耐心之人。

我知道，生活很艰难。万千碎事，最终伤我们于无形。但我们必须考虑我们所承担的责任，考虑我们得到的安慰和补偿，然后我们会看到，祝福远多于悲伤。当我们仰望天国，负担似乎没有我们俯伏在地时那般沉重。

要有勇气，我的朋友们；基督是你们的楷模。他所受之苦比你们任何人都多，且毫无可自责之处，而你们需要为你们的前世赎罪补偿，需要为你们的来生积蓄力量。所以，要有耐心；作为基督徒——这个词语概括了一切。（一位灵性朋友，勒阿弗尔，1862 年）

遵从与顺服

8. 无论从哪一方面来说，耶稣的教义都是教导我们要遵从和顺服：这两种美德与温和如影随行，尽管人们常错误地将其与缺乏情感和意志混淆。**遵从是理性的赞同；顺服是心灵的认可**；二者都是积极的力量，因为其肩负着无情的反抗带来的考验。不可顺从软弱怯懦之人，亦不可迁就骄傲自私之人。耶稣是这些美德的化身——尽管这些美德曾为古代的唯物主义所蔑视。他来之时，罗马社会正因腐败而走向灭亡。他来是为了让以牺牲和放弃肉体换来的胜利在沮丧消沉的人心中绽放出闪耀光芒。

因此，每一代人都被贴上了美德或邪恶的标签——要么拯救一代人，要么毁灭一代人。你们这一代人之所长，在于智力活动；所短，则在于道德上的冷漠。我只用了"活动"一词，是因为天才大多横空出世，遗世而独立，上下而求索，瞻人所不见之前路，鉴人所不知之来日；而"活动"则指每个人为实现某个目标而付出的努力，尽管这一目标未见得宏伟，却仍是对那一代人智力进步的一大考验。你们要顺从于我们赋予你们的灵性的推动力。遵循伟大的进步法则——这是你们这一代人的警句格言。那些懒惰的灵性，那些不明就里之人有祸了！他们会面临灾祸！因为我们是世人的向导，在前行的路上，会鞭策人们以双倍的努力来抵御他们反抗的意志。一切骄傲的抵抗，迟早都会屈服。不过，谦卑之人会受到祝福，因为他们肯留心听从我们的教导。（拉撒路，巴黎，1863 年）

愤怒

9. 傲慢之心令你自视甚高，自命不凡；让你无法容忍任何有可能贬低自己的比较。另一方面，骄傲又给你一种高高在上、不可一世的优越感——无论在精神境界上还是在社会地位上或者个人优势上——任何平庸无奇的比较都会让你感到愤怒，受到伤害。然后会怎样呢？你会屈服于愤怒。

这种短暂的精神错乱会让你像野兽一样，失去平衡和理智。如果你去寻找导致这一情绪爆发的根源，你便会发现，这一切几乎总是源于受伤的自尊心。因为受到反驳便让你罔顾他人的真知灼见，愤怒地拒绝诤言忠告，这难道不是受伤的自尊心在作祟吗？一个人对什么越看重，就越容易急躁，缺乏耐心之人通常会被许多幼稚的烦恼困扰，急躁之人往往认为所有人都应当臣服于自己脚下。

愤怒之人在盛怒之下会攻击一切，凡是不顺从自己的，无论凶残与否，也不管是死是活，都恨不得将其化为齑粉。啊！如果在这样的时刻，他们能平心静气地审视自己，那么他们要么会害怕自己，要么会觉得自己荒谬可笑！由此推己及人，不难知道别人对他们的印象。即使只是出于自尊心，他们也应当努力克制自我，不要让自己成为被怜悯的对象。

如果人们意识到，愤怒并不能解决任何问题，只会影响他们的健康，危及他们的生活，那么他们就会发现自己才是最主要的受害者。不过，还有一个因素应当让他们有所顾忌：即想到他们会让自己身边的每个人都变得不快乐。倘若他们有心，难道不应后悔让自己最爱之人受苦吗？如果一个人在盛怒之下做出了令其追悔一生的举动，这将是多么致命的悲哀啊！

总之，愤怒虽不会掩盖一个人内心的某些品质，却会令人少作善事，多行恶端。有鉴于此，世人更应努力控制愤怒的情绪。此外，灵性主义者之所以这样做还有另一个原因：愤怒与仁慈和基督教谦卑的教义背道而驰。（一位守护灵性，波尔多，1863年）

10. 所谓"江山易移，本性难改"，这其实是一大谬论，人们认为自己大可不必尽心竭力地改正自己那些要么故意而为、欣然向往，要么需要坚定的毅力才能改正的缺点。所以说，一个人的暴躁易怒几乎总是归咎于自身的性情。但他们从不自我检讨，而是将自己的错误归咎于自己的身体，并以此指责是上帝的过错。这是傲慢所导致的另一种结果，其与人们自身的不圆满密不可分。

诚然，有些人的性情与其他人相比具有更明显的暴力倾向，正如有的人肌肉更灵活、力量更强大一样。尽管如此，也切勿以为这就是导致愤怒的主要原因；相反，要相信一点，追求和平的灵性即使化身于脾气暴躁的肉体，也永远会追求和平，而崇尚暴力的灵性，哪怕化身于里呆滞无力的肉体，也不会因此而变得温顺。相反，暴力会表现出不同的特征。在前一种情况下，由于缺乏合适的机体与这种暴力呼应，愤怒会进一步聚集，继而表现得更加张狂。

所以说，肉体本身并不会引发一个人的愤怒，正如它不会引发其他恶习一样。一切美德和恶习都为灵性固有。否则，功德何在？责任何在？身残之人难求齐全之身，因为这无关乎其灵性；但若此人意志坚定，则可以改变其灵性的本质。我的灵性主义者同道们，难道经验没有告诉你们，意志在创造真正的奇迹转变方面具有多么强大的力量吗？所以，你们要告诉自己，人若不想向恶，必不会一直向恶；人若想改过，就一定能改过。否则，人类的进步法则就不复存在。（哈内曼，巴黎，1863年）

第十章:
仁慈之人受到祝福

- 宽恕他人,上帝才会宽恕你
- 与对手和解
- 上帝最悦纳的献祭
- 眼里的刺和梁木
- 不要评判他人,上帝就不会评判你们;让无罪之人扔第一块石头
- 灵性所传教义
    - 宽恕罪过
    - 宽容
    - 是否可以允许责难,发现缺点或评论他人的罪行?

宽恕他人,上帝才会宽恕你

1. 仁慈之人受到祝福,因为上帝会施予他们怜恤。(《马太福音》第5章第7节)

2. 如果你们宽恕别人的过错,你们在天之父也会宽恕你们的过错。如果你们不宽恕别人,你们在天之父也不会宽恕你们的过错。(《马太福音》第6章第14节至第15节)

3. 如果你的兄弟亏待了你,不要声张,只在你俩之间指出他的错误。如果他听得进你的话,你就挽救了你的兄弟。彼得走上前来问:"主,如果我的兄弟不断亏待我,我要原谅他几次呢?七次够吗?"耶稣说:"我告诉你,不只七次,而是七十个七次。"(《马太福音》第18章第15节和第21节至第22节)

4. 仁慈是对温柔的赞美,因为不懂仁慈之人,亦无法做到温和宁静。仁慈在于不念旧恶和宽恕过错。心怀仇恨和怨念,意味着这个灵魂既不先进也不伟大。不念旧恶是不怀记他人对自己的侮辱,这是高级的灵魂特有的

品质。有的人总是焦虑不安、满腹狐疑、愤气填胸；有的人则冷静沉着、性情温柔、心怀仁慈。

那些说"我永不饶恕"的人有祸了，因为他们即使不被别人定罪，也一定会被上帝定罪。倘若一个人不能宽恕别人的错误，又有何权利祈求自己的错误得到宽恕呢？耶稣说要宽恕别人，不只七次，而是七十个七次，意在教导我们，仁慈是没有限制的。

尽管如此，宽恕有可能表现为两种截然不同的方式：一种伟大而崇高，慷慨大度、别无用心，小心翼翼地维系对方的自尊与情感，即使对方理当受责；另一种，被冒犯者——或自认为被冒犯者——在宽恕对方的同时却附加屈辱的条件，施加沉重的压力，这种宽恕并不能安抚对方，只会激怒对方。这种人若对他人施以援手，绝非出于仁慈，而是出于炫耀，目的在于告诉全世界："看，我多慷慨！"此情此景之下，双方怎能真诚和解？当然不能，这与慷慨大度无关，不过是满足骄傲的自尊心罢了。一个人在争论中若更多地表现出和解的意愿，说明其灵魂更无私、更仁慈、更伟大，这样的人总能赢得公正之人的情感共鸣。

与对手和解

5. 如果你的仇人要和你打官司，趁着还在路上的时候，赶快和他交朋友，否则，他会把你交给法官，法官又会把你交给看守，然后，你又会被投进监狱。我实话告诉你们，除非你偿还了最后一分钱，否则你别想从监狱里出来。（《马太福音》第5章第25节至第26节）

6. 践行宽恕和仁善，除了会产生道德上的影响，还会产生身体上的影响。我们知道，死亡并不能将我们从敌人手中解救出来。满怀仇恨、一心复仇的灵性常常追索纠缠那些对其怀有敌意之人；谚语有言："祸根拔掉，祸害消除，但此话用在人身上并不贴切。邪恶的灵性等待着那个人，希望他的邪恶被囚禁在肉体里，不那么自由，这样才能更容易折磨对方，打击其利益，伤害其至亲。通过这一事实，不难看出招致纠缠的主要原因，尤其是涉及镇压和占有的，情况更为突出。因此，被纠缠和被附身之人几乎总是被报复的受害者，而这种报复很可能由他们之前自身的行为导致。上帝之所以允许这种行为，是为了惩罚他们所犯之罪，或者即使他们未曾犯罪，却因拒绝宽恕而缺乏包容和仁慈。因此，一个人若想心安理得地期待来世，最重要的是尽快弥补自己对他人犯下的过错，原谅自己的敌人，以便在死前消除一切可能导致纷争的动机，消除一切出于不良居心的因由。如此一来，一个人可以把这一世界的顽敌变成另一世界的好友——或者至少让自己站在善的一方——上帝不会允许宽恕之人成为复仇的目标。耶稣建议人们尽快与自己的对手和解，这并不仅仅是为了缓和今生的矛盾，更是为了防止来世的纠缠。"除非你偿还了最后一分钱，否则你别想从监狱里出来"，耶稣这句话中所指的前提条件其实是，除非你完全符合上帝的公正。

上帝最悦纳的献祭

7. 因此，当你向祭坛献供品时，如果想起有人与你不和，你应该先把供品放在祭坛前，去和那个人言归于好，然后再来献供品。（《马太福音》第5章第23节至第24节）

8. 耶稣之所以说："去和那个人言归于好，然后再来献供品"，这是在教导世人，最取悦天父的献祭是不怨不恨的献祭；在得到上帝的宽恕之前，必要先宽恕他人；若对他人犯下了过错，则必要先弥补。唯有如此，献上的供品才能取悦上帝，因为供品来自于清除了一切恶念的内心。耶稣之所如此具象地阐述这条戒律，是因为犹太人惯于供奉物质祭品。他这样说只是为了随乡易俗。基督徒从不供俗物，不献俗礼，而是进行灵性上的献祭；故而这条戒律具有更重大的意义。他们将自己的灵魂奉献给上帝，所以其灵魂必须得到净化。**他们进入了耶和华的圣殿，就要留下一切仇恨和怨念，抛却一切攻击他人的恶意。**只有这样，他们的祷告才会被天使带到永恒者的脚前。这正是耶稣教导我们的：如果你想讨上帝的喜悦，就应先把供品放在祭坛之前，去和他人言归于好，然后再来献供品。

眼里的刺和梁木

9. 为何你只看见朋友眼里有刺，却看不见自己眼里的梁木呢？既然你眼里有梁木，怎么能对你的朋友说"让我来把你眼中的刺挑出来"呢？你这个虚伪的人啊，还是先移去你自己眼中的梁木吧，然后，你才能看清楚，把朋友眼里的刺挑出来。（《马太福音》第7章第3节至第5节）

10. 人类的缺点之一就是只看到别人的罪恶，看不见自己的过错。要对自己做出正确的判断，须以镜为鉴，自立于己身之外，站在他人的角度问：如果我看到别人做我正在做的事，我会怎么想？可以肯定的是，人们之所以掩饰自己的道德缺陷和身体缺陷，皆因虚荣心作祟。从本质上来说，这一错误有悖仁慈律法，因为真正的仁慈是谦逊的、纯朴的、不带偏见的。高傲的仁慈不过是无稽之谈，因为这两种情感会相互抵消。事实上，一个爱慕虚荣之人如何能做到一方面自高自大、目空一切，一方面又克己守心地指出他人之好，而非他人之坏，去灭自己威风，出他人风头呢？如果说虚荣傲慢是诸多恶习的根源，那么它自然也是对诸多美德的否定。任何一种行为的基础和动机几乎都可以归结为虚荣傲慢。这就是为何耶稣将此作为人类进步的一大主要障碍而要与其斗争到底。

不要评判他人，上帝就不会评判你们；
让无罪之人扔第一块石头

11. "不要评判他人，上帝就不会评判你们。因为你们用怎样的方式评判他人，上帝也会用同样的方式来评判你们。你们用什么尺度衡量他人，上帝也会用同样的尺度来衡量你们。"（《马太福音》第7章第1节至第2节）

12. 律法师和法利赛人带来一个被捉住的通奸女子，让她站在人们面前，然后对耶稣说："老师，这女子在通奸时被我们抓住。摩西在律法中命令，我们应该用石头砸死此类人，你看现在怎么办？"他们这是在试探耶稣，好找借口来指责他。耶稣俯下身，开始用手指在地上写字。他们还是不停地问他，他直起身来对他们说："你们当中谁没有罪，谁就可以第一个用石头砸她。"然后，他又俯下身在地上写字。听了这话，从年长之人开始，一个个都走开了，最后只剩下耶稣一人和站在他面前的女子。

耶稣直起身来对她说："妇人，他们在哪里？没人给你定罪吗？"她说："先生，没有。"耶稣说："我也不会给你定罪。你走吧，以后不要再犯罪了。"（《约翰福音》第8章第3节至第11节）

13. 耶稣说："你们中间谁没有罪，就当向她扔第一块石头。"这句箴言指出，宽容是一种责任，因为没有谁不希望自己也能得到宽容。宽容使我们认识到，我们不能宽于律己，而严以待人，也不能为自己开脱而责备他人。在责备他人之过前，应先自我审视，以己度人。

责备他人的行为或有两个动机：一是谴责恶行，二是诋毁受到批评之人。后一种动机是不可原谅的，因为它是一种诽谤，是恶意的。前者或有可能值得称赞，有时甚而是一种责任，因为这有一定的好处，而且若非如此，邪恶在社会中将永远无法受到限制。此外，帮助他人进步难道不是一个人的责任吗？所谓尽信书不如无书，故"不要评判他人，上帝就不会评判你们"，这一原则从绝对意义上来说是不正确的。

耶稣不可能禁止对罪恶的谴责，因为他自己也是这么做的，并曾对此进行过明确表述。他的意思其实是指，是否有权谴责他人取决于谴责者所拥有的道德权威。一个人谴责他人，自身却犯有罪过，说明此人并无这样的权威；更何况它还剥夺了约束的权利。此外，一个人潜意识中往往并不愿意尊重和自愿服从于那些拥有任何权威之人，反而会去违反权威者实行的律法和原则。**神的眼中没有合法的权威，除非那是建立在善行的典范之上。**这也正是耶稣此话所强调的意思。

灵性所传教义

宽恕罪过

14. 我应该原谅我的兄弟姐妹多少次？不是七次，而是七十个七次。这是耶稣的教诲之一，是最应触动你心灵，最振聋发聩的一句话。这一怜悯之辞如此简单，如此凝练，又如此伟大，其与耶稣对门徒所寄予的期望有异曲同工之妙。耶稣——正直无私地——回答彼得说：你要无限地宽恕；哪怕屡屡受到亏待，也要原谅每一个罪行；你要教导你的兄弟姐妹忘却自我，让他们免受攻击、恶行和侮辱的伤害；你要保持一颗温良谦恭之心，不要去度量你的善意；总而言之，你要为别人做你希望天父为你所做之事。上帝不是经常原谅你吗？他是否会计算他宽恕你罪过的次数？

所以，听听耶稣的回答，然后像彼得一样，把这句话用到自己身上。用你的爱去宽恕、宽容，要仁慈、大度——甚至慷慨。施舍他人，因为耶和华必报答于你；宽恕他人，因为耶和华必宽恕于你；要谦卑，因为耶和华必会让你高升；要恭顺，因为耶和华必会让你坐在他右边。

亲爱的人们，去研究和评论我以天父之名对你们说的这些话吧，散发着天国荣光的耶和华始终守护着你们，以仁爱之心继续履行他于十八个世纪前就已开始的忘恩使命。因此，要宽恕你们的兄弟姐妹，因为你们自己也需要被宽恕。如果他们的行为对你本人造成了伤害，那么宽容这一行为所修积的功德与罪行的严重性是成正比的，这也是你要宽容待人的另一个原因。如果他人所犯之过错微不足道，那么宽恕这样的过错便不能修功积德。

哦，灵性主义者们，永远不要忘记，无论是言语上还是行动上，都要宽恕别人的错误——这绝非空话。假如你自称是一个灵性主义者，就必当如此；忘掉他人对你做的坏事，只想想自己能做的好事。凡是踏上这条路的人，即使在思想上也不能有所偏离，因为他们必须对自己的思想负责，任何想法都逃不过神的眼睛。因此，要清除你心中的怨恨情绪。上帝知道每个人内心深处都在想些什么。**一个人每天晚上睡觉前如果能说：我对我的邻居毫无恶意，那么他就是有福之人。**（西缅，波尔多，1862年）

15. 宽恕敌人，是为了自己能获得宽恕；宽恕朋友，是为了证明彼此的友谊；宽恕过错，是为了表明自己已变得更好。因此，我的朋友们，宽恕他人，上帝才会宽恕你，倘若你严厉苛刻、僵化顽固，对小错小过也不依不饶，又怎能指望上帝给予你更多宽容呢？哦！祸哉，那些说"我永不饶恕"之人，因为他们所说的是自己的罪过。而且，谁知道你在自我审视之时，不会发现自己就是那个挑衅者？谁知道在一场以针刺开始，以破裂结束的争斗中，你不是先出拳的那个？有没有哪句冒犯的话是你脱口而出的？你是否从头到尾都做到了必要的节制？诚然，如果对方反应过度，那错在对方，但正因如此，你才要去宽容，如此一来，你便无可指摘。假设你在某种情况下真的受到了冒犯，谁能说你没有通过报复使事情进一步恶化呢？谁又能说你没有将原本不必记挂于心之事变成一场激烈的争吵呢？如果应当由你去阻止这一结果而你没有，那你必然应受责备。最后，即使我们假设你完全无可指摘；在此情况下，如果你表现出仁慈，便能修积更大的功德。

不过，宽恕可能表现为两种截然不同的方式：一种是嘴上的宽恕，另一种则是发自内心的宽恕。许多人对他们的敌人说"我原谅你"，但看到对方遭受不幸，内心深处仍会感到一种不可宣之于口的快乐，心想他们活该。有多少人说"我可以原谅"，然后会加上一句："但我永远不会和解；我这辈子再也不想见到那个人了。"这难道就是《福音书》上所说的宽恕吗？当然不是。真正的宽恕——基督教的宽恕——是指不念旧恶、不记旧仇的宽恕。唯有这种宽恕才能修积功德，因为单纯的表面功夫是不会让上帝满意的。上帝会探究人心灵深处和最隐秘的思想。没有人能用浮夸的言语和虚浮的外表欺骗他。完全而绝对地宽恕罪过，是伟大的灵魂具备的特点；怨恨则永远是卑劣的低阶灵魂拥有的标志。不要忘记，真正的宽恕取决于行动，而非体现于语言。（使徒保罗，里昂，1861 年）

宽容

16. 灵性主义者们，今天，我们想和你们谈一谈宽容。这种感情如此甜蜜友爱，每个人都应对他人秉持这种情感，但真正做到的却寥寥无几。

宽容是指不要一心只盯着别人的缺点看，即使看到了，也要避免随意谈论或对外宣扬。相反，宽容是对他人的缺点隐而不宣，即使有人恶意揭发，宽容也总有理由为之辩解——这里所说的是合理可信的真正理由，而非表面行开脱之辞，背地里却耍花招，恨不得人尽皆知。

宽容是从不介意他人过错——除非可辅而改之——而且还要尽可能小心劝解。既不发惊世骇俗之言，也不吐凌辱责备之语；只给予忠告，而且通常悄然为之。每当你批评他人时，从你的话中能得出什么结论呢？你只一味谴责他人，自己却从未言行一致，比起有罪之人，你更应受到指责。人啊！你们何时才会懂得去评判自己的内心、自己的思想、自己的行为，而不再一心只惦念他人的所作所为呢？你们何时才会懂得用严厉的目光去审视自己呢？

所以，人当严于律己，宽以待人。要记住，上帝会对每个人做出最后的审判，他能洞悉每个人内心的隐秘想法，因此，他常常宽恕你所谴责的错误，或谴责你所原谅的罪过，因为他洞悉到每个行为背后的动机；别忘了，那些大声指责他人之人，很有可能犯过更严重的错误。

朋友们，你们要懂得宽容，因为宽容会让人愉悦、使人平和、令人振奋，而严厉则会让人沮丧、使人疏远、令人愤怒。（约瑟夫，守护灵性，波尔多，1863年）

17. 宽容对待他人的错误，无论这个错误是什么；切莫严辞厉色地评判他人，除非这关乎你自身的行为。耶和华必像你宽容他人一样宽容你。

　　对强者，要支持：鼓励他们坚持不懈。对弱者，要扶助，向他们展示上帝的仁善，因为任何一个悔改，哪怕是最微不足道的，也不会被上帝忽略。让每个人都能看见悔改天使，看其展开洁白的羽翼，遮掩世人的罪过，让一切不洁之物远离耶和华的视线。要理解天父无限的仁慈，永远不要忘记通过你们的思想，尤其是你们的行动对他说："请宽恕我们的过错，就像我们宽恕冒犯我们之人一样。"要理解这些至理之言的意义；它们不仅字面意思值得称赞，其包含的教义同样值得称赞。

　　当你请求上帝宽恕自己时，你在祈求什么呢？请求他忘记你的过错吗？忘记你的过错只会让你一无所有，因为如果上帝非要让自己忘记你的过错，那么他就不会惩罚你，**但同样也不会奖赏你**。你不会因未行之善而得赏赐，更不会因已行之恶而得赏赐，那些罪过已被遗忘。请求上帝宽恕你的罪过，是在请求他的恩典，让你不再重蹈复辙，让你获得迷途知返所需的力量，让你能以顺从和仁爱的方式进行忏悔和赎罪。

　　在宽恕他人时，不要仅仅满足于为他人的过错遮上一层面纱；因为这样的面纱对你的双眼而言通常是透明的。宽恕他人的同时，还要给予他人仁爱；你希望天父如何对你，你就要如何对他人。用纯洁的仁爱取代污浊的愤怒。以身作则，宣讲耶稣教导你们的无限仁慈；传仁慈之道，就像他投生为人，道身于世，便以俗身凡眼去看待世人，及到抛却俗身，失了凡眼，仍继续以灵眼去看待他人一样。效仿他树立的神圣榜样；追随他跋涉的神圣道路：它将带你前往避难之所，在历经挣扎之后，你将在那里得到安息。你要像他一样，背负起你所有的十字架，在深思熟虑之后，勇敢无畏地登上你的加略山：山顶之巅，便是荣耀之地。（让，波尔多主教，1862年）

18. 亲爱的朋友们，你们对自己要严格，对待别人的缺点却要宽容。这样做是进一步践行神圣的仁慈——尽管鲜有人会这样做。你们每个人都要弃恶从善，要改过自新，要纠正恶习。每个人都背负着或轻或重的负担，但要登上进步的顶峰，就必须摆脱这些负担。既然如此，为何你们又总是对他人吹毛求疵，对自己却熟视无睹呢？你们何时才能不再去注意他人眼里的刺，而一再忽视那致你失明、使你堕落的梁木呢？要相信你的朋友，相信灵性。世间男女大都傲慢自大，自以为美德加身、功德盖世、无人能及，除自己之外，余者无不愚昧无知、错误多多，定会在审判日受到上帝的惩罚。真正的仁慈体现的是一种温逊谦卑的品质，其在于不单单着眼于他人外在的缺点，而更看重他人内在的善行与美德，因为即使人心是一个腐败的深渊，也总会有几个隐秘的角落，散落着些许美好情感的种子和灵性本源的火花。

哦，这就是灵性主义，是带给人安慰和福赐的学说，凡了解这一学说并听取耶和华之灵的有益教诲之人都会获得幸福！这些话将为世人照亮前进的道路，激励世人跋涉前行，为世人指明达成目标的方法：博恩广施、心怀仁慈、善待他人；换言之，就是要对所有人仁慈，要爱上帝胜过一切，因为对上帝的爱涵盖了所有责任，一个人若不践行仁慈，就不可能真正地爱上帝。（迪费特，纳韦尔主教，波尔多）

是否可以允许责难，发现缺点或评论他人的罪行？

19. 就因为人无完人，所以就没有人有权利谴责他人了吗？

当然不是，因为你们每一个人都必须为所有人的进步努力，尤其是那些托付于你们之人。但你们在指责他人时应懂得适可而止，且应心怀善意，而非像通常所做的那样，以诋毁他人为乐。后者的批评是充满恶意的；而前者的批评是一种责任，需要尽可能谨小慎微才能做到仁慈。此外，批评他人时也应审视自我，问问自己是否当得起更多。（圣·路易斯，巴黎，1860 年）

20. 发现他人并未显露出来的缺点，并且未能使他人从中受益，这种情况是否应当受到谴责？

一切皆取决于意图。当然，于恶处见恶行，这其实无可非议。若处处只见善不见恶，也委实不妥：这种错觉不利于人类的进步。真正的错误在于，以揭发他人的过错来不必要地贬损对方的公众形象。还有一种方式是心怀恶意，以抓住他人把柄为乐，这也应当受到谴责。反之亦然，当我们为罪恶遮上一层面纱，不让其公之于众，目的是为了自我反省、自我改进，即以此为鉴，避免重蹈他人的复辙。此外，对于道德学家而言，这种观察难道不是大有助益吗？如果不研究模型，道德学家们又如何能描绘人类的缺陷呢？（圣·路易斯，巴黎，1860 年）

21. 在某些情况下揭露别人的罪行有用吗？

这个问题非常微妙，为此，人们必须对仁慈二字拥有充分的了解。如果一个人的缺点只对其本人有害，那么揭露这些缺点毫无益处。但如果这些缺点可能对他人造成伤害，就最好以大多数人的利益为重，而不是只单考虑个人的利益。根据具体情况，戳穿虚伪和揭露谎言可能是一种义不容辞的责任，因为让一个人跌倒，总比任其祸害他人要好。针对这种情况，必须懂得权衡利弊。（圣·路易斯，巴黎，1860 年）

第十一章:
爱人如爱己

- 最重要的诫命:在任何事情上,
  你们想让别人怎样对待自己,你们也应该怎样对待别人
- 凯撒之物当归给凯撒
- 灵性所传教义
  - 仁爱律法
  - 自私自利
  - 信仰与仁慈
  - 对罪犯仁慈
  - 一个人该为一个罪犯冒生命危险吗?

最重要的诫命:在任何事情上,
你们想让别人怎样对待自己,你们也应该怎样对待别人

1. 耶稣的这番话说得撒都该人哑口无言,而法利赛人又聚在一起。其中一人是研究摩西律法的专家,他想试探耶稣,他问道:"老师,律法中的哪条诫命最重要?"耶稣回答说:"'要全心全意、尽智地爱主—你的上帝。'这是首要的一条,也是最重要的。第二条和第一条类似:'**爱人如爱己。**'这两条诫命是一切律法和先知教导的基础。"(《马太福音》第22章第34节至第40节)

2. **在任何事情上,你们想让别人怎样对待自己,你们也应该怎样对待别人**,这就是律法和先知教导的含义。(《马太福音》第7章第12节)

你们想让别人怎样对待你们,你们也应该怎样对待别人。(《路加福音》第6章第31节)

3. 天国就像一个国王,他要和他的奴仆清算帐目。国王开始算帐了:一个欠了国王好几千块银币的人被带到他面前。欠债人无钱还债,主人命令他卖掉自己所有的一切,甚至他的妻

子和儿女，好偿还债务。这个奴仆跪在国王面前哀求："请您宽容我吧，我一定会还清债务的。"国王可怜他，就免了他的债，把他放了。这个奴仆离开国王后，就去找另一个与他一起当差的奴仆，那个奴仆欠了他一百个银币。他卡住那个奴仆的脖子说："还我的钱！"那个奴仆跪在地上哀求说："请宽容我吧，我一定会还清欠你的钱。"可是第一个奴仆不答应，而是把他的同伴送进了监狱，不还清欠债就不放他出来。

其他的奴仆们目睹这一切，非常难过，就去告诉主人发生的一切。于是，主人把第一个奴仆叫回来，对他说："你这个恶奴。你欠了我那么多钱，你求我可怜你，我就免了你的债务，难道你不该像我可怜你一样，可怜你的同伴吗？"主人非常生气，就把这个奴仆投进监狱。他不还清所有的债务，就不放他出来。

除非你们从心底里宽恕你们的兄弟，否则，天父就会像那个国王对待他的奴仆一样对待你们。（《马太福音》第 18 章第 23 节至第 35 节）

4. 爱人如爱己；我们想让别人怎样对待自己，就应该怎样对待别人，这就是对仁慈全面的表述，因为它囊括了我们对他人的所有责任。在这一方面，没有什么比"己所欲，施于人"这条诫命更具有可靠的指导意义了。一个人如果自己做不到品行端正、宽容大度、仁爱奉献，又凭什么要求同伴比自己做得更好？践行这两句箴言，才能摒弃自私自利。人们若能将此作为其行为的准则和制度的基础，就能理解何谓真正的博爱，确保人与人之间的和平与公正。将不会再有仇恨和纷争，只有团结、和谐、互爱。

凯撒之物当归给凯撒

5. 法利赛人离开耶稣教导人们的地方，策划如何抓住耶稣话里的把柄。他们派了一些他们的门徒和希律党人去见耶稣。他们说："老师，我们知道您很诚实，并忠实地传播上帝的真理之道，您不在乎别人的看法，您待人一视同仁。请您告诉我们：我们该不该向凯撒交税？"

耶稣知道他们不怀好意，就说："你们这些伪善的家伙，为何想试探我呢？让我看看你们纳税用的银币。"他们递给耶稣一枚银币，耶稣问："这上面刻的是谁的头像和名字？"他们说："是凯撒的。"耶稣说："那么，就应该把属于凯撒的东西给凯撒，把属于上帝的东西给上帝。"

听了这话，他们都非常惊讶，于是离开耶稣走了。（《马太福音》第12章第15节至第22节；《马可福音》第12章第13节至第17节）

6. 耶稣之所以被问到这个问题，是由于犹太人担心罗马人向其征税，故将此其变成一个宗教问题。为了废除这项税收，当时成立了一个很大的政党。所以对他们而言，缴税是当前令人愤怒的事情；否则，他们向耶稣提出"我们该不该向凯撒交税？"这一问题就没有任何意义了。这个问题是一个陷阱，因为他们想要根据耶稣的回答来煽动罗马当局或犹太异议人士反对他。但是"耶稣知道他们的恶意"，他避开了这个问题，并给他们上了公正的一课，告诉他们要偿还所欠的一切。（参见"前言"章节的"税吏"部分）

7. 箴言有云："凯撒之物当归给凯撒"，对于这句话的理解不应过于局限和绝对。正如耶稣的所有教导一样，这是一个从特定环境中推导出来的，并采用实际和惯常的形式归纳的普遍原则。这一原则的初衷是：一个人想让别人怎样对待自己，就应怎样对待别人。它谴责对他人造成的一切身体伤害或道德伤害，谴责对他人利益的任何侵犯。它要求每个人都应尊重他人的权利，就像每个人都希望自己的权利得到尊重一样；不仅如此，它还要求必须履行对家庭、对社会、对政权以及对个人的责任。

灵性所传教义

仁爱律法

8.仁爱涵盖了耶稣的全部教义，因为爱是一种高尚的情感，而情感是实现进步和不断升华的本能。人类在起源之初只有本能；进一步进化和堕落的人类也只拥有感知能力；只有在他们变得更文明、更纯净的时候，才会拥有情感。情感的巅峰便是仁爱，这并非普通意义上的爱，而是在炽热的心头拥有一缕暖阳，它凝结和汇聚了超凡脱俗的渴望和启示。仁爱律法倡导的是全人类的团结，它弥合了个性的差异，消除了社会的痛苦。一个人若能在苦难中战胜人性，用伟大的爱去爱他的兄弟姐妹，这样的人就是幸福的！爱他人之人是幸福的，因为他们既无灵魂上的痛苦，也无肉体上的痛苦。他们步履轻盈，生活超然于自身之外。当听到耶稣说出"仁爱"这个神圣字眼时，世人无不为之颤抖，殉道者们无不满怀希望地聚集于竞技场内。

接着，**灵性主义**又说出了神圣字母表中的第二个词——**轮回转世**。请注意，这个词汇将墓碑从空空如也的墓穴中连根拔起：它超越了死亡，向惊讶的世人类揭示了人类的智慧遗产。这个字眼不再引导人们走向死亡；而是带领他们征服自我的存在，实现自我的升华和变形。血肉曾拯救灵性，而今，灵性须拯救人类脱离物质。

我曾说过，人类在起源之初只有本能；受本能支配之人只会更接近他们的起点，而非他们的目标。要朝着这一目标前进，他们须克服本能、充实情感，即要让蛰伏于物质中的种子生根发芽、成长壮大，同时不断完善内心的情感。本能犹如情感的萌芽和胚胎，它是情感进化的前提，正如橡果中蕴含着橡树一样；进化程度较低者的个体，就是那些正在一点点剥茧蜕变，但仍受制于自身本能之人。灵性犹如田园，须精心培育、耐心耕耘。未来的一切财富皆依赖于今天的劳动，而更重要的是，劳动将最终让你获得荣耀的升华。所此，一旦你领悟了仁爱律法，领悟了它所倡导的全人类团结，你就会从中感受到灵魂上的甜美欢欣，而这正是天国喜乐的前奏。（拉撒路，巴黎，1862 年）

9. 爱是神圣的本源，从始至终，你们的灵魂深处无不拥有那圣火之焰。这一事实早已得到你们一遍又一遍的证明；最卑劣之人、最可鄙之人、罪大恶极之人，大多会对另一个人或某一种事物怀有一种强烈而执着的感情，这种感情不因任何事物而消减或泯灭，并且往往会上升到某种极端的程度。

我之所以说"另一个人或某一种事物"，是因为在你们当中，有不少人将其内心难能可贵的爱倾注到各种动物、植物甚至于某些物品上：他们离俗遁世、厌弃世人，抵制灵魂的自然倾向，渴望在自身以外的事物中找到爱和情感的共鸣。他们将仁爱律法降低到了本能的程度。但无论他们做什么，他们都无法抑制上帝在创造他们时，在他们心中播下的一颗有生命的种子。这颗种子会随着道德和智慧不断地萌芽和成长，虽然会受到自私的限制，但它永远是神圣与善良美德的源泉，这种美德会滋生真诚而持久的感情，带你穿越世间崎岖而荒芜的道路。

有些人对轮回转世的考验心存芥蒂，因为这意味着会有其他人介入到他们极为在意的亲密关系中。可怜的人啊！是你们的感情让你们变得自私；你们的爱只局限于一个封闭的家庭和朋友圈，其他人对你们而言一点也不重要。那么，为了按照上帝意志去践行仁爱律法，你们必须一视同仁地去爱天下所有人。这项任务固然漫长而艰巨，但它终将得以完成。这是上帝的意志，对于灵性主义而言，仁爱律法是第一条，也是最重要的一条法则，因为它终有一天会消除以任何一种可能的形式表现出来的自私自利——因为除了个人的自私自利，还有家庭、种姓和国家的自私自利。耶稣说"要爱邻如己"。那如今，"邻"的范畴有多大？家庭？宗教？还是国家？不，它是指全人类。在进化程度更高的世界，协调和主导居住在这里的灵性的，是彼此之间的互敬互爱，而你们所在的星球——注定会因社会变革而取得进展——将看到居民践行这一崇高法则，这是神性的体现。

仁爱律法的影响表现为人类的道德进步和尘世生活的幸福。最叛逆、最卑鄙之人看到这样做所带来的好处，便会改过自新：己所不欲，勿施与人；相反，要尽己所能，善待他人。

不要以为人心是贫瘠坚硬的；即便如此，它仍会屈服于真爱。爱，犹如一块令人无法抗拒的磁石，一旦与它接触，便会向蛰伏于其中的美德种子注入生机与活力。作为一个考验和流放之地，地球将被这一圣火净化，并将看到仁慈、谦卑、耐心、奉献、自我克制、顺从和牺牲等所有源于仁爱的美德一一得到践行。所以，不要厌倦聆听福音传道者约翰的话语。如你们所知，在因年迈虚弱停止讲道之业后，他什么也没做，只是重复着这句温馨的话："我的孩子们，要彼此相爱。"

亲爱的兄弟姐妹们，你们当好好借鉴经验，吸取教训。践行之路虽然艰辛，灵魂却将大受裨益。相信我，应我所求，尽心竭力地做到："彼此相爱"；不久的将来，你们定会看到地球的转变，它将变成一个极乐世界，在那里，正义的灵魂将得到安息。（芬乃伦，波尔多，1861年）

10. 我亲爱的同道们，这里的灵性通过我的声音告诉你们："付出爱才能得到爱。"这一思想是如此至真至理，以至于你能从中找到所有安抚与慰藉，可纾缓每日的艰辛。更棒的是，通过践行这一至理箴言，你将超脱物质的束缚，在俗世生命结束之前净化自己的灵性。在对来世已有所了解的基础上，灵性主义的研究会让你们坚信：你们定会飞升到上帝身边，得到你们灵魂所渴望的应许。此外，你们还须不断提升自我，摆脱物质的局限去判断事物，莫去谴责他人，除非你们在思想上已与上帝保持一致。

在最深层的意义上，仁爱意味着忠心、诚信和正直，意味着唯己之所欲，方施于人。它意味着要以自身为出发点，去探寻你们的兄弟姐妹所受之苦难的内在意义，从而帮助他们获得解脱。它也意味着要将人类大家庭视为自己的家庭，因为你们终将在某个更高级的世界遇到这个家庭；而组成这个家庭的灵性，如你们一样的上帝子民，注定要不断地进化。这就是为何你们不能拒绝上帝随意为你们指定的兄弟姐妹；因为就你们而言，如果兄弟姐妹都如你们所愿，是自己指定的，那必然皆大欢喜。因此，面对一切受苦之人，要永远给予他们希望和支持，这样才能让你们拥有真正的仁爱和正义。

要相信"付出爱才能得到爱"这句至理箴言，它会为你们辟开前行的道路，揭开变革的序幕，让你们追随始终不变的方向。不过，正在听我说话的这些人，你们已然收获不少；与百年前相比，你们的进步是巨大的。为了自己好，你们改变了很多，甚至于毫无怨言地接受了大量关于自由和博爱的新思想，而这是你们以前曾经拒绝的。再过一百年，你们将会轻松接受那些目前还无法融入你们脑海的思想。

如今，灵性主义运动已迈出了如此巨大的一步，你们将看到灵性口述中所含的公正和复兴思想被普通智性世界接受的速度有多快。一方面，因为这些思想呼应着你们内心所有神圣的想法；另一方面，因为你们早已准备好一颗肥美的种子：即在上个世纪[a]根植于社会中的伟大进步思想。既然万事万物皆受上帝旨意而彼此关联，那么得到和接受的所有经验和教训都将包含于泛爱天地和博爱众生之中。藉此，道成肉身的灵性能更好地判断和感知事物，在你们的星球上携手并进；他们将相互理解、彼此相爱，摧毁所有不公正，消除导致人与人之间产生误解的一切根源。

灵性主义对这一伟大理念进行了更新——《灵性之书》中对此进行了详细阐述，而这一理念将为下个世纪创造伟大的奇迹：在充分理解这句箴言的基础上，团结全人类在物质上和灵性上的共同利益："付出爱才能得到爱"。（桑森，巴黎灵性主义协会前会员，1863 年）

自私自利

11. 自私自利，犹如人类的瘟疫，阻止人类道德的进步，故必须将其从地球上消除。灵性主义的使命是要让地球进化为更高等级的世界。为此，每一位真正的信徒都应将自私自利作为其武器、力量和勇气瞄准的目标。我之所以提及"勇气"，是因为战胜自己远比战胜别人需要更多勇气。所以，你们每个人都应尽一切努力与你们内心深处的自私自利作斗争，因为它是吞噬一切心智的怪兽，其生于傲慢自大，是这个世间所有苦难的根源。它否定仁慈，因而也是人类获得幸福的最大障碍。

耶稣给你们树立了仁慈的榜样；本丢·彼拉多则是自私自利的，因为义者在准备行刑时，彼拉多洗了手，说："这与我有何关系？这是一位义者；你们为何要把他钉在十字架上？"尽管如此，他还是让人把耶稣处死了。

这是仁慈和自私之间的对立；正是由于这种腐病侵入了人类的心脏，基督教才未能完成其全部使命。追求信仰的新使徒们，启智开明的高阶灵性们，根除这一邪恶的工作与责任落在了你们肩上，你们要赋予基督教一切力量，为其扫除前进的障碍。将自私自利从地球上消除，让地球成为一个进化的世界，是时候为人类披上托伽长袍了，[b] 为此，你们须首先将个人心中的自私自利连根拔起。（以马内利，巴黎，1861 年）

12. 如果人们彼此相爱，就能更好地践行仁慈；但要做到这一点，你们须努力解开自己的胸甲，敞开自己的心扉，这样才能对受苦之人更加敏感。冷酷只会杀死美好的情感；基督从不拒绝任何人；凡到他那里去的，无论是谁，都从未遭到回绝：无论淫妇还是罪犯，都接受过他的帮助；他也从不担心自己的名誉会因此受损。那么，何时你们才会将他作为你们一切行为的榜样呢？如果仁慈主宰地球，邪恶便再也无法横行；它会羞愧地逃走，将自己隐藏起来，因为它会发现自己终无立锥之地。你们要坚信，邪恶终有除尽之时。

首先，你们要为自己树立一个榜样，一视同仁地善待众生；切莫理会那些鄙视你们之人，要将一切公正交付上帝，因为他每天都会将稗子从麦子中区分出来。

自私是对仁慈的否定；现如今，没有仁慈，社会就不会有和平；我还要进一步声明：甚至还会无安全可言。世人若自私自利，傲慢自大——二者常常结伴而行，便会出现狡黠精明之人当道，利益冲突无处不在，最神圣的感情遭到践踏，甚至连家庭的神圣纽带也得不到尊重。（帕斯卡，桑斯，1862 年）

信仰与仁慈

13. 我亲爱的孩子们，不久前我曾告诉你们，没有信仰的仁慈不足以在人们之间维持一种能够使他们幸福的社会秩序。我应该说，没有信仰，就不可能有仁慈。事实上，你们会发现，纵使毫无宗教信仰之人也有可能会有慷慨解囊的冲动，然而，朴素无华的仁慈唯有通过自我克制和不断牺牲一切自我利益才能得到践行，而只有在信仰的启迪和激励之下，才可能拥有这种朴素无华的仁慈——因为除了信仰，没有什么能让我们勇敢而坚毅地背负这一生的十字架。

是的，我的孩子们，那些渴求满足之人假装他们可以只关心自己的幸福，以此逃避自己在这世间的命运，这都是徒劳。当然，上帝创造我们，是为了让我们获得永恒的幸福；与此同时，尘世的生活只不过是为了实现我们的道德进化，因为藉由肉体器官和物质世界的帮助，可以更容易地完成这种进化。不论生活中司空见惯的起起落落，也不论你们迥然不同的品味、倾向和需求，俗世生活也是践行仁慈从而完善自我的一种途径，因为只有通过相互忍让和牺牲，才能维持不同因素间的和谐统一。

然而，你们说得对，如果人们在这个世界追求的幸福不是物质享乐，而是善行义举，那么他们必能获得幸福。基督教的历史讲述了殉道者们欣然赴死的故事。在当今社会，要成为基督徒，既不需要殉道而死，也不需要牺牲生命，只要牺牲你们的自私、傲慢和虚荣即可。如果以仁慈为启示，以信仰为支柱，你们就一定能获得胜利。（守护灵性，克拉科夫，1861年）

对罪犯仁慈

14. 真正的仁慈是上帝赐予这个世界最崇高的教导之一。纯洁的友爱应存在于真正遵循上帝教义的门徒之中。你们要爱不幸之人和犯罪之人，因为他们是上帝的造物，只要他们悔改，就应给予他们宽恕和怜悯，就像你违背神圣律法所犯的错误一样。与那些你们拒绝宽恕和怜悯之人相比，你们自己更应受到谴责、感到内疚，因为他们往往不像你们这般了解上帝，所以对他们的要求自然比你们更低。

不要评判他人；哦！我亲爱的朋友们，不要去评判他人，因为你们对别人所做的审判会让你自己受到更严厉的审判，对于你们常犯的罪过，你们也该宽容。要知道，在纯洁之神的眼中，有许多行为都是罪行，而这个世界甚至不将其视为轻微的罪过。

真正的仁慈并不仅仅在于你们对他人的施舍，甚至也不在于对他人说几句宽慰的话语。不，这并不是上帝对你们的要求。耶稣所教导的至高无上的仁慈还包含善待众生，善待一切。即使是不需要施舍之人，你们也可以用这种崇高美德对待他们，那些充满爱、安慰和鼓励的话语将引导他们靠近天父。

我要再说一遍，这个时代即将来临——博爱将普照这座星球；基督的律法将统治人类，这一律法将成为引领灵魂进入福赐领域的约束和希望。所以，要彼此相爱，如爱天父之子。不要在你们和那些不幸之人之间筑建任何差异的鸿沟，因为上帝希望每个人都是平等的。故而不要看不起任何人。上帝允许罪大恶极之人居住在你们中间，是为了让你们吸取教训。在不久的将来，当人类真正遵循上帝律法之时，便不再需要这样的教训，**所有不纯洁和叛逆的灵魂都将按照他们的倾向被下放到更低等级的世界。**

你们应当感谢我所说的那些帮助你们祷告之人——那才是真正的仁慈。你不必对罪犯说："他们是卑鄙之人，必须将其从世间清除干净，死亡对于这样的人来说太仁慈了。"不，你们不能说那样的话。看看你们的榜样——耶稣。如果他看到身边有这些不幸之人，他会说什么？他会为他们感到悲伤，将视他们为真正需要帮助的病人，并向他们施以援手。哪怕你们无法在现实中做到这一点，但至少可以为他们祈祷，在他们生前为数不多的时日里，为他们的灵性提供帮助。如果你们虔诚地祷告，或许可以感动他们的内心，让他们悔改。无论好坏，他们都是你们的邻居；与你们一样，他们流浪和叛逆的灵魂被创造出来，也是为了变得完美和圆满。所以，要帮助他们脱离困境，用心为他们祷告。（法国的伊丽莎白，勒阿弗尔，1862年）

一个人该为一个罪犯冒生命危险吗？

15. 有一个人要死了，旁人若要救他，就得自己冒着生命危险。然而，大家都知道此人是一个罪犯，如果他此次免于一死，必会犯下更多罪行。尽管如此，是否该冒生命危险去救这样一个人？

这是一个非常严肃的问题，也是任何一个灵性都会面对的问题。鉴于这个问题涉及到一个人是否该为罪犯冒生命危险，我将根据我的道德水平作出回答。奉献，应不论善恶；帮助，当不分敌友；因此，哪怕是社会的敌人，换句话说，哪怕是罪犯，也要对其施以援手。你认为你让这个罪犯摆脱的只是死亡吗？很有可能，你让他摆脱的是过去的一生。鉴于这种可能，在他临死之前的短暂瞬间，这个迷失之人会回顾他过去的生活，或者更确切地说，他过去的生活会呈现在他眼前。对他来说，死亡也许来得太早；轮回转世或许是令人生畏之事。所以，要赶快去救他！作为受到灵性主义科学启发之人，你应当冲到他面前，将他从他应当遭受的谴责中解救出来，然后，那个本来要诅咒你的人也许会将自己投入你的怀抱。但你不应问自己他是否会这样做；只是去帮助他，因为在拯救他的过程中，你听从了自己内心的声音："你可以救他，所以要救他！"（拉梅奈，巴黎，1862 年）

[a] 当时是十八世纪。——译者按。

[b] 古罗马的男孩在长到 15 岁时，就可以穿着象征男子气概的白色长袍。在这次交流中，灵性借助这一形象来比喻这座星球已发展到了成熟阶段。——译者按。

第十二章:
爱你的敌人

- 以善报恶
- 脱离肉身的敌人
- 如果有人打了你的右脸，你就把左脸伸过去让他打
- 灵性所传教义
  - 复仇
  - 怨恨
  - 决斗

以善报恶

1. 你们也听说过这样的话："爱你的朋友，恨你的敌人。"我告诉你们，**要爱你们的敌人，善待仇恨你们之人，要为迫害你们的人祈祷**，这样，你们才能作为天父之子升入天国。天父播洒阳光，普照好人和坏人；降淋甘露，泽被正直和奸邪。如果你们只爱那些爱你们之人，那么，你们又能得到什么奖赏呢？就连税吏也能做到这一点不是吗？如果你们只问候你们的兄弟姐妹，你们哪里比别人强呢？就连非教徒也会这么做不是吗？我告诉你们，如果你们做上帝要你们做的事情，却胜不过律法师和法利赛人，那么，你们就别想进天国！（《马太福音》第5章第20节和第43节至第47节）

2. 如果你们只爱那些爱你们之人，那有何值得称道的呢？即使是罪人也爱那些爱他们之人；如果你们只善待那些善待你们之人，那有何值得称道的呢？就连罪人也会这么做。如果你们只把东西借给那些有希望偿还之人，又有何值得称道的呢？就连罪人也会把钱借给别的罪人，只要他们能如数归还！**爱你们的敌人吧，善待他们吧。借钱给别人**，而不要期待别人归还。这样，你们就会得到巨大的奖赏，而且将成为至高的上帝的儿子，因为他（上帝）就善待着那些忘恩负义和邪恶的人

们。你们要像你们的父亲那样仁慈。(《路加福音》第 6 章第 32 节至第 36 节)

3. 如果爱邻居是仁慈律法的体现，那么爱敌人则是这一律法的崇高应用，因为这样的美德是战胜自私和傲慢的利器之一。

但在这种情况下，人们对于"仁爱"一词的含义通常存在误解。耶稣的这番话并不是说要让一个人像对自己兄弟、姐妹或朋友一样温柔地对待自己的敌人。爱是以信任为前提，我们无法信任一个明知会伤害我们之人。我们也不可能明知对方会滥用友谊，还和这样的人成为朋友。彼此互不信任之人之间拥有的亲合关系，与彼此思想交融之人之间拥有的亲合关系是不可能全然相同的。在你遇到敌人时，你不可能像遇到朋友一样感到快乐。

而这种情感的产生是符合物理定律的：流体的同化和排斥定律。一个恶毒的想法会形成一种令人感到痛苦的电流；而一种仁慈的思想则会散发出一种令人感到愉悦的气息。所以，一个人在靠近朋友和靠近敌人时，他会产生不同的情感。因此，爱你的敌人并不意味着不该对敌人和朋友区别对待。这条戒律之所以看上去很难，甚至根本不可能付诸实践，不过是因为人们错误地以为必须在心中给朋友和敌人留出相同的位置。由于人类语言的贫乏，我们不得不用同样的术语来描述情感的各种细微差别，而理性要求我们根据不同情况对其加以区分。

因此，爱敌人并不意味着要对他们怀有一种不自然的感情，因为与敌人接触和与朋友接触所产生的心跳感觉是完全不同的。爱敌人，是指不要对他们抱有怨恨、仇视或报复的欲望，**要无条件地，而非别有用心地**宽恕他们对我们犯下的罪过，不要为和解设置任何障碍，希望他们去恶从善，为他们变好感到高兴，而不是绝望，在必要时向他们伸出援助之手，**在言语上或行动上拒绝**任何可能伤害他们之物，最后，还要以善报恶，**而非羞辱他们**。凡是这样做的，就等于遵守了这条诫命：爱你的敌人。

4. 在怀疑者看来，要去爱自己的敌人简直荒谬可笑；对于那些将今生今世视为一切的人来说，他们只会将敌人当作扰乱其内心平静的毒瘤，认为只有他们死了才能使自己得到解脱。这就是复仇的欲望；他们无意于宽恕——除非是为了满足其世俗的虚荣心。有的时候，宽恕在他们看来甚至是一文不值的弱点。即使他们不寻求彻底的报复，他们内心仍隐藏着怨恨和邪恶的愿望。

对于信仰者，尤其是灵性主义者而言，他们看待事物的方式是不同的，因为他们会考虑前世和来生，现世生活不过是其中的一个点而已。他们知道，由于地球的命运，他们必定会遇到邪恶和堕落之人；这些人对他们所犯的罪过是他们必须经历的考验之一，而他们若能居高临下地包容这一切，便能减轻自己的痛苦，不以物役心或是因人伤怀。**他们若不抱怨自己所受的考验，就不会报怨那些充当考验手段之人。**如果他们不是抱怨，而是感谢上帝对他们的考验，那么**他们就应感谢上帝给了他们机会来证明自己的耐心和顺从。**这种想法自然会使他们懂得宽恕。而且，他们越是觉得自己慷慨大度，就越会产生一种自我升华的高尚感，他们会发现敌人的恶毒攻击已无法触及自己。

在世间，地位崇高之人并不会因地位卑微之人侮辱自己而感到被冒犯。那些超越了物质人性之人亦是如此。他们明白仇恨和敌意只会贬低自己的身份，有损自己的尊严；因此，要超越敌人，就必须拥有更强大、更高贵、更慷慨的灵魂。

脱离肉身的敌人

5. 对于灵性主义者而言，他们还有其他理由宽容自己的敌人。首先，他们知道邪恶并非一个人永久的状态；因为这种不圆满只是暂时的，正如孩子改正自己的缺点一样，邪恶之人总有一天会承认自己的罪过，去恶从善。

他们也知道，死亡只会让自己摆脱敌人的肉体存在，即使敌人离开了人世，也仍能以怨念来纠缠自己；因此，他们无法达到报复的目的，相反，这只会激起更大的愤怒，而这种愤怒有可能生生世世延续不断。灵性主义的责任是通过经验和律法来证明有形世界与无形世界之间的联系，"以鲜血消灭仇恨"这一说法从根本上来说就是错误的，真正的事实是，鲜血只会将仇恨埋藏在坟墓之外。因此，对于宽恕以及基督的崇高箴言"爱你的敌人"，灵性主义必须阐明其合理性和实用性。没有哪颗心会堕落到不为善行所感动，哪怕是无意识的。一个人的善行至少可以消除任何报复的理由，可以在其生前将敌人变成朋友。相反，恶行只会激怒敌人，**并让他们变成上帝公正地惩罚不懂宽恕之人的工具。**

6. 因此，一个人既可能有道成肉身的敌人，也可能有脱离肉身的敌人。无形世界的敌人会通过纠缠和征服来表达他们的恶意，许多人都有过这样的经历，这是生命必经的考验之一。这样的考验与其他考验一样，可以帮助一个人进步，人们应顺从地接受这一考验；而这一考验是由于地球的低等性质决定的。如果地球上没有邪恶之人，周围就不会有邪恶的灵性。因此，如果一个人必须对道成肉身的敌人抱以宽容和仁慈，那么他也必须对那些脱离肉身的敌人抱以宽容和仁慈。

在过去，人们会献上受害者的鲜血来安抚地狱之神，而这些地狱之神恰恰就是邪恶的灵性。后来，地狱之神为恶魔取代，二者在本质上并无区别。灵性主义已然证明，这些恶魔正是那些尚未摆脱物质本能的邪恶人类的灵魂；**没有任何东西能安抚他们，除非献出一个人的仇恨，即待他们以仁慈**；仁慈不仅能阻止他们为非作恶，还能引导他们走上善道，帮助他们得救。所以说，"爱你的敌人"这句箴言不仅局限于地球这个狭小的领域和现世生活，更是普世团结与博爱众生这一伟大律法的内涵之一。

如果有人打了你的右脸，你就把左脸伸过去让他打

7. 你们听说过"以眼还眼，以牙还牙"的说法吧？我告诉你们，不要同恶人做对。如果有人打了你的右脸，你就把左脸伸过去让他打；如果有人想去法院告你，还要抢走你的内衣，你就让他连外套一起拿去；如果有人强迫你陪他走一里路，你就陪他走两里。要给予对你有所求的人，不要拒绝向你借东西的人。（《马太福音》第5章第38节至第42节）

8. 对于所谓"名誉攸关的问题",世人的偏见往往容易使那些天生傲慢自大之人做出以伤还伤、以罪还罪的举动,在那些道德感没有超脱自身激情之人看来,这种行为仿佛是公平公正的。这就是为何《摩西律法》会说"以眼还眼,以牙还牙",因为这一律法与摩西所生活的时代相一致。基督后来说:"要以善报恶,"又说:"不要同恶人做对;**如果有人打了你的右脸,你就把左脸伸过去让他打。**"在傲慢之人看来,这句箴言是胆小怯懦的,因为他们不明白承受罪过比报仇他人更有勇气,他们的行为总是局限于眼前所见的动机。然而,这句箴言只能从字面上来理解吗?就好像有人说,如果你的眼睛使你犯罪,就把它挖出来扔掉。极端地来讲,这会意味着要赦免所有镇压——即使是法律上的——这将消除邪恶之人所有的恐惧,让他们在这里无所顾忌。如果不对他们的罪行加以制约,那么所有好人很快都会成为他们的受害者。自我保护的本能是一种自然法则,它是指一个人不会心甘情愿地为杀人犯而冒险。因此,耶稣这番话的意图并不是要否认自我保护,而是在**谴责复仇**。他说"如果有人打了你的右脸,你就把左脸伸过去让他打",这不过是用另一种方式在表达,一个人不应该以恶治恶;凡能消除自己虚荣心的,人们都应当谦卑地接受;受伤者远比加害者更光荣;耐心承受不公,而不是去行不义之举;受欺者比欺骗者更值得称赞,被毁者比毁灭者更让人尊敬。此外,这句话也是对决斗的谴责,因为这也是一种傲慢虚荣的表现。只有信仰来世和上帝的公正——绝不允许任何不公正逃脱惩罚——我们才会有勇气耐心地承受他人对我们自身利益和自我中心施加的打击。这就是为何我们总是说：要将你们的目光集中在未来；你们在思想上越是超脱于物质生命之外，就越不会因世间之事而感到灰心丧气。

灵性所传教义

复仇

9. 复仇是野蛮习俗的最后遗留物之一，这种习俗通常会被人类摒弃。它与决斗一样，也是人类从基督纪元开始就保留下来的一种原始习俗。这是一种落后的表现，世人沉迷于其中无法自拔，灵性还会在一旁煽风点火。所以，我的朋友，凡自称信仰灵性主义之人，绝不能让自己的心中滋生这种情绪。正如你们所知，复仇与"宽恕你的敌人"这一基督教义背道而驰，拒绝宽恕之人不仅不是灵性主义者，甚至连基督徒也不是。当欺骗和卑鄙成为复仇的忠实伙伴，复仇会具有更大的毁灭性。事实上，那些沉迷于这种致命又盲目的激情之人几乎从不公开寻求报复。如果他们是强者，便会像凶猛的野兽一样扑向他们的敌人，一看到敌人，他们内心的激情、愤怒和仇恨就会被点燃。不过，他们大多会装出一副伪善的面孔，将邪恶的情绪深藏在心中。他们会在暗处秘密跟踪毫无防备的敌人，伺机发起进攻，而且能让自己毫发无损。他们藏而不露，严密监视敌人，暗设机关，布置陷阱，只等时机来临，便斟以毒酒。当他们的仇恨未达到这种极端情况时，他们便会攻击敌人的荣誉，抨击敌人的感情，进行无休无止的诽谤和背信弃义的影射，四处煽风点火，令情势愈演愈烈。所以，等到被害者出现，迫害者便呼出有毒的气息，前者会惊讶地发现，这些冷酷的面孔居然是平常见到的友善和仁慈之人。他们很奇怪为何对方之前还施以援手，现在却拒绝与自己握手。最令他们崩溃的是，最亲密的朋友和亲人最终对自己避之不及，扬长而去。啊！以这种方式为自己报仇的懦夫，比那些直接去找敌人，当面侮辱他们的懦夫更加有罪。

所以，要彻底摒弃这些原始的习俗！要让过去的陋习与过去的时代一同逝去！如果今天的灵性主义者还有声称有权寻求复仇的，他们便不值得再留在这个以"没有仁慈，就没有救赎"为座右铭的队伍里。不过，我并不认为灵性主义者大家庭的成员在未来会屈服于复仇的冲动，而没有宽恕之心。（朱尔斯·奥利弗，巴黎，1862年）

怨恨

10. 彼此相爱，你们就会幸福。最重要的是，你们有责任去爱那些以冷漠、仇恨或轻蔑来激励你们之人。你们当以基督为楷模，以他的奉献精神为榜样；作为一位仁爱的传教士，他不惜付出自己的鲜血，献出自己的生命。要去爱那些曾经冒犯和迫害过你们的人，这种牺牲固然是痛苦的，但也正是这种牺牲使你们超越他们。如果对仇恨你们之人也报之以仇恨，你们的价值便与他们无异。真正取悦上帝的祭物，是要在你们心中的祭坛上，为上帝供奉圣洁无暇、香气扑鼻的圣餐。尽管仁爱律法要求我们一视同仁地爱我们的兄弟姐妹，但这并不能保护我们的心不受伤害；相反，这是最痛苦的考验

——我很清楚，因为在我的最后一世中，我经历过这样的折磨。但上帝永在，凡违背仁爱律法之人，无论今生还是来世，最终都会受到惩罚。我亲爱的孩子们，不要忘记，爱使我们靠近上帝，恨使我们远离上帝。（芬乃伦，波尔多，1861年）

决斗

11. 真正伟大之人只会把生活当作一次追寻目标的航行，他们不会为沿途的坎坷烦恼，也不会允许自己哪怕只是短暂地偏离正道。他们的目光紧盯着自己的目标，全然不顾沿路荆棘丛生、蒺藜成群，因为这些小刮小擦并不能真正伤害自己，所以他们仍然披棘斩荆、一路前向。为报复他人的挑衅，便让自己身涉险境，这不过是在面对人生考验时一种畏惧退缩的表现；在上帝看来，决斗永远是一种罪恶，倘若你不为自己的偏见所迷惑，你就会发现，决斗是一件多么荒谬愚蠢的行为。

因决斗而致人死亡，这是一种犯罪——你们自己的律法也是这么认定的。任何人在任何情况下都无权试图杀害他的同胞。上帝会视此为罪过，他对你的行为早已明察秋毫。如此看来，你成为了你自己的审判官，这种说法可谓再贴切不过了。要记住，你是怎样宽恕别人的，你就会得到怎样的宽恕；宽恕他人，会让你更接近上帝，因为仁慈与力量总是相互依存的。一个人的双手哪怕只在世间沾染了一滴血，他就进不了真正的天国：那是和平与仁爱的王国，是永远没有世间仇恨、纠纷和战争的天国。所以，"决斗"一词将不再出现在你的词汇中，除非是对过去的一种遥远而模糊的记忆；人们会

发现，除了崇高的行善之争外，世间再无其他对抗。（阿道夫，阿尔及尔主教，马芒德，1861 年）

12. 当然，在某些情况下，决斗或许可以证明一个人有血气之勇，证明其贱视生命，但同时也无可辩驳地证明了这个人在道德上的怯懦，这与自杀无异。自杀者，是没有勇气忍受人生的沉浮变迁；决斗者，是没有勇气忍受他人的冒犯。一个被人打了右脸，还把左脸伸过去让对方打的人，与一个被人冒犯，就一心要去报复对方的人，难道基督没有告诉你前者更有荣耀，更有勇气吗？难道在橄榄园，基督没有告诉彼得，"把你的剑放回鞘里，因为那些用刀杀之人必死在刀下"吗？耶稣所说的这些话，难道不是自始至终对决斗的谴责吗？事实上，我的孩子们，一个人若充满了暴力、血腥和愤怒，但凡受到一点冒犯，就要咆哮不已，这样的人何勇之有？其灵魂有何伟大之处？让他去颤抖吧！因为在他内心深处会有一个声音一直质问他："该隐！"该隐！你对你弟弟做了什么？"他说："为了保护我的名誉，流血是必要的。"但那个声音会回答他："你只想着在世人面前维护你生前短暂的荣誉，却没想过要在上帝面前维护你的荣誉！可怜的傻瓜！"基督曾遭受过那么多的冒犯，他又何尝要你们以血相还？你们不仅用荆棘和长矛伤害他，将他钉在绞刑架上，还在他万分痛苦之时取笑和嘲弄他。在经受过这样的暴行后，他要求你们做过任何补偿吗？羔羊最后的哭泣是为他的刽子手祈祷！哦！像基督一样，去宽恕那些冒犯你之人，并为他们祈祷吧。

朋友们，请记住这句训诫："彼此相爱"，唯有如此，你才能对他人出于仇恨的打击，报之以微笑，对他人的冒犯，报之以宽恕。当然，世人会对你心怀愤怒，将你视为懦夫；但你要抬头挺胸，像基督一样向他们证明，你不惧满地荆棘，不会让自己的双手成为杀人的帮凶——假借保护荣誉之名，只为满足个人的傲慢虚荣和自我中心主义。在创造你们时，上帝是否给了你们予夺他人生死的权利？当然没有，他只赋予你们改造自我和重建自我的权利。至于你们，即使随意处置自己的生命，也是上帝所不允许的。就像自杀者被带到上帝面前一样，决斗者也会被记以血债，这位至高无上的法官将给他们严厉和长久的惩罚。如果上帝要大义凛然地威吓那些对自己兄弟口吐"拉加"之言之人，那么对于那些双手沾满了兄弟鲜血之人，上帝施加的惩罚必会更加严厉！（圣·奥古斯丁，巴黎，1862年）

13. 与被称为"上帝的审判"这种古老的习俗一样，决斗也是至今仍在社会上盛行的野蛮制度之一。当你看到两个对手为了解决彼此之间的纷争，要么浸入滚烫的沸水，要么用烧红的烙铁烫人，谁能忍，谁就是正义的一方，对此你会说什么？你肯定会认为这种习俗是如此荒唐可笑。可决斗与之相比，有过之而无不及。对于熟练的决斗者而言，这就等于是蓄意谋杀，因为他确信自己能一击即胜。至于其对手而言，由于软弱和无能，则几乎是必死无疑，所以这无异于最冷酷无情的自杀。据我所知，人们常常会以同等犯罪的机会来避免决斗这种选择；可这与中世纪所谓"上帝的判断"又有何两样？然而，在那个时代，人们的罪恶感可谓微乎其微；"上帝的判断"这一名称意味着某种信仰，虽然很天真，但至少相信上帝的公正不会让无辜之人受死，尽管如此，决斗的胜负往往取决于蛮力，所以通常死的是被冒犯的一方。

哦，什么时候愚蠢的自负、可笑的虚荣和疯狂的骄傲才会被基督教的仁慈以及基督所证明和要求的仁爱与谦卑取代？只有到那时，那些依然支配着人类的可怕偏见才会真正消失，这些偏见连法律也无力制止，因为它并不足以做到立善防恶；人人都必须有一颗向善畏恶之心。（守护灵性，波尔多，1861年）

14. 如果我拒绝别人要求的补偿，或者不要求冒犯我之人做出补偿，人们会怎么看我，或怎么说我？那些如你们一样愚蠢之人，即落后之人，会挑你的错。但是，那些在精神和道德上取得了进步的开明之人会说，你的行为包含着真正的智慧。反思一下：你的其中一个兄弟因为有意无意地说了某个字眼而冒犯了你，你感到自尊心受到伤害，所以以严厉的方式回应了他，并由此引发了冲突。在关键时刻到来之前，你是否会问自己，你的此行此举像不像一个基督徒？在社会中，如果你剥夺了某个成员的生命，你对社会亏欠了什么？你是否会为剥夺了丈夫的妻子、儿子的母亲、父亲的孩子以及他们赖以生存的依靠而感到懊悔？冒犯你之人固然应向你做出补偿；但如果此人肯主动承认自己的错误，而不是去伤害那个有权抱怨之人的生命，这样不是更光荣吗？至于被冒犯之人，我同意，有时一个人会发现自己受到了极大的侮辱，无论是对其本人还是对其所爱之人。这并不仅仅是自我主义在作祟；而是心灵的伤害和痛苦。但是，除了愚蠢地冒着生命危险去和一个会给你带来耻辱的坏蛋对抗之外，即使这个坏蛋死了，他带给你的侮辱——无论是什么——就会不复存在了吗？如果错误总会不攻自破，真理总会不言自喻，那么杀人溅血难道不会让一个人更加声名狼藉吗？这样一来，唯一剩下的不过就是报了仇而已。唉！这种悲惨的满足往往会让一个人的一生悔恨不已。如果死的是被冒犯的一方，那又该如何补偿他呢？

当仁慈成为人类的行为准则时，他们的言行自然会遵循这条箴言："己所不欲，勿施于人"。到那时，一切纷争的起因都将不复存在，导致决斗和战争——许多人之间的决斗——的起因也将随之消失。（弗朗索瓦-泽维尔，波尔多，1861 年）

15. 在这个世界上，一个原本快乐之人，只不过因为一个有失敬意的字眼或微不足道的小事就丢掉了上帝赋予自己的生命，或者剥夺了同伴的性命——且是只属于上帝的生命，这样的人与那些因贪得无厌或生活所迫而潜入别人家中行窃，不得已杀死阻拦者的人相比，前者的罪恶大一百倍。后者大多是没有接受过教育之人，他们对善恶的认知有所缺失，相反，决斗者往往来自于教育程度更高的阶层。前者用残忍的方式杀人，后者用礼貌的方式杀人，只不过后者得到了社会的谅解。我还要补充一点，与在一气之下屈服于报复和杀戮情感的可怜虫相比，决斗者的罪过更大。决斗者不能以一时激情为借口，因为在犯罪和弥补之间，他总有时间进行反思。所以，他会表现得冷漠而有预谋；一切都经过精心的策划和研究，目的是为了更肯定地杀死自己的对手。还有一点勿庸置疑，这样的人也在拿自己的生命冒险，这正是世人对于决斗的评价，因为决斗被视为一种英勇无畏、不惧生死的行为；然而，当一个人确信自己的时候，是否有真正的勇气呢？决斗是野蛮时代的余孽，遵循的是"强权即公理"的法则，随着人们对于真正的荣誉拥有更清醒的认识，对于来世生活拥有更强烈的信仰，决斗这种陋习也会随之消失。（奥古斯丁，波尔多，1861年）

16. 注释：如今，决斗已日见稀少，如果说偶尔还能见到一些惨烈的案例，其数量也远不如以往。从前之人出门在外，不知道会发生什么意外，所以总是格外小心。那个时代的人们有一个风俗特点，就是习惯随身携带或明或暗的进攻性或防御性武器。禁止使用这类武器体现了这一习俗的淡化，在这一逐渐演变的过程中不难发现，一开始，骑士如果不身披盔甲、手执长矛是绝计不会上马的，到后来，人们将佩剑当作一种装饰和点缀，而不再是侵略的工具。关于这种习俗，还有一个现象，即以前，人们会在街上正大光明地进行一对一的搏斗，其他人会留出空地，在四面围观；而现在的决斗都是暗地里进行的。如今，任何一个人的死亡都会引起骚动，引发人们的议论；而在过去，这类事件根本不会引起任何人的关注。灵性主义将向人类注入仁慈和博爱的精神，消除这些野蛮习俗的余毒。

第十三章:
不要让你的左手知道右手在干什么

- 默行善举而不声张
- 隐藏的不幸
- 寡妇的捐献
- 邀请穷人和瘸子；施恩不图报
- 灵性所传教义
  - 物质仁慈与道德仁慈
  - 善行
  - 同情
  - 孤儿
  - 忘恩负义
  - 排他善行

默行善举而不声张

1. 要当心，你们不要为了让人看见而当着人们的面做好事；如果你们这样做，从天父那里就得不到任何奖赏。当你向穷人施舍时，不要像那些虚伪之人一样，不要大吹大擂，他们在会堂里和大街上所做的，是为了得到别人的称赞。我实话告诉你们，他们已经得到了足够的报偿。**当你向穷人施舍时，不要让你的左手知道右手在干什么**；要暗中给予，那么，你的天父看到暗中所做的一切，是会报偿你的。（《马太福音》第6章第1节至第4节）

2. 耶稣下山时，身后跟着一大群人。一个麻风病人来见耶稣，跪在他面前说："先生，如果您愿意，您就能治好我的麻疯病！"耶稣伸出手摸着他说："我愿意，痊愈吧！"立刻，麻疯病人就痊愈了。耶稣对他说："**不要把这事告诉任何人，但是，你要到祭司那里去让他查查，还要献上礼物，即

摩西命令被治愈人所献的礼物，向每个人表明你已痊愈了。"（《马太福音》第8章第1节至第4节）

3. 默行善举而不声张，功德无量；施人援手而不炫耀，善莫大焉。这代表着一种无可争辩的崇高道德，要居高临下看待事物，必须懂得以今生知来世；换言之，须超然于世人之上，放弃他人拥有的贪享，等待来自上帝的认可。有的人渴求他人的认可胜于上帝的认可，这只能说明他们相信他人胜于相信上帝，认为现世比来生更有价值，甚至根本不相信有来世。如果他们另有说辞，那就是在说一套，做一套。

有的人只给了别人一线希望，就巴不得受益人替其大肆宣扬；有的人当众或可慷慨解囊，背地里却是一毛不拔，这样的人何其多！这就是为何耶稣说，那些夸耀善行之人已经得到了足够的报偿。事实上，对于在世间喜欢自夸之人，他们已为自己所做的善事得到了回报；上帝不再欠他们任何东西；他们唯一能得到的，就是对其虚荣心的惩罚。

不要让你的左手知道右手在干什么，这是默行善举的最佳写照。然而，若有真正的谦逊，就会有虚假的谦逊——假装谦逊。有的人对他人施予恩惠时故意半藏半掩，只为让旁人见其一，窥其余。这是对基督箴言的一种拙劣模仿，毫无价值！如果傲慢虚荣的行善者是为他人所鄙夷的，那上帝又会如何看待他们呢？他们在世间已得到了自己的报偿。他们做的好事已被人看见，并因此感到了满足。这就是他们所能拥有的全部。

对那些给人以恩惠却让人感到沉重压力之人，那些夸大自己所做的牺牲以抬高自身地位的施恩图报之人，他们又会得到怎样的报偿呢？哦！这样的施恩者甚至得不到任何俗世的回报，因为他们被剥夺了听到自己名字被祝福时而获得的甜蜜满足感；这是对他们虚荣心的第一项惩罚。他们不能升入天国，只能为自己的虚荣哭泣，让眼泪流干在其受苦溃烂的心上。遗憾的是，他们所做的善事不会给他们带来任何好处，这种令人痛惜的恩惠，不过是一枚虚假而毫无价值的钱币。

仁善而不虚张，其功德有二：除了物质上的仁慈，它还体现了道德上的仁慈；它不会让受益者感到不舒服，使他们能在不伤害自尊的情况下接受恩惠，它会保护对方的人格尊严，因为他们接受的是帮助，而非施舍。现在，把帮助变成施舍，因为给予的方式是对接受者的羞辱，而羞辱他人总归是傲慢和恶意的。相反，真正的仁慈是小心翼翼地施恩藏惠，顾及对方颜面，不让其除了承受生活的窘迫之外，还要忍受道德上的冒犯。这种仁慈会以亲切和蔼的话语，让受益者在施恩者面前感到自在，而傲慢的仁慈则会给受益者带来心理上的负担。真正慷慨的高尚之处在于，施恩者会设身处地地为对方着想，以己度人，将心比心。这也正是"不要让你的左手知道右手在干什么"这句话所含的意义。

隐藏的不幸

4.在大灾大难面前，人们总会大显仁慈之心，慷慨解囊，全力进行灾后修复。然而，除了这些大规模的灾难外，还有无数个体灾难，那些身陷苦难却未曾抱怨之人未能得到关注。对于这些既不起眼又不为人知的不幸之人,真正的慷慨者总是知道如何主动找到他们,而不用等其上门求助。

　　这位不同寻常的妇人衣着朴实无华,举止却格外小心谨慎,身边还跟着位穿着简单得体的女孩,谁也不知道她是何身份。她走进了一间看上去脏兮兮的房子,显然她跟里面的人很熟,因为她在门口受到了尊敬的接待。她这是要往哪里去呢?她走上阁楼:有位母亲住在那里,身边围绕着一群孩子。看到这位妇人的到来,那些憔悴的面孔上露出了喜悦之情。她来是为了安抚他们的所有痛苦,并为他们带来所需之物,她说着温柔安慰的话,让他们能坦然地接受恩惠,因为这些不幸之人并不是职业乞丐。孩子们的父亲生病住院了,在这期间里,母亲已无以为继。多亏了这位妇人,这些可怜的孩子们才不至于忍饥挨冻;他们能穿着暖和的衣服去上学,最小的孩子也能喝到牛奶,不至于将母亲的乳汁榨干。如果他们中任何一个生了病,皆能得到悉心照顾。这位妇人还去医院看望了孩子们的父亲,让他不用操心家里的事情。街角候着一辆马车,那是一个名副其实的储藏室,她从里面拿出各种东西去探望其他病房。她从不问他们的信仰和观点,因为对她来说,所有人都是兄弟姐妹,都是上帝的儿女。在她做完这些事情后,她对自己说:我的一天有了一个美好的开始。她叫什么名字?她住在哪儿?没有人知道。对于不幸之人来说,一个名字并不能说明什么;但她是那位安慰天使,夜晚的时候,祝福的交响曲传到天父耳边,她所代表的天主教徒、犹太教徒、新教徒,无不为她祝福。她为何穿得如此朴素?因为她不愿以奢侈去侮辱贫穷。她为何要让小女儿陪着她？是为了让她学习如何行善。女儿也想行善，可母亲问她："我的孩子，既然你没有拥有自己的东西，你又能给予别人什么呢？如果我把东西给你，再让你交给别人，这样做，你又有何功德呢？事实上，在这种情况下，我是唯一一个行善之人；如果你接受了这份功德，这并不公平。在我们去看望病人的时候，你帮我照料他们，所谓给予，就是给予你自己所拥有的。你是不是觉得这还不够？那么，再简单不过了。你可以学做一些有用的物品，也可以为孩子们做衣服。这样，你就能拥有自己的东西。"因此，这位作为真正基督徒的母亲正在教育她的女儿践行基督所教导的美德。那她是一个灵性主义者吗？是不是又有何关系？

在家中，她不过是世间的一位普通妇人，这是她的地位决定的。然而，世人并不知道她是做什么的，因为她除了上帝和自己的良心之外，别无他求。可有一天，意想不到的事情发生了，有一个她曾经照料过的病人上她家推销手工制品。这位曾经的病人认出了自己的恩人，想要为恩人祝福。"嘘！"这位恩人说，"**不要告诉任何人。**"耶稣也是这么说的。

寡妇的捐献

5. 耶稣坐在布施箱对面，看着人们把钱投进箱中。很多有钱人向箱子里投了很多钱。一个寡妇走来，向箱子里扔了两枚小铜钱，这两枚硬币只值一分钱。耶稣把门徒们叫到一起，对他们说："我实话告诉你们：在所有捐钱的人当中，这个穷寡妇给的最多。因为别人捐的都是多余的钱，这个寡妇很穷，却把自己所有的钱都拿了出来，她是要靠这点钱维持生活的。"

（《马可福音》第 12 章第 41 节至第 44 节；《路加福音》第 21 章第 2 节至第 4 节）

  6. 很多人因为缺乏足够的资源而后悔不能做自己想做的事情；如果他们想要财富，他们会说这是为了好好地利用财富。他们的初衷固然值得赞扬，对某些人而言，这种想法可能非常真诚；然而，这毫无疑问就是完全公正的吗？难道没有这样的人：他们虽然有对别人行善的想法，却十分乐意先为自己做好事，给自己更多享乐，拥有现在所缺乏的奢侈品，然后将残羹冷炙留给穷人？这种别有用心的动机或许会被他们隐藏起来，但他们能在自己内心深处发现这种动机——只要他们愿意，只是这种初衷并无任何功德，因为真正的仁慈要求的是先人后己。在这种情况下，慈善的崇高性体现在运用自己的力量、智慧和才能，在自己的工作中找到所缺乏的资源，以实现慷慨行善的意图；这才是令耶和华喜悦的牺牲。不幸的是，大多数人都梦想着不用做出任何牺牲就能一夜暴富。他们所追逐的是隐藏的宝藏、偶然的好机会、意外的遗产等妄想之物。对于那些希望在灵性中找到帮手，来帮助自己寻找此类东西之人，我们能说什么呢？很明显，他们既不知道也不了解灵性主义的神圣目标，更不了解上帝允许灵性与人类交流的使命；在这一点上，他们也会受到欺骗的惩罚。（《灵媒之书》第 294 问和第 295 问）

  有的人行善纯粹是出于个人利益，这种人常会以自己能力微薄为借口，称自己虽有心行善，却无力助人，以此聊以自慰；他们实在应当想一想，贫苦之人微不足道却倾囊以授的捐献，与那些富豪之人一掷千金却不过九牛一毛的施舍相比，前者在上帝的天平上显然拥有更重的份量。若能广济天下，固然令人欣慰，即便不能，也应当直面现实，竭尽己能，勉力为之。再者，难道要抚慰痛苦，擦干眼泪，非金钱不可？一个人若想真心帮助他人，总会千方百计地寻找机会；只要用心去找，总能找到，不管什么方法——因为一个人但凡竭尽自己所能，总能为他人提供某种帮助，或是给予安抚慰藉，或是减轻身体或精神上的痛苦，或是做些有益之事。哪怕金钱有限，财力不济，难道就不能付出努力，付出时间，付出精力吗？这也是穷人的银币、寡妇的捐赠，虽微不足道，却难能可贵。

邀请穷人和瘸子；施恩不图报

7. 然后，耶稣又对邀请他的那个人说："你招待午餐或晚餐时，不要邀请你的朋友、兄弟、亲戚或富有的邻居，因为，他们这些人将回请你，那样的话，你就得了回报。但是，你摆宴席时，要邀请穷人、残疾人、瘸腿的和瞎眼的，他们拿不出什么东西回报你，这样，你就有福了，因为你们将在虔诚之人复活的日子里得到报偿。"

当时，与耶稣同桌吃饭的一个人听到了这些话就对耶稣说："能在上帝王国里享受筵席的人是多么有福啊！"（《路加福音》第14章第12节至第15节）

8. 耶稣说：在你摆宴席的时候，不要邀请你的朋友，只邀请穷人和瘸子。如果单从字面上看，这番话听上去颇为荒谬，但若深究其蕴含的精神，却是庄严而崇高的。耶稣的意思并不是说，一个人只能邀请大街上的乞丐同桌吃饭，而不能设席款待朋友。这番话只是一种比喻，考虑到有的人无法领会思想的微妙之处，耶稣特地运用了一种生动的形象，以达到掷地有声的效果。耶稣说："他们拿不出什么东西回报你，这样，你就有福了。"这句话充分体现了耶稣这一思想的实质，它的意思是指一个人不应为回报而行善，而当唯以行善为乐。为了进行生动的比较，耶稣要你们邀请穷人参加宴会，因为你们知道他们没有办法回报你们。有一点需要明白，此处的"宴席"并不是狭义地指设宴款待本身，而是让他人分享自己的富足之物。

然而，这一词语也有可能具有更表面的意义。不少人设宴摆席只邀请那些"能让他们脸上增光"之人——如其所言——或那些会回请他们之人！相反，有的人却乐于邀请那些不如自己幸运的亲戚或朋友。谁家里没有这样的人呢？有时，这是一种行大善而不张扬的方式。他们未邀请盲人和瘸子同席而食，却是在践行耶稣的箴言，只要他们是出于仁慈之心，而非炫耀之意，只要他们是真心行善，而非唯利是图。

灵性所传教义

物质仁慈与道德仁慈

9. "我们要彼此相爱，要像你希望别人对待自己一样对待别人。"任何一种宗教，任何一种道德，几乎都可以归结为这两条戒律。在这个世界上，如果你能遵守这一戒律，就能获得圆满。世间不再有仇恨，也不再有纷争。甚至，不再有那么多贫困潦倒之人，因为富人懂得扶危济贫，穷人从此温饱有依，在我上一世居住的黑暗

第十三章：不要让你的左手知道右手在干什么

小巷里，再也看不到贫穷的母亲拖着可怜的孩子，过着凄惨无助的生活。

你既是有钱人，就当好好想一想：要尽可能地帮助不幸之人；上帝终有一天会报偿你所做的一切，当你脱离凡胎俗体时，便会发现一群充满感激之情的灵性等着迎接你进入一个更有福的世界。

能在另一边见到自己生前所帮助过的人，你知道我有多高兴吗？

所以，要爱你的邻居。要爱他们如同爱你自己，因为你现在清楚，你所拒绝的那个不幸的同胞有可能是你的兄弟、父亲或朋友；否则，以后在灵性的世界认出他们，你一定会感到无比绝望！

我希望你能充分了解**道德仁慈**所蕴含的意义，这是一种人人都能展示的仁慈，**无需花费**物质上的代价，却很难真正付诸实践。

道德仁慈在于人与人之间的互相支持，在你今世投生的低阶世界，几乎鲜有人能做到这一点。相信我，当你听到一个不如自己的蒙昧之人信口开河时，要懂得让自己闭口不言，这是大功一件，也是另一种形式的仁慈。当你听到嘲弄的话从尖酸刻薄之人嘴里脱口而出时，要懂得对此充耳不闻；当你在走近那些通常自视甚高的人们，看到他们对你露出不屑一顾的笑容时，要懂得对此不以为然，因为他们的灵性生命——**真正的生命**——有时远非如此：这些行为皆为功德之举，不是出于谦卑，而是出于仁慈，因为忽视他人过错本身就是道德仁慈的体现。

只是，这种仁慈不能妨碍另一种仁慈；尤其是不要忽视你的邻居。要记住我对你说的这一切。千万要记住，你拒绝的那个可怜之人，其皮囊中可能寄居着你曾经珍爱的，如今等级位居你之下的灵性。我自己就再次见到了你们世间的一个可怜人，前世我有幸帮助过他几次，**如今我却要反过来向他求助。**

记住耶稣说的，我们都是兄弟姐妹；在拒绝麻风病人或乞丐之前，一定要思虑清楚。再见了，想想那些受苦之人，并为他们祈祷吧！（罗莎莉修女，巴黎，1860年）

10. 我的朋友们，我听到你们中许多人对自己说：我怎样才能做善事？好多时候，我甚至连自己都捉襟见肘！

我的朋友们，要做善事，其实有很多种方式。你可以从思想上、从言语上、从行为上去践行仁慈：在思想上，为孤独凄凉甚至从未见过光明的穷人祈祷，发自内心的祈祷将带给他们以安慰；在言语上，给日常的同伴提供一些良好建议，对那些因绝望和贫穷而痛苦，并因此亵渎神明的人说："我曾经和你们一样，也经历过痛苦，经历过不幸，但我相信灵性主义，你们看，我现在很幸运。"对那些慨叹"没用的，我已至风烛残年，行将就木"的老人，你可以说："上帝对我们所有人都是公正的，他会记住工人哪怕最后一小时所付出的努力。"对那些与人同流合污、对生活迷茫徘徊、欲屈服于邪恶诱惑的年轻人，你可以说："上帝在注视着你，我亲爱的孩子们。"不要担心这些轻言细语会被他们视为唠叨，这些思想终将在他们头脑中生根发芽，你会让他们变成顶天立地之人，而不是无恶不作的小流氓。这也是仁慈的一种表现形式。

你们中间有许多人会说："胡说八道！世间有这么多人，上帝不可能看到我们所有人。"听着，我的朋友们，当你站在山顶上，难道看不到山上覆盖着数十亿颗沙砾吗？"既然如此，上帝也是这般看着众生。上帝允许你们拥有自由的意志，就像那些在风中被吹散飘扬的沙砾，除此之外，上帝还以其无限的仁慈，在你们内心深度安置了一位警惕的哨兵，即"良心"。用心聆听，良心必会给你好的忠告。有时候，你若以邪恶的灵性来对抗它，它就会变得沉默不语。尽管如此，你也要相信，一旦你让那可怜的一度被遗弃的良心感受到悔恨的阴影，你就能听到它的声音。倾听且问询你的良心，你往往能从它的忠告良言中得到慰藉。

我的朋友们，一个将军会为每一个新的军团树一面新的旗帜。我告诉你们基督的箴言："彼此相爱。"践行这一箴言，以此为标杆，你定会得到幸福和安慰。
（守护灵性，里昂，1860 年）

善行

11. 我的朋友们，在这个世界上，善行会为你们带来最纯洁、最甜美的喜乐，带来福至心灵的喜乐，让你们的内心不再为悔恨和冷漠所扰。哦！但愿你们能理解美丽的灵魂拥有的慷慨大度，理解这其中的伟大和温柔——这是一种待人如待己的情感，一种有衣同穿、有福同享的情感！我的朋友们，但愿你们拥有的最美好的职业，莫过于让他人快乐幸福！如果你看到一群不幸之人和他们的孩子，看着孩子们不懂生活艰辛，只知道边叫边哭，嘴里直嚷着"我饿了"这句犹如利刃扎进母亲心里的话，这时，你作为神的代表，将欢喜带给这些只知生活沧桑与痛苦的家庭，忽然之间，你发现那些面黄肌瘦的脸庞因为有了希望而变得明亮，那么，世间的享乐又岂能与这一幸福的时刻相比？哦！你们要真正理解，当这些刚刚还满心绝望之人看到了重生的快乐时，他们会拥有怎样兴高采烈的感受！你们要真正理解自己对于兄弟姐妹所应承担的义务！去吧，去结识那些不幸之人，尤其是去帮助那些境遇悲惨却鲜有人知之人，因为这是最令人悲伤的情况。去吧，我亲爱的朋友，记住救世主的话："无论何时你给这些小家伙衣服穿，记住你是在对我做这件事。"

啊，仁慈！这个崇高的词语涵盖了所有美德，而你们正是带领世人走向幸福之人。他们应践行你们所传授的教义，以期在来世拥有无限喜乐，你们应成为他们被放逐到地球时的慰藉，让他期待日后在仁爱的上帝怀抱中重聚时所享受的喜乐。哦，神圣的美德，正是你赐予了我在世间享受的幸福时光。愿我那些道成肉身的兄弟姐妹相信我这样一位朋友对他们说的话：仁慈在于你必须寻求内心的安宁、灵魂的满足以及对生活苦难的补偿。哦！在你埋怨上帝时，请低下头，看看有多少苦难之人需要你的救济，有多少贫穷的孩子无家可归，有多少老人得不到友善的帮助，或是至死无人问津！有多少善事等着你去做啊！哦！不要抱怨，相反，要感谢上帝，慷慨地将你的同情、仁爱和金钱施予世间那些一无所有之人，那些饱受痛苦与孤独之人！这样一来，你就

能在这世间收获最甜美的喜乐，而在这之后……只有上帝知道！...（阿道夫，阿尔及尔主教，波尔多，1861年）

12. 做好事，做善事——这是你手里握着的进入天国的钥匙。在这条"彼此相爱"的箴言中，包含了一切永恒的幸福。若不为他人付出，灵魂便不能飞升到更高的灵性领域；唯有慈悲为怀，才能享有幸福和安慰。要积德行善，扶持你的兄弟姐妹，根除自私自利的可怕陋习。履行这一职责，便是在为你们自己开辟通往永恒幸福的道路。而且，你们当中谁不曾在听到高尚的自我牺牲和真正的慈善事迹时，感受到心灵的震撼，内心洋溢着无比的快乐？一个人若只追求行善所带来的幸福，其灵性就会不断升华进步。世间从不缺少榜样，缺少的只是你们鲜有的善意。看古往今来有多少正义之士永载史册、千古流芳。

难道基督没有将一切关于仁慈和仁爱的美德故事都告诉你们吗？你们为何对他的神圣教导置之不理？为何对他的圣言善语充耳不闻，对他的温语箴言无动于衷？我希望你们更多人能喜欢并相信《福音书》。但你们却对其弃之不理，将其变为空洞之辞、无稽之谈；这一神奇法典早已被世人抛诸脑后；你们的弊病不过在于你们故意摒弃了这一对神圣律法所做的精辟总结。所以，读一读那些关于耶稣无私奉献的章节吧，好好想一想。

强者当做好准备；弱者当以温顺和信仰为武器。要更有说服力，让你们新创立的学说得到更持久传播。我们来并不仅仅只是给予鼓励，更是为了激发你们的热切之情，以及上帝允许我们显灵向你们展现的美德。一个人若有此心意，所需的不过是上帝的帮助和自己的意愿；惟闭目塞耳、内心固执之人，才需要显灵。

仁慈是一种基本美德，是世间一切美德的根基。没有仁慈，其他一切皆不复存在。没有仁慈，就没有对来世更美好的希望，也就没有道德利益引导我们前行。没有仁慈，就没有信仰——因为信仰只不过是一束纯净的光，它能让仁慈的灵魂熠熠生辉。

仁慈就是拯救世界的永恒的支柱。这是对造物主自身最纯粹的体现。上帝将自己的美德赋予了他的造物。你们怎么会辨识不出如此至高无上的美德呢？但凡以此为念，心中还能有什么邪恶能抑制和驱逐这无比神圣的情感呢？什么样的孩子会如此邪恶，以至于背叛仁慈的甜蜜爱抚呢？

我从不敢自吹自擂，因为灵性对自身行为亦承行谦虚低调的原则；尽管如此，我认为自己开始了其中一项工作，这一工作的目的就是为解救世人做出最大贡献。我经常看到其他灵性要求继续履行我的使命。我看到他们，我亲爱的兄弟姐妹们，在其仁慈而神圣的职责中践行着我向你们推荐的美德，享受着一生奉献和牺牲带来的所有欢乐。看到他们的品格倍受推崇和尊重，他们的使命倍受爱戴和关注，我感到无比幸福。哦，善良坚强的人们，要团结在一起，广行善事，大显仁慈。在践行这种美德的过程中，你们会得到报偿。从今生开始，没有什么属灵的喜乐你无法拥有。你们当万众同心，谨遵基督戒律，彼此相爱。阿门！（圣·文森特·德·保罗，巴黎，1858年）

13. 我名叫仁慈，是通往上帝的主要道路。跟着我，因为我是你们必须为之奋斗的目标。

今天早上，我像往常一样四处巡视，然后心情沉重地来告诉你们：哦！我的朋友们，很不幸，这世间还有这么多，多得难以计数的伤心流泪之人等着你们去一一抚慰！我徒劳地想要安慰那些贫穷的母亲，告诉她们："你们要有勇气！有善良的心守护着你们；你们不会被遗弃。你们也要有耐心！上帝就在那里；你们受他的仁爱，是他的选民。"她们似乎听到了我的话，便把她们忧郁的大眼睛转向我。我从她们可怜的脸庞上看出，她们的身体——控制灵性的暴君——饥饿难耐，尽管我的话可能会给她们的心带来一点平静，但并未填满她们的胃。我又对她们说："要有勇气！要勇敢！"这时，有一位可怜的年轻母亲正在给婴儿喂奶，她将自己的孩子抱在怀里，并将他举到空旷的地方，仿佛要我去照看那个因乳汁贫瘠而营养不良的小家伙。

在别的地方，我的朋友们，我还看到了贫穷的老人因为没有工作而无家可归，饱受饥寒交迫的折磨，他们为自己的贫穷感到羞愧，从未乞讨过，也不敢乞求旁人的怜悯。带着一颗充满怜悯的心，我这个一无所有之人，成为了他们的乞丐。我无论走到哪里，都会去鼓励世人行善，启发慷慨而富有同情心的灵魂心怀善念。这就是我来到这里的原因，我的朋友们，我想告诉你们：世间到处都有不幸之人，他们的厨柜里没有面包，壁炉里没有火苗，床上没有毯子。我不必告诉你们该做什么，只把主动权留给你们的善心。如果我告诉你们怎么做，你们的善行就不会给你们带来功德。我只想告诉你们：我是仁慈，我代表你们那些受苦的兄弟姐妹向你们求助。

不过，既然我向你索求，我自然也会给予你们，且会给予很多。我会邀请你们参加一个盛大的宴会，并为你们准备了一棵大树，一棵能让人心满意足的大树！看哪，这棵树是何等漂亮，开的花是何等繁盛，结的果是何等丰硕！去吧，去从那棵美丽的大树上将所有果实都摘下来。我会把你们所作的一切善行挂在剩下的枝叶上，然后将这棵树带到上帝跟前，以便上帝再次让这棵树硕果盈盈——因为恩典是无穷无尽的。所以，我的朋友们，请跟我来，好让我将你们纳入我的麾下。不要害怕，我会引导你们走上救赎之路，因为我是**仁慈**。（卡里塔斯，在罗马殉道，里昂，1861 年）

14. 践行仁慈的途径有很多，你们中有许多人将慈善与施舍混为一谈；但事实上，两者有很大不同。我的朋友们，施舍有时的确是有用的，因为它能减轻穷人的痛苦；但无论是给予者还是接受者，几乎总会感到一种羞辱。与此相反，慈善是联系施恩者和受益者之间的纽带，它可以演变为多种形式。一个人若要善待自己的家人和朋友，可以宽容他们，原谅他们的软弱，小心地不要伤害他们的自尊。而作为灵性主义者的你们，可以如你们对待那些不信奉这一思想之人一样践行仁慈；你们可以引导蒙昧之人相信并接受这一思想，但不要打击他们，也不要去攻击他们的信念，而是亲切地邀请他们参加我们的聚会，在那里，他们可以倾听我们的教义，我们也能找到走进其内心的方法。这是仁慈的一个方面。

第十三章：不要让你的左手知道右手在干什么

现在，听一听仁慈对穷人意味着什么，对于那些在世间流离失所的人们，如果他们能毫无怨言地接受自己的贫穷，那么他们终将得到上帝的补偿；而这一切倚赖于你们。我将用一个例子来说明我的意思。

我每周都会参加几次老少咸宜的女士聚会。你知道，对我们而言，她们都是姐妹。她们在做什么呢？她们翻飞着灵巧的手指，迅速地做着手上的工作。你会看见她们的脸庞如此容光焕发，她们的心情如此激动不已！可她们究竟是为了什么呢？她们看到冬天即将来临，穷人家的日子会很难捱。这些"蝼蚁之人"未能在夏天存下足够的粮食，家中财物差不多已典当一空。可怜的母亲伤心落泪，担心自己的孩子会在这个冬天忍饥挨饿！要有耐心，可怜的母亲。上帝启发了那些比你们更幸运之人。她们聚在一起，正在缝制小孩的衣服，等到白雪覆盖大地，你在抱怨说"上帝不公"时——受苦之人通常都会这么说——这些好心的劳动者便会派自己的孩子装成穷人的仆人，来到你的家门口。是的，她们是在为你工作，你的抱怨会变成祝福，因为在不幸之人心中，爱紧随于仇恨之后。

由于这些劳动者都需要鼓励，所以我看到来自四面八方的善灵纷纷显灵。参加这个小组的男士也以读物的形式提供了支持，这让所有人都高兴不已。为了回报所有人的热情，尤其是对每个人一一回报，我们自己也向这些辛勤的劳动者保证，他们会得到上帝赐予的祝福——这是天堂里唯一的货币。我们还向他们保证，只要他们这样做，就一定不会缺少这种货币。（卡里塔斯，里昂，1861 年）

15. 我亲爱的朋友们，每天我都会听到你们对彼此说："我很穷，我没法做善事"，每天我都会看见你们对自己的同伴缺乏宽容。你们不原谅他们所做的任何事情，时不时把自己变成严厉的法官，而从不问自己，如果他们如此待你们，你们是否会感到快乐。宽容不也是仁慈吗？唯有懂得宽容，才能践行仁慈——不仅要这样做，还要广施仁慈。关于物质仁慈，我想给你们讲一个来自另一个世界的故事。

两个人刚刚去世。上帝曾说过："这两个人生前所做的所有善行都会被分别装入一个袋子里，待他们死后，将对袋子称重。"等他们到了最后时刻，上帝要求将这两个袋子放在他面前。一个又大又鼓，塞得满满的，里面全是硬币；另一个又小又薄，透过布料只看到里面有寥寥几个硬币。每个人都一眼认出了自己的袋子。"那是我的，"第一个人说，"我认得出来，因为我生前很富有，施舍过很多东西。""那是我的，"另一个人说，"我生前一直很穷，唉！我几乎没什么可以分享的。"可是，令人意想不到的事发生了！当把两个袋子放在天平上时，大的袋子变轻了，而小的袋子反而变重了，甚至超过了天平另一头的袋子。上帝对富人说："你给予了很多，这是真的，但你的付出只是为了炫耀，为了在虚荣的庙宇中看到你的名字；而且，你的付出并未让你失去什么。到左边去，为你的施舍已得到回报感到高兴吧！"然后，他对穷人说："我的朋友，你给的钱很少，但天平上的每一枚硬币都是你贫困的象征。"你虽然没有捐献什么东西，却也做了善事，更好的是，你自然地践行仁慈，从未有过功利的想法。你待人宽容，从不随意评判你的同胞；相反，你会为他们的行为寻找开托之辞。到右边去接受你的报偿吧！"（守护灵性，里昂，1861 年）

16. 有没有可能一个富有而幸运的主妇，不需要花时间做家务，却会为她的同胞进行数小时有用的劳作？她可以省下自己的奢侈享乐，将它用来为那些在寒风中瑟瑟发抖的可怜人买衣物。她可以用自己纤弱的双手，缝制一些简单却暖和的衣服，帮助一位母亲为她即将出生的孩子御寒。如果她自己的孩子哪怕少穿一点点蕾丝，那么这个可怜女人的孩子就能稍微暖和一点。为穷人工作，就是在耶和华的葡萄园里工作。

还有你，可怜的劳动者，你身无长物，却对你的兄弟姐妹充满了爱，想要付出自己所拥有之物，做几个小时的工作，你的时间就是你拥有的唯一财富。做一些吸引富人的漂亮手工艺品。然后利用晚上的时间将这些产品卖掉，你就能为你的兄弟姐妹提供帮助。也许你拥有的丝带会越来越少，但你会把鞋子穿在赤脚之人身上。

你们这些忠于上帝的女人也是在为上帝效力；愿你们精致而奢华的作品不只用来装饰你们的小教堂，也不只为了让人们赞叹你们的技巧和耐心。我的女儿们，你们要工作，要献出你们劳动所得到的报酬，用来帮助上帝的臣民。穷人是上帝的爱子；为他们工作就是在赞美上帝。上天会对他们说："上帝赐飞鸟以食物。"愿你们亲手织就的金丝银线能变成穷人的衣服和食物。做这些事情，你们的工作将蒙受福赐。

你们要付出自己创造的劳动成果；要付出你们的智慧、你们的热情和你们的心意，上帝必将赐福于你们。

作为诗人和作家，唯有上流社会才能读到你们的作品，你们尽管去填充这些人的闲暇时光，但请把你们创作的一部分收入用来救济穷苦之人。画家、雕塑家和各个流派的艺术家，愿你们的智慧也能帮助你们的兄弟姐妹。你们的声誉名望并不会有丝毫减损，但你们的援助却可以减轻许多人的痛苦。

你们每个人都可以付出。无论你的社会地位如何，你都拥有可以分享之物。无论上帝赐予了你什么，你都应当分一部分给那些一无所有之人，因为若将他们换成你，你也会因为有人与你分享而感到高兴。你在世间拥有的财富会减少，但你在天国拥有的财富会增多。在那里，你的收获将百倍于你在世间所做的善行。（琼，波尔多，1861 年）

同情

17. 同情是一种美德，它会让你们更加接近天使；同情是仁慈的姐妹，它会把你们带到上帝面前。啊！对于你们的同胞所承受的苦难和不幸，你们应心怀同情。你们的眼泪是疗愈他们伤口的一剂良药，当你们出于善意的同情，去重新点燃他们的希望，让他们懂得顺从忍耐时，你们将感到无比高兴！当然，这样的喜悦中包含着一丝苦楚，因为它与不幸相伴而生；但它没有世俗之乐的辛辣，故没有世俗享乐留下的令人刺痛的失望与空虚；它有一种穿透万物的温柔，能让灵魂充满喜乐。真切的同情即是爱；爱即是奉献；奉献即是忘我。这种忘我，这种代表不幸之人的自我否定，是一种难能可贵的美德，是神圣的弥赛亚终其一生所践行的仁慈，是其神圣崇高的教义中所宣扬的仁慈。当这一教义回归其初始的纯洁，并为所有人接受时，它便会为世人带来幸福，让和谐、和平和仁爱最终占据主导地位。

同情，是一种能让你克服自私和傲慢，从而实现自我进步的情感，是一种能让你的灵魂变得谦逊，并以仁慈和仁爱善待他人的情感！当你看到自己的兄弟姐妹在受苦时，同情之心油然而生，这种同情促使你向他们伸出援助之手，让你心怀怜悯、眼含热泪。所以，不要压抑你内心的这种神圣情感。不要像那些顽固自私之人一样，对苦难者避而不见，因为看到别人的痛苦会让其无忧无虑的生活增添片刻的不安。只要你能提供一丝帮助，就不要无动于衷。以难辞其咎的漠不关心为代价换来心灵的安宁，这安宁不过静如死海，如深处隐藏着恶臭黏液与腐烂物质的死海。

然而，对于自私自利之人而言，同情心实在太过麻烦和恼人，令人望而生畏！毫无疑问，在与他人的不幸接触时，灵魂会自动跳开，并感受到一种自然而深刻的痛苦，这会让整个灵魂受到震撼，给它带来极其痛苦的影响。但是，当你主动伸出友善之手，让一位不幸之人重新拥有了希望和勇气，他热泪盈眶，满怀感激地看着你，然后抬头仰望天国，感谢上天给了自己安慰和帮助，你所做的这一切都将得到莫大的报偿。同情虽然会让人感到悲伤，但它却是仁慈的神圣先驱，是所有美德之首。同情是仁慈的姐妹，它为仁慈奠定基础，并赋予仁慈崇高的品格。（米歇尔，波尔多，1862年）

孤儿

18. 我的兄弟姐妹，你们要爱所有的孤儿。只知道被人抛弃是一件多么悲伤之事，尤其是那些嗷嗷待哺的婴儿！上帝允许孤儿的存在，是为了让我们成为他们的父母。帮助一个可怜的被遗弃的孩子，使他免于挨饿受冻，引导他的灵魂，使他不至于堕落，这是多么神圣的仁慈啊！亲近被遗弃的孩子，这样的人会蒙神喜悦，因为他们理解并践行了上帝律法。再者，你多次帮助的孩子在另一世可能是你亲近之人，如果他或她能记得你，那就不再关于仁慈，而是关于义务。因此，我的朋友们，每一个受苦之人都是你的兄弟姐妹，都有权得到你的仁慈；但这不是伤人心的仁慈，也不是烫人手的施舍，因为这样的施舍往往令人感到心酸！倘若不是身患重病或家遭横祸，这些受苦之人多半不会接受这样的施舍！故施恩要讲究方式方法；除了善行，还要附上最难能可贵的：一句忠告的话语，一次轻轻的抚摸，一个友好的微笑。不要用那种居高临下的口气对人说话，那会令人心如刀割、血流不止，要记住，行善是为了你自己和你所爱之人。（熟悉的灵性，巴黎，1860 年）

忘恩负义

19. 有的人做了好事却遭到忘恩负义的回报，因为害怕遇到更多不领情之人，所以从此不再行善，对于这样的人，我们该如何看待？

这些人比仁慈之人自私得多，因为前者行善只是为了得到认可，并非出于无私的目的，而只有无私的善行才能蒙神喜悦。这一点也适用于他们的虚荣心，因为他们很乐于看见受助者对自己谦卑恭敬、感恩戴德的模样。那些在世间为善行寻求报偿之人，在天国将得不到任何报偿。相反，上帝必会考虑那些在世间不寻求回报之人。

无论任何时候都要扶助弱者，哪怕你事先知道受助者并不会对你所做的好事表示感激。有一点你可以肯定，假如你所帮助之人忘记了你的恩情，那么上帝给你的报偿必会超过这些人对你的感恩回报。**有时候，上帝允许人忘恩负义，其目的是在考验你是否有行善的恒心毅力。**

而且，你怎么知道暂时被人遗忘的善行不会在日后产生良好的结果呢？相反，它肯定是一颗迟早会生根发芽的种子。遗憾的是，你总是只看到眼前；你只为自己工作，而不为别人着想。毫无疑问，善行最终会软化哪怕是最坚硬的心。世间之人并不见得欣赏这些东西，可一旦受助者的灵性摆脱了肉体皮囊的束缚，灵性就会回想起这一切，而这一记忆将成为对他的惩罚。然后，灵性便会后悔自己曾经的忘恩负义，想要弥自己的过错，想在另一世还清债务——表现形式通常为接受尽心侍奉恩人的一生。因此，你无疑会为这一灵性的道德进步作出贡献，你将领悟到"恩情永不丢失"这句箴言蕴含的真理。此外，你的劳作也是为了你自己，因为你若无私地行善，不因幻想破灭而灰心丧气，就能修积功德。

啊！我的朋友们，如果你知道你的今生与前世的联系，如果你能把握人与人之间的多重关系，从而实现相互促进，你就更能理解造物主的智慧和仁善，他给你生

生世世的机会,直到你最终靠近他的身边。(守护灵性,桑斯,1862年)

排他善行

20. 对于善行的正确理解是否仅仅局限于拥有相同观点、相同信仰或相同政党之人?

并非如此,首先要废除的是宗派主义和政党主义,因为所有人都是兄弟姐妹。真正的基督徒只会将其同胞看作自己的兄弟姐妹,在帮助有需要的人之前,他们绝不会去询问对方的信仰或观点是什么。难道基督徒不应遵循耶稣基督的戒律——对人仁爱,哪怕是自的敌人,哪怕他们会驱逐那些宣扬不同信仰体系的不幸之人?

所以,要帮助他们,但不求他们以良心起誓,因为倘若他们是宗教上的敌人,用这种方式可以引导他们热爱我们的教义;若将他们打发走,只会让他们憎恨我们的教义。(圣·路易斯,巴黎,1860年)

第十四章：
孝敬父母

- 孝顺
- 谁是我的母亲和兄弟？
- 血肉亲缘关系与灵性亲缘关系
- 灵性所传教义
  .子女的忘恩负义与家庭纽带关系

1. 你知道上帝的诫命：不可杀人，不可通奸，不可偷盗，不可作伪证，不可欺诈，要孝敬父母。（《马可福音》第10章第19节；《路加福音》第18章第20节；《马太福音》第19章第19节）

2. 你要孝敬父母，使你在耶和华你神所赐你的地上，得以长久居住。（《摩西十诫》，《出埃及记》第20章第12节）

孝顺

3. "孝敬父母"这条诫命是仁爱和爱邻里这一普遍律法的结果；一个人如果连自己的父母都不爱，何以爱他人？只不过，"孝敬"一词从这一方面而言还有一项附加义务：孝顺。上帝以此指明，一个人爱父母，还必须对父母尊重、体谅、谦恭和顺从，这意味着我们有义务以更严格的方式向父母履行仁慈要求我们为他人所做的一切。这种责任理所当然地也应延伸到那些取代父母之人，他们的功德更甚，因为他们的奉献并非一种义务。凡是违反这条戒命之人，上帝总会予以严厉的惩罚。

孝敬我们的父母不仅需要尊敬他们，还意味着在他们需要之时为他们提供帮助，在他们年老时承欢膝下，待奉左右，让他们颐养天年，天伦永乐。

真正的孝顺体现在父母贫乏之际。什么才算是真正履行了这条诫命呢？是能让父母勉强糊口而不至于饿死，自己不费吹灰之力，却以为做了件了不起的大事？还是说，仅仅将父母扔在简陋无比的屋子里，让他们不至于流落街头就行了，自己却独自过着穷奢极侈的舒适生活？倘若子女这样做不是出于恶意，自己也不用以做家务的形式来换取子女对自己的赡养，这样的父母甚至会认为自己是幸运的！难道年老体衰的父母就理应成为年轻体壮的子女的佣人吗？有哪一个母亲让尚在襁褓中的孩子为自己的养育之恩支付过任何报酬？她何尝计算过孩子生病时，自己照顾过他们多少次，又何尝在意过满足孩子各种需求时，自己费尽了多少周折？非也！子女之欠父母，不仅仅在于当供给父母起码的生活之需，更在于竭尽所能让父母感受到照顾与关爱，正如自己儿时曾经受到父母的照顾与关爱一样，这是一笔神圣的债务。唯有这种孝顺才会为上帝所悦纳。

因此，一个人若不懂得感恩父母在自己幼弱之时给予自己的帮助，不懂得感恩父母不仅让自己拥有了健康的体魄，还让自己拥有了高尚的人格，不懂得感恩父母为了能让自己幸福安宁，再苦再累也任劳任怨，这样的人必将有祸。这些忘恩负义之人有祸了，因为他们自己也会受到忘恩负义的惩罚；他们将受到来自至亲至爱之人的打击，**有时是在现世的生活中**，当然也有可能是在另一个世界，到那时，他们曾让人承受过的，他们自己也要亲身承受。

的确，有的父母不承认自己的责任，对自己的子女未尽到父母应尽的义务；然而，上帝自会惩罚他们，但他们的子女不能。责备自己的父母不是为人子女该做之事，因为他们自己也许理应受到如此待遇。如果仁慈律法要求人们做到以德报怨，宽容别人的缺点，不讲他人的坏话，忘记和原谅别人的错误，甚至要爱自己的敌人，那么对于自己的父母又何止是这些义务呢？因此，子女对待自己的父母，必当遵循耶稣关于对待他人的所有戒律，而且每个子女都应当告诫自己，任何一种行为，若对陌人生而言是理当受到谴责的，那对自己的父母就更是如此，前者或许还仅仅是一个过错，后者就有可能演变成犯罪，因为此举不仅缺乏仁慈，还增加了一条忘恩负义的罪名。

4. 上帝说："你要孝敬父母，使你得以在你之神耶和华赐予的土地上长久居住。"可他为何要应许将尘世的生活，而非天国的生活作为奖赏呢？答案就在这句话中的"神所赐你的"，现代版本的《摩西十诫》中删除了这几个字，其意思就发生了改变。为了更好地理解这句话，有必要回顾一下希伯来人在被告知这句话时的情况和他们的思想。当时的希伯来人还不知道有来世，他们的视线也尚未超出血肉之躯的局限。故凡其所能见者，印象则深，凡其不可见者，印象则浅；正因如此，上帝才会用适合他们的语言对他们说话，就像面对孩子时，人们总会用适合孩子的方式对他们说话。在当时，希伯来人居住在沙漠里，神**赐给**他们的地就是应许之地，这是他们心之所向的目标。除此之外,他们别无所求,所以上帝告诉希伯来人,他们将长久居住,意思是指,如果他们遵循神的诫命,就能长久居住在此。

而等到耶稣到来的时候,希伯来人已经拥有了更加成熟的思想。是时候给他们一些不那么物质化的营养了,所以耶稣向他们提到了灵性生命,对他们说:"我的国不属于这世界;你们的善行将在那里,而不是在这世间得到报偿。"这句话将物质上的应许之地变成了天堂里的家园。此外,耶稣还要他们遵循"孝敬父母"的诫命,他所应许他们的不再是大地,而是天堂。(参见第二章和第三章)

谁是我的母亲和兄弟?

5. 然后,耶稣回到家乡。很多人又聚集在那里,人多的使耶稣和他的门徒们都没法吃饭。耶稣家人听说这些事,就出来管他,因为人们说**耶稣疯了**。

这时耶稣的母亲和兄弟们来了。他们站在屋子外面,叫人进门去找耶稣。有很多人正围坐在耶稣身边,他们当中有人对耶稣说:"快瞧,你的妈妈和兄弟姐妹在外边等你呢。"耶稣答道:"谁是我的母亲和兄弟?"他环顾坐在屋里的人,说:"我的母亲和兄弟就坐在我身边呢!谁执行上帝的意志,谁就是我的母亲和兄弟姐妹。"(《马可福音》第 3 章第 20 节、第 21 节和第 31 节至第 35 节;《马太福音》第 12 章第 46 节至第 50 节)

6. 耶稣说的有些话看起来很奇怪,似乎掩盖了他对每一人的仁善和永远不变的仁慈。不信主的人总是喜欢把这当作武器,说他自相矛盾。然而,不可否认的是,耶稣的教义的确是以仁爱和仁慈律法为根本和基石。因此，他不可能一方面创立自己的教义，一方面又去否定自己的教义，所以我们只能得出一个不可更改的结论，即如果耶稣的某些箴言与上述基本原则存在矛盾，那只是因为那些被认为是耶稣所说的话，要么转述有误，要么理解有误，或者根本就不是他的原话。

7. 在这种情况下，可以理解为何耶稣会对他的家人表现出如此的冷漠，并以某种方式否认了他自己的母亲。

至于他的兄弟，据说他们从来不怎么看重他；他们是进化程度较低的灵性，完全不理解他的使命；在他们看来，耶稣的行为很奇怪，他的教导也未能触动他们，因为他在他们中间并无一个门徒。在某种程度上，他们甚至可能和他的敌人有相同的偏见。事实上，每当他与家人见面时，他们对他的欢迎更多的是作为一个陌生人，而非作为一个兄弟。约翰还特别提到："甚至连耶稣的兄弟们也不信仰他。"（《约翰福音》第7章第5节）

至于耶稣的母亲，没有人会怀疑她对儿子的温柔。然而，人们也不得不承认，她对于耶稣的使命似乎并无一个非常清晰的认识，因为她从来没有像施洗约翰那样遵循他的教导，或者像施洗约翰那样为他作证；她对于耶稣的主要情感源于母亲的关怀。就耶稣而言，有人认为他否认自己的母亲就是显露了他性格中愚昧无知的一面：可拥有这种想法的人，不可能成为那个说"要孝敬父母"之人。为此，有必要从另一层含义去理解耶稣的话，这类含义几乎总是蕴藏于寓言的面纱之下。

耶稣从不浪费任何可以教导世人的机会；所以他借家人的到来，阐述了血肉亲缘关系与灵性亲缘关系的区别。

血肉亲缘关系与灵性亲缘关系

8. 血缘纽带关系并不一定能在灵性之间建立联系。肉体源自于肉体，但灵性并不源自于灵性，因为灵性在肉体形成之前就已经存在了。父母并未创造孩子的灵性，他们不过是为孩子提供了肉体皮囊而已，但父母有责任帮助孩子的智力发育和道德培养，从而帮助他们进步。

投生于同一个家庭中的灵性——尤其是有至亲关系的灵性，通常是拥有情感共鸣的灵性，他们以往的关系是通过尘世生活中的相互感情建立起来的。尽管如此，这样的灵性也有可能是彼此完全陌生的，他们因前世的反感而分开，现在则演变成了作为一种考验的仇恨。因此，真正的家庭纽带关系并不是血缘纽带关系，而是情感共鸣和心意相通的纽带关系，这种纽带关系使得灵性在道成肉身**之前**，道成肉身**期间**以及道成肉身**之后**彼此相连。这样一来，就会出现这种情况：两个毫无血缘关系之人比两个拥有血缘关系的兄弟在灵性上更像是兄弟。前者可能互相吸引，互相寻找，喜欢待在一起，而后者可能互相排斥——这样的例子可谓不胜枚举。对于这一道德问题，只有灵性主义的多生多世才能解释得清楚。（参见第四章第 13 节）

所以说，家庭可以分为两种类型：**基于灵性纽带关系的家庭和基于肉体纽带关系的家庭**。前者是永恒的，它会通过净化而加强，并通过灵魂的多次迁移而在灵性世界中永存。后者是脆弱的，就像物质本身一样，它会随着时间的推移而消失，甚至在现世中就会出现家庭的道德解体。这就是耶稣对他的门徒说"我的母亲和兄弟就坐在我身边呢"这句话所要表达的意思；言下之意是指，我的家庭是通过灵性的纽带关系建立的，因为"谁执行上帝的意志，谁就是我的母亲和兄弟姐妹"。

耶稣的兄弟们对他的敌意在马克的叙述中有明显的体现，他说他们的目的是要以耶稣疯了为借口来控制耶稣。当别人告诉耶稣他的兄弟们来了时，他知道他们对自己的感觉，所以站在灵性的角度来说，耶稣会自然而然地将他的门徒称之为"这是我真正的兄弟"。他的母亲和他的兄弟们在一起，所以耶稣对这一教导进行泛化总结，但这并不意味着生他养他的母亲对于他的灵性而言毫无意义，也并不意味着他对自己的母亲毫无感情；他在其他许多场合的行为恰恰证明与之完全相反。

灵性所传教义

子女的忘恩负义与家庭纽带关系

9.忘恩负义是自私自利最直接的结果之一。这总会令诚实的心灵感到憎恶。然而，子女对父母的忘恩负义还有一个更可憎的特点。我们将着重从这一角度来看待忘恩负义，以对其原因和影响进行分析。与所有其他情况一样，针对这种情况，灵性主义在于阐明人类心灵的问题。

在离开尘世时，灵性会带走其本性中固有的激情或美德，然后它会进入灵性世界，或者完善自我，或者停滞不前，直到它想要看到光明。因此，有的人会带着强烈的仇恨和永不满足的复仇欲望离世，而有的人比其他人更先进，他们能窥见一部分真相。他们意识到自己的激情所带来的灾难性后果，所以决心做得更好。他们知道，接近上帝的密码只有一个，那就是：**仁慈**。然而，不懂得原谅他人的罪过和错误，则毫无仁慈可言；心中只有仇恨，而没有宽恕，则也毫无仁慈可言。

接下来，在经过了前所未有的努力后，这些灵性看到了他们在世间所憎恨之人，然而，只此一眼，他们心中的仇恨就又死灰复燃；他们反对宽恕，甚至更加反对自我克制，尤其是这意味着要去爱那些可能毁了他们的财富、荣誉或家庭之人。可尽管如此，这些不幸的灵性心里却在颤抖。他们犹豫了，放弃了，内心自相矛盾的情绪让他们困扰不已。如果改善自我的决心赢得了胜利，他们就会向上帝祈祷，祈求善灵在考验的关键时刻给予他们力量。

经过多年的冥想和祷告，灵性最终受益于利用他曾经仇恨的家庭所赋予他的肉体；他请求指派传达神圣指令的灵性允许自己完成这具肉体原本应在尘世间经历的命运。那么，作为这个家庭的一员，他将如何行事呢？这取决于他改善自我的决心有多坚毅。要天天和曾经憎恨之人打交道，这是一个痛苦的考验，如果他的意志不够坚定，有时就会屈服于这一考验。因此，根据他向善或向恶的决心，他要么成为被召唤来与他共渡今生的那些人的朋友，要么成为那些人的敌人。这恰恰可以解释那些仇恨的来源，以及为何有的孩子身上表现出一种本能的排斥，而这种本能的排斥似乎毫无先兆依据。事实上，现世的生活中没有任何东西会引起这种反感。要理解它的缘由，我们必须从前世去找原因。

哦，灵性主义者啊！你们要理解人类所扮演的重要角色；要明白，一个肉体在诞生时，化身其中的灵魂来自于灵性世界，它之所以要道成肉身是为了获得进步；你们要知晓自己的责任，要投入全部的爱以引导那个灵魂到上帝那里去。这就是托付给你们的使命，如果你们忠实地履行这一使命，必会得到报偿。你们给予这个灵魂的关爱和教育将有助于它的自我完善和未来的幸福。记住，上帝会问每一个父亲和母亲："你为我托付给你的孩子做了什么？"孩子的幸福与否依赖于你们父母，他们若因你们的过错而停滞不前，那么你们所受到的惩罚就是看到他们与受苦的灵性为伍。因此，被悔恨折磨的你们请求弥补自己的过错，请求让自己和孩子重新转世投生，这样你们能就给予孩子更多的启迪和关爱，反过来，孩子也会对你们充满感激，报之以爱。

所以，不要责备那冷落母亲的幼童，也不要责备那忘恩负义的孩子。他们之所以这样，之所以给了你，这并非偶然。它所呈现的是对前世不完美的一种直觉，通过这一直觉可以推断出，你们当中有一个曾经怀有极大的怨恨，或受到过极大的冒犯，而另一个是来宽恕或赎罪的。所以，母亲啊！你要拥抱那个给你找麻烦的孩子，对自己说：我们当中有一个是应当受责备的！教导你们的孩子，让他们在世间改善自我，懂得仁爱，懂得祝福，这样你们才值得上帝赋予母性的神圣欢乐。不过，遗憾的是，你们中有很多人并未通过对孩子的教育消除他们前世与生俱来的邪恶倾向，而是因为应受谴责的软弱或疏忽大意导致这一邪恶倾向不仅没有减轻，反而愈演愈烈，到后来，你们因孩子的忘恩负义而心碎不已，对你们而言，你们的赎罪从这一世就已经开始了。

然而，这项任务并不像你们想象的那么难。它并不需要世间的智慧。无论是目不识丁之人，还是博学多识之人，都能做到这一点；灵性主义的目的就是要让世人了解人心存在缺陷的原因，从而帮助人们完成这一使命。

从婴幼儿时期开始，孩子们就会表现出他们从前世带来的向善或从恶本能，对此，我们有必要好好研究。所有的邪恶都源于自私自利和傲慢虚荣，所以要细心观察透露这些恶行种子的蛛丝马迹，并且要小心对付，以免它们变得愈发根深蒂固。要做个好园丁，在那些有缺陷的嫩芽刚从树上长出来时就立即将其砍掉。如果任由自私自利和傲慢虚荣发展，就不要惊讶于你日后会得到忘恩负义的回报。如果父母为了孩子的道德进步已尽其全力，却收效甚微，那么他们无需自责，可以心安理得。他们难免会为自己付诸努力却徒劳无功而感到心痛，对此，上帝会为他们预备一个莫大的安慰，这一安慰是确信无疑的，只不过会推迟给予——即他们在这一世开始的工作，会在下一世收获成果，终有一天，那曾经忘恩负义的孩子将用爱来报答他们。（参见第八章第19节）

上帝从不将考验强加给那些虽主动请求，却能力不足之人；他只允许本人有能力完成的考验。对于那些未能成功之人来说，并不是因为他们缺乏能力，而是因为他们缺乏意愿，因为有许多人非但没有抵制自己的邪恶倾向，反而以此为乐。正因如此，痛苦的泪水和哭声在后一世中被保留了下来。所以，赞美上帝的仁善吧，因他从不关闭悔改的大门。行恶之人终有一天会厌倦苦难，他们的傲慢虚荣终有一天会得到控制，那时，上帝会张开天父的双臂，拥抱那个曾经自暴自弃的浪子。你们要好好听我说，**严酷的考验若是出于对上帝的爱而被接受，几乎总是标志着苦难的结束和灵性的进步**。有一点尤为重要，一个人如果不想失去这种考验的成果，不想再从头来过，那在最后一刻到来时就不要抱怨。不要抱怨，要感谢上帝给了你成功的机会，从而给你胜利的奖赏。然后，当你离开世间的旋风，进入灵性世界，你将像凯旋的战士一样受到称赞。

  在所有的考验中，最艰难的莫过于那些关乎心灵的考验。有的人能勇敢地忍受悲惨的境遇和物质的贫乏，却屈服于家庭的痛苦，屈服于其所爱之人因忘恩负义对自己造成的伤害。哦！那是怎样难以言喻的心碎啊！然而，在这样的情况下，你能理解邪恶的根源，确信即使痛苦漫长难熬，绝望也不会永无尽头，因为上帝不希望他的造物永远受苦——还有什么比这更能彰显道德的勇气呢？你知道一切取决于自己的努力，只有摧毁内心的邪恶根源才能缩短你的痛苦——还有什么能比这一想法更令人欣慰、更令人鼓舞呢？然而，要做到这一点，你的眼里不能只盯着今生今世；你应在前世与来生的无限循环中不断提升自我，不断盘旋飞升。然后，上帝会向你显现他的伟大公正，你要耐心等待，因为你知道世间的怪物是何方神圣，也知道你在尘世所受的伤害不过微如抓痕。有了对全局和整体的认知，家庭纽带关系便会散发出其真正的光芒。它不再是维系家庭成员的脆弱物质纽带关系，而是灵性间持久的纽带关系，它会随着灵性的净化不断延续和加强，而不会因轮回转世破裂中断。

志趣相投、道德水平相当、情感相合的灵性会聚集在一起组成家庭。在经历尘世的迁移时，这些灵性会寻找彼此，以便他们能像在灵性世界一样聚集在一起，这样一来，具有统一性和同质性的家庭由此诞生。即使在游离期间暂时分开，他们也会在日后找到彼此，并为彼此最近的进步而高兴。但既然他们不能只为自己而工作，那么上帝会允许较低级别的灵性与他们一起道成肉身，以便接受他们的忠告，以他们为良好的榜样，从而实现低阶灵性的自我进步。这些低阶灵性有时会引起麻烦，但这正是考验所含的要素之一，也是任务的关键所在。因此，要欢迎这些灵性成为自己的兄弟姐妹。来帮助他们吧，然后，在灵性世界，这个家庭会因为拯救了被遗弃之人而感到高兴，而这些人反过来也能拯救别人。((圣·奥古斯丁，巴黎，1862年)

第十五章：
非仁爱无以救赎

- 为了得到救赎需要什么？关于善良的撒玛利亚人的寓言
- 最重要的诫命
- 保罗说需要仁慈
- 非教会无以救赎；非真理无以救赎
- 灵性所传教义
   .没有仁慈，就没有救赎

为了得到救赎需要什么？
关于善良的撒玛利亚人的寓言

1. 人子将带着他的天使在荣耀中降临人间，坐在他辉煌的宝座上。世上的人们都将聚集到他面前。他将把他们分开，就像牧羊人把绵羊和山羊分开一样。他把绵羊放在他右边，把山羊放在左边。

然后，王将对他右边的人说："过来，你们这些人得到了我父的祝福，继承自从创世以来为你们准备好了的天国。你们能有它，是因为当我饥饿时，你们给我食物；当我口渴时，你们给我水喝；当我独在异乡时，你们邀请我到你们家里；当我衣不蔽体时，你们给我衣服穿；当我生病时，你们照料我；当我坐牢时，你们来看望我。"

正直的人会对他说："主啊，我们什么时候看见您饿了给您吃的？什么时候看见您渴了给您喝的？什么时候看见您独在异乡时留您住宿了呢？什么时候看见您衣不蔽体而给您衣服穿了呢？我们又在什么时候看见您病了或者坐牢而来看望过您呢？"王回答他们说："我实话告诉你们，不论什么时候，你们帮助我这些最卑微的兄弟中的任何一个人，你们就是在帮助我。"

接着，王对他左边的人说："走开，你们这些上帝决定要惩罚之人，到那永不熄灭的烈火中去吧，那是为魔鬼和他们的天使准备的。因为我饥饿时，你们没有给我食物；我口渴时，你们没有给我水喝；我独在异乡时，你们没有留我住宿，我衣不蔽体时，你们没有给我衣服穿；我生病和坐牢时，你们没有来照顾我。"

那些人回答说："主啊，我们什么时候看见您饿了、渴了，独在异乡，没有衣服穿，生病或坐牢而没有帮助您呢？"王会对他们说："我实话告诉你们，不论什么时候，你们拒绝帮助这些最卑微之人中的任何一个，就是在拒绝帮助我。"

于是，那些邪恶之人将去得到永久的惩罚，而正直之人将获得永生。（《马太福音》第25章第31节至第46节）

2. 此刻，一个律法专家站起身来，他想试探耶稣，说道："老师，我该做什么，才能得到永恒的生命呢？"耶稣对他说："律法里是怎么写的？你读到的是什么呢？"那人回答说："要全心全意，尽力、尽智地去爱主——你的上帝，还有爱邻居如爱己。"耶稣对他说："你回答得对。照这样做，你就可以得到永恒的生命。"

可是，那个人却想证明自己是正确的，就对耶稣说道："可谁又是我的邻居呢？"耶稣回答他说道：

"从前，有一个人从耶路撒冷出发到耶利哥去，可是在途中却落到了强盗的手里。强盗们剥掉了他的衣裳，又狠狠地打了他一顿，然后便扬长而去，把那个被打得半死的人丢在路边上。刚好，有一位祭司从这条路上走过，他看见那个人时，便从路的另一边绕开走过去了。同样，一个利未人，也来到那个地方，当他看到那个人时，也同样从路的另一边绕着走过去了。后来，一个撒玛利亚人旅行时来到这里，看到了他，立刻起了慈心，就走上前去，在他的伤口上洒了一些油和酒，并为他包扎好了伤口，然后，把他放在自己的牲口背上，带到了一个小客店，并且精心地照料他。第二天，他掏出两块银币，交给店主，嘱咐他说：'好好照料这个人，如果这些钱不够，等我回来时，我一定还给你。'

"那么，你认为这三个人里，哪一个是那个落到强盗手里的人的邻居呢？"那个律法师说："那个怜悯他的人。"然后，耶稣对他说："那么你就去按照他的做法去做吧！"（《路加福音》第10章第25节至第37节）

3.耶稣宣扬的所有道德都可以归结为仁慈与谦卑，即与自私与傲慢相反的两种美德。在其所有的教导中，耶稣指出，这两种美德是通向永恒幸福的途径。他说道：在属灵境界中有需求之人，即谦卑之人受到祝福，因为天国属于他们；心灵纯洁之人受到祝福；温和之人和追求和平之人受到祝福；仁慈之人受到祝福；爱人如爱己；己所不欲，勿施于人；爱你的敌人；想要自己被原谅，就要原谅别人；默行善举而不声张；评判他人，先评判自己。谦卑与仁慈是耶稣一直以来所提倡的，他自己也为此树立了榜样。傲慢与自私则是他一直以来所反对的。然而，他所做的并不仅仅是劝人要仁慈，而是清楚明确地说明这是未来幸福的绝对条件。

在看耶稣描绘的"最后的审判"的画面时，有必要从寓言中提炼出它的象征意义，正如其他许多例子一样。有的人即使听过耶稣讲的话，也依然无法理解纯粹的灵性问题，对于这样的人，耶稣只能采用更鲜明的具体形象，以便给他们留下深刻印象。为了更好地被世人接受，他无法太过脱离于世人现有的思想形式，而对于他话语中的真正含义，以及在当时无法向世人阐明的观点，他总是留待日后再做解释。然而，除了这幅画的补充部分和比喻部分外，它还传达了一个主要理念：等待正义的是幸福，等待不义的是不幸。

在最后的审判中，要判决的是什么？控告的依据是什么？法官会不会问一个人是否履行了这样或那样的手续，是否遵守了这样或那样的外在仪式？当然不会！他只会问一件事：是否践行了仁慈。在判决时，他会说：你这个帮助兄弟姐妹之人，到右边去；你这个欺负兄弟姐妹之人，到左边去。他会问他们的信仰是否正统吗？他会区分这种信仰方式和另一种信仰方式的不同吗？当然不会！因为尽管耶稣认为撒玛利亚人是异教徒，但他仍对他的邻居表现出了仁爱，这种仁爱超越了缺乏仁慈的正教。因此，耶稣不仅认为仁慈是救赎的条件之一，而是将其视为了唯一的条件。如果还有其他条件需要满足，他会提到的。他之所以将仁慈置于美德之首，是因为仁慈隐含了所有其他美德：谦卑、善良、善行、宽容、公正等等，且因为它是对傲慢和自私的全盘否定。

最重要的诫命

4. 耶稣的这番话说得撒都该人哑口无言，法利赛人又聚在一起，其中一个人是研究摩西律法的专家，他想试探耶稣，他问道："老师，律法中的哪条诫命是最重要的？"耶稣回答说："'要全心全意、尽智地爱主——你的上帝。'这是首要的一条，也是最重要的。第二条和第一条一样：'爱人如爱己'。这两条命令是一切律法和先知教导的基础。"（《马太福音》第22章第34节至第40节）

5. 仁慈与谦卑：这是救赎的唯一途径；自私与傲慢：这是毁灭的唯一途径。对这一原则的表述是非常精准的："'要全心全意地爱上帝'和'爱人如爱己'；**这两条诫命是一切律法和先知教导的基础。**"这一表述不会让人对爱上帝和爱邻居产生任何错解；此外，耶稣还补充道："第二条和第一条一样。"这里的意思是说，一个人不爱自己的邻居，就不可能真正地爱上帝；一个人不爱上帝，也不可能去爱自己的邻居。所以，凡得罪邻居之事，也是得罪上帝之事。既然一个人不向邻居行善就不能爱上帝，那么人类所有的责任就可以归结为一句箴言：没有仁慈，就没有救赎。

保罗说需要仁慈

6.如果我会讲世间的各种语言，甚至会讲天使的语言，但是却没有仁慈[a]，那我只不过是一面吵闹的锣或是响亮的钹罢了。就算我有预言的才能，洞悉一切奥秘，通晓所有知识，就算我有移山的信仰，**但是却没有仁慈，那我就毫无价值**。即便我把自己所有的财产都分给穷人，甚至牺牲自己的身体，做为祭品焚烧，然而我却没有仁慈，那么我依旧一无所获。

仁慈是耐心的，仁慈是善良的。仁慈不嫉妒，不自吹自擂，不自高自大。仁慈不粗鲁，不自私自利，仁慈不是暴躁的，不记别人的过错。仁慈不喜欢邪恶，仁慈为真理而欢欣。仁慈包容一切，仁慈总是信任，仁慈总是希望着，仁慈一贯是坚强的。

同时，信仰、希望和仁慈这三样依旧存在，这三者中，最伟大的是仁慈。（《歌林多前书》第13章第1节至第7节和第13节）

7.圣·保罗深刻地理解了这一伟大真理，他说："就算我有预言的才能，洞悉一切奥秘，通晓所有知识，就算我有移山的信仰，但是却没有仁慈，那我就毫无价值。同时，信仰、希望和仁慈这三样依旧存在，这三者中，最伟大的是仁慈。"因此，毫无疑问，他将爱置于信仰之上，因为仁慈是每个人都能做到的：无论是无知之人还是有学问之人，无论是富人还是穷人，因为它独立于任何特定的信仰体系。圣·保罗对真正的仁慈做出了定义；他指出，仁慈不仅表现为善行，还表现为对邻居的善良和仁爱，它集中体现了一个人内心的所有品质。

非教会无以救赎；非真理无以救赎

8. "非仁爱无以救赎"这句箴言基于一个通用原则，它旨在让上帝的所有子民获得至高幸福；"非教会无以救赎"的教义并非基于对上帝和对灵魂不朽的基本信仰——这是所有宗教的共同信仰，**而是基于对特定教义的特殊信仰**，后者具有排他性和绝对性。这种教义不是让上帝的子民相互团结，而是促使他们分裂；不是鼓励世人去爱他们的兄弟姐妹，而是维持和认可不同教派间的宗派主义斗争——不同的教派彼此都认为对方应永远受到诅咒，尽管他们在这世间可能是彼此的亲人和朋友。它误解了在死亡面前人人平等的伟大律法，将人们彼此隔离——甚至是在安息之地。"没有仁慈，就没有救赎"这句箴言所信奉的是在上帝面前人人平等和良心自由的原则。若以这句箴言为准则，世间男女皆为兄弟姐妹，无论以何种方式崇拜造物主，他们都会彼此伸出双手，为彼此祈祷。若遵循"没有教会，就没有救赎"这条教义，人与人之间只会相互诅咒、相互迫害、彼此视若仇敌。父亲不为儿子祈祷，儿子也不为父亲祈祷，朋友与朋友之间更不会相互祈祷，因为他们认为对方会被判为永罪。因此，这条教义本质上与基督的教导和《福音书》的律法相违背。

9. "没有真理，就没有救赎"，这与"没有教会，就没有救赎"一样，两者都具有排他性，因为没有哪一个教派不声称自己拥有对真理的特权。随着知识的范畴不断扩展，人类的思想理念日新月异，还有谁敢夸耀自己掌握了全部真理？绝对真理只在最高等级的灵性之间分享，世间的人类无法假装自己属于这个等级，因为他们还未被赋予理解一切的能力。人类只能追求与自身进步程度成正比的相对真理。假如上帝将掌握全部真理作为享有未来幸福的确切条件，那么这个判决就相等于是一个普遍禁令；相反，仁慈，哪怕依据其最广泛的定义，也可以被所有人践行。灵性主义以《福音书》为依据，认为一个人只要遵循上帝律法，就能获得救赎。它既不会说："没有灵性主义，就没有救赎"，因为它从未宣称要教导全部真理；它也不会说："没有真理，就没有救赎"，这一箴言只会导致分裂，而非团结，而且只会使对立永远存在。

灵性所传教义

没有仁慈，就没有救赎

10. 我的孩子们，"没有仁慈，就没有救赎"这一箴言蕴含在众生在世间和天国的命运之中；在世间，因受到这面旗帜的荫蔽，他们必能安然居住；在天国，践行这一箴言之人必在耶和华面前蒙恩。这句箴言犹如天国之光，照亮他们穿越生命的荒漠，引导他们到达应许之地。在天国，它光芒四耀，宛若一个环绕在选民头顶的圣洁光环；在世间，它被铭刻在那些受到耶稣祝福之人的心里：你们这蒙我父赐福的，往右边去吧。你会从他们身上散发的仁慈芬芳中认出他们。没有什么比这句神圣秩序的箴言更能表达耶稣的思想，更能概括众生的责任。这句箴言是最纯粹的基督教的体现，灵性主义故而将其视为一项准则——还有什么方式比这更能证明它的起源？有了这样的向导，世人永远不会迷失。所以，我的朋友们，你们要自己去领会它的深远意义和后果，要自己探索如何全方位地践行这一准则。你的一言一行都应接受仁慈的检验，你的良心会为你给出答案。它不仅能避免你作恶行坏，还会引导你行善为良，因为仅仅没有邪恶的品德是不够的，人还必需有良好的品德。践行善业必然离不开坚定的意志，而单纯的不为非作歹，往往连懒惰和粗心之人都可以做到。

我的朋友们，要感恩上帝，他让你们享受到灵性主义带来的光明，不是因为只有懂得这一理念之人才能得到救赎，而是因为它帮助你们更充分地理解基督的教导，使你们成为更好的基督徒。所以，你们当竭尽全力，以期别人看到你们时会说，真正的灵性主义者和真正的基督徒一样，因为所有行善之人都是耶稣的门徒，无论他们属于哪个教派。（使徒保罗，巴黎，1861年）

~

[a] 萨西版本（以及古英语版本）中使用了"仁慈"一词，在希腊语中为"agape"，其他所有的英文版本中皆采用"仁爱"一词。"仁慈"一词起源于拉丁文的"caritas"，其含义与拉丁文"agape"相同。《韦氏字典》对仁慈的定义之一为：基督教的仁爱；博爱。——译者按。

第十六章：
你不能既侍奉上帝，又侍奉金钱

- 富人的救赎
- 莫要贪婪
- 耶稣住在撒该家里
- 关于为富不仁的寓言
- 关于银币的寓言
- 财富天赐有用；贫富考验
- 贫富不均
- 灵性所传教义
  - 真正的所有权
  - 财富的利用
  - 超然于世俗财物
  - 财富的传递

富人的救赎

1. 你们不能同时服侍两个主人，你们会恨这个，爱那个；或者忠诚于一个，轻视另一个，你们不可能同时既侍奉上帝、又侍奉金钱。（《路加福音》第16章第13节）

2. 一个年轻人来问耶稣："好老师，我该做什么善事才能得到永生？"耶稣说道："你为何称我好呢？只有上帝是好的！如果你要想得到永生，就必须遵守诫命。"那人问："遵守什么诫命？"耶稣说："'不可杀人，不可通奸，不可偷盗，不可作伪证，要孝敬父母'，还有'爱人如爱己'。"

年轻人说："我遵守了所有这些诫命，我还需要做其它的事吗？"耶稣回答："如果你想达到十全十美的地步，那么去卖掉你所有的财产，把钱分给穷人，这样你在天堂就会有财富了。然后你来跟随我。"

年轻人听了这话，就心怀悲伤地走了，因为他很富有。耶稣对他的门徒们说："我实话告诉你们吧，富人要进天国真是太难了。是的,我告诉你们,**骆驼钻过针眼都要比富人进天国还容易呢。**"[1](《马太福音》第19章第16节至第24节;《路加福音》第18章第18节至第25节;《马可福音》第10章第17节至第25节)

莫要贪婪

3. 此刻,人群中有人对耶稣说:"老师,请吩咐我的兄弟和我一起分我父亲的遗产吧!"但是,耶稣对他说:"你这个人呀,谁任命我做你们的裁判人或公断人的呢?"耶稣对他们说:"你们一定要当心,要免去一切贪婪,因为,即使一个人拥有的比他所需要的还多,他也不会从他的财产中获得生命的。"

耶稣接着又讲了这样一个故事:从前,有个财主,地里的庄稼收成非常好,于是他便寻思道:"我没有足够的地方去储存我的粮食,我该怎么办呢?"然后他说:"这是我将要做的:拆掉我原来的粮仓,再盖一些更大的,那样我将把我所有的粮食和好东西都储存在那里,并且我将对自己说:'我存的钱粮足够很多年的,所以,就只管安安逸逸地过日子,尽情地吃喝玩乐吧!'"但是,上帝对他说:"傻瓜,今晚你的生命将被夺走,那么,你准备的东西又归谁呢?"

"这是为自己积累钱财的人会遇到的事,在上帝的眼里,他并不富有。"(《路加福音》第12章第13节至第21节)

耶稣住在撒该家里

4. 耶稣进了耶利哥,从城里经过。那里有一个叫撒该的税吏长,非常有钱。他很想看看耶稣是怎样的一个人。可是,因为他身材矮小,所以人群总是挡着他的视线。无奈,他只好跑到人们前头,在耶稣将要经过的那条路上,爬上了路边的一棵桑树,以便能够看到耶稣。耶稣走到那棵树下时,抬起头对撒该说:"撒该,赶快下来吧,我今天要住在你家里。"于是撒该赶紧从树上下来,满心欢喜地迎接耶稣的到来。人们看到这

个情景，就开始抱怨道："耶稣竟然到罪人家做客！"（参见《引言》中关于"税吏"的词条部分）

撒该垂手直立在耶稣的面前，对主说："主啊，您看，我将把我财产的一半分给穷人，如果我骗取了谁的东西的话，我会多还给他四倍的东西。"耶稣对他说："今天，拯救光顾了这所房子，因为这个人也是亚伯拉罕的儿子。因为人子来到这里，是要寻找和挽救迷失的人们的。"（《路加福音》第19章第1节至第10节）

关于为富不仁的寓言

5. 从前，有一个富人，每天穿着华丽的衣服，过着奢侈享乐的生活。有一个名字叫拉撒路的穷人，他浑身生疮，常常躺在财主家的大门口。他每天都盼望着用财主桌上掉下来的残羹剩饭充饥，甚至连狗都跑过来舔他的疮。后来，这个可怜的人死了，天使把他抬到了亚伯拉罕的身边。然后，那个财主也死了，并被埋葬，在地狱里他受着折磨，他抬头望去，看到了远处的亚伯拉罕，还看到了拉撒路站在他的身边。财主便大喊道："我父亚伯拉罕，可怜可怜我吧！请派拉撒路来吧，好让他用指头蘸点水，凉凉我的舌头吧，因为我在这火焰里痛苦不堪！"

但是，亚伯拉罕说："我的儿子，你要记住，你在生前，享受了一切美好的事物，而拉撒路却受尽了苦难。但是，现在他在这里舒舒服服的，而你却在痛苦之中。

"不仅仅如此，而且我们和你们之间有一道深沟，所以，我这边想过去的人过不去，你们那边想过来的人也过不来。"

财主说："如果是这样的话，我乞求您，父亲，派拉撒路到我父亲家去，因为我有五个兄弟，让拉撒路告诫他们，以便将来他们不会到这个受尽折磨的地方来。"但是，亚伯拉罕说："他们有摩西的律法和先知的著作，让你的兄弟去听从它们的话吧。"那个财主又说："不行啊，父亚伯拉罕，如果让死人到他们那里去，他们才会悔改。"亚伯拉罕对他说："如果他们不听摩西和先知的教导，即使有人从死里复活，也不会使他们信服的。"（《路加福音》第 16 章第 19 节至第 31 节）

关于银币的寓言

6. 主就像一个要离家出门旅行的人，他叫来他的奴仆，让他们看管他的财产。他根据各人的能力，按比例把财产分给他们管理。他给第一个奴仆五袋银币，给第二个奴仆两袋银币，给第三个奴仆一袋银币，然后出门了。得到五袋银币的奴仆立刻着手工作，用这五袋银币赚回了五袋银币；同样，得到两袋银币的奴仆也赚回两袋银币；但是得到一袋银币的奴仆出去在地上挖了个坑，把主人的钱藏了进去。过了很长一段时间，主人回来了，跟他们结帐。得到五袋银币的奴仆走到主人面前，多交上五袋银币。他说："主人，您让我掌管五袋银币，我用它们赚回了五袋银币。"主人对他说："干得好！你是个值得信赖的好奴仆。你在小数量的钱上值得信赖，我会让你管理更多的事情，进来和我一起分享快乐吧！"得了两袋银子的奴仆走过来，说："主人，你让我掌管两袋银币，我用它们赚回了两袋银币。"主人对他说："干得好！你是个值得信赖的好奴仆，你在小数量的钱上值得信赖，我会交给你管理更多的事情，进来和我一起分享快乐吧！"得了一袋银子的奴仆走过来说："我知道您是个苛刻的人，您要在没有栽种过的地里收获，在没有播种的田里收庄稼，我害怕，所以我找了个地方，把您的银币埋在那里。这就是 你给我的那袋钱。"主人对他说："你这个懒惰的恶奴！你知道我在没有栽种过的地里收获，在没有播种的田里收庄稼，那么你就该把我的钱存进银行，这样在我回来的时候，至少还能得到我的钱生出的利息。你们把这袋银子拿走，交给那个掌管十袋银币的奴仆。只有充分利用手中一切的人，才能得到更多的东西，甚至得到比他所需要的还要多。如果不充分利用自己所有的人，甚至连他所有的一切也会被拿走。你们把这个没用的奴仆赶到黑暗里去，在那里人们都将切齿痛哭。"（《马太福音》第 25 章第 14 节至第 30 节）

财富天赐有用；贫富考验

7. 假如单从字面意思去理解耶稣的某些话，有人或许会以为，财富是拥有财富之人想要获得救赎的一个不可逾越的障碍，但事实上这并非耶稣的本意；如此说来，上帝将财富赐于一人手中，就相等于给了此人一个工具，让他不可避免地走向万劫不复的深渊——而这种想法显然有违常理。毫无疑问，财富的确是一个非常令人难以把握的考验——它令人向往，具有极大的诱惑力和难以言喻的魔力，故与贫穷相比，财富具有更大的危险性。它是最能触发傲慢、自私和欲望的诱因动机，也是最能使人心沉迷于尘世，从而远离天国的牢固羁绊。有的人由贫变富，很快便忘记了自己以前的处境，忘记了那些和自己一起生活之人以及接济过自己之人，他们变得麻木不仁、自私自利、虚荣傲慢，这样的例子实在数不胜数。然而，尽管财富会让前路变得艰难，但并不意味着无路可走，也不意味着财富不能成为善假于物之人的救赎手段，就好比毒药如果运用得当，亦可治病救人。

面对询问如何才能得到永生的年轻人，耶稣答道"抛弃所有，然后来跟随我"。他这番话并不是说只有倾尽家产，散尽家业，才能凭此获得救赎；相反，他的意思是说，**对世俗财富的依恋**是救赎的一大障碍。事实上，这个年轻人认为自己遵守了几条诫命，就等于遵守了律法，所以并不想放弃自己的财富。他对于永生的渴望尚未达到愿意做出这般牺牲的程度。

耶稣向此人提出的是一个决定性的考验，目的在于揭示此人的思想核心。从世俗的观点来看，这个年轻人无疑是一个非常诚实的人，他不伤害任何人，不诽谤他的邻居，既不虚荣也不骄傲，而且孝敬自己的父母。然而，这还算不上践行真正的仁慈，因为他的美德尚未达到自我牺牲的程度。这恰恰是耶稣真正想要说明的问题。这是"没有仁慈，就没有救赎"这一原则的实际应用。

若单从字面上来理解这些话，难免会得出一个结论，即财富必须抛弃，因它是来世幸福的阻碍，也是世间万恶的根源。此外，产生财富的劳动也当受到谴责。这无疑是一个荒谬的结论，它只会令人类倒退回原始时代，而且它本身也违背了作为上帝律法之一的进步法则。

如果要说财富是诸恶之源，说它会激发各种恶欲，挑起各种罪行，那么该受谴责的并不是财富本身，而是人们对于财富的滥用，正如他们滥用上帝的恩赐一样。由于这种滥用，他们使原本对自己极为有用之物反而变得有害；不过，这也正是地球世界处于低等状态导致的结果。如果财富只能产生邪恶，上帝就不会将它放诸世间。是否能利用财富创造美好的事物，这完全依赖于人类自身。财富即使不是影响道德进步的直接原因，那也肯定是推动智力进步的一大重要因素。

事实的真相是，人类肩负着为实现地球的物质进步而努力劳动的使命，通过对地球的改造和净化，终有一天使这里成为适合全人类居住的世界。为了供养不断增长的人口，提高生产力势在必行。一个国家若生产力低下，便只能到别处另寻出路。正是由于这一原因，国与国之间免不了相互打交道，建立联系。为了促进这种关系，必须消除导致各国分裂的有形障碍，加速国与国之间的交流。千百年来，人类世代奋斗，只为从广袤的大地获取丰富的物产；努力探索科学，只为寻求更安全高效的生产方式。然而，这些目标的实现无一不需要资源；需求促使人类创造财富，正如需求驱使人类发现科学一样。鉴于这些努力，人类必需从事的活动相应增加，人类的智力水平随之提升，这种智力最初主要集中于满足人类的物质需求，日后将帮助人类理解伟大的道德真理。因为财富是执行这些任务的主要手段，所以没有它，就无法从事更多伟大的工作，无法开展更多的活动，也不会有激励，不会有研究。因此，我们有充分的理由相信，财富是推动进步的因素之一。

贫富不均

8. 对于只考虑现世的人而言，贫富不均就是其无法解决的众多问题之一。第一个问题在于：为何不能所有人都一样富有？之所以不可能人人均富，原因很简单：**因为每个人创造财富的智力水平不一样，进取精神不一样，勤勉程度不一样，或者每个人在固守财富方面的节俭习惯与前瞻思维不一样。**此外，从数学上可以证明，如果将财富平均分配，每个人都只能分到最少的微不足道的一部分；即便进行了这样的分配，很快也会因为人类性格和能力的多样性而打破这一平衡；就算这种分配具有可能性和持久性，每个人也只能做到勉强度日，这必然会终结为促进人类进步和福祉而付出的伟大努力；

在每个人都只能勉强度日的情况下，便不会再有迫使人类进行伟大发现以及投身重要事业的刺激因素。如果上帝将财富集中在某些地方，那是因为这样可以实现财富的扩张，从而满足人们生活的需求。

在接受这一事实时，人们可能会问，为何上帝会将财富赐予那些无法让财富结出硕果而为所有人谋利之人。这正是上帝智慧和良善的又一证明。上帝赋予人类自由的意志，并希望他们通过自身的经历懂得区分善恶，真正做到行善为良，而这一切皆是他们依靠自身努力和意志的结果。人类无论是向善还是从恶，绝不是宿命的结果，否则他们就只不过是消极被动、不负责任的工具，与动物实无二异。财富对于人类而言的确是一种道德上的考验；但它同时也是推动进步的一个重要手段，上帝所希望的并不是静止不变的财富，而是**不断滚动的财富**。所有人在某一特定时间都会拥有财富，目的在于将财富假他们之手来检验其能否善用财富。然而，所有人同时拥有财富的情况是不可能出现的；而且，若所有人都拥有财富，就没有人愿意去工作，这必将影响整个地球的进步；所以说，**每个人会轮流拥有财富**。今天未拥有财富之人，要么是以前已经拥有，要么是未来即将拥有；现在拥有财富之人，明天可能就一无所有了。有富人也有穷人——因为既然上帝是公正的，那么每个人都必须轮流工作。对某些人而言，贫穷是对耐心和顺从的考验；而对其他人来说，财富是对仁慈和自我克制的考验。

有人滥用财富，满足因其贪婪引发的各种卑鄙的欲念，这种行为可悲可叹，理应受到谴责。人们或许会问，将财富赐予这些人是否真的体现了上帝的公正。可以肯定的是，如果人只有一生一世，那么没有任何东西可以证明这种世间财富的分配方式是合理的；但如果我们不将视野仅仅局限于现世生活，而是考虑生命的整个过程，我们就会发现一切事物都保持着一种合理平衡。故从今往后，穷人再无理由指责上帝或嫉妒富人，富人也再无理由对穷人幸灾乐祸。若有人滥用财富，也并非通过法令或禁止奢侈的法律来矫正这种错误。法律可以暂时改变一个人的外在，但无法改变一个人的内心；这就是为何这些法律的期限都不长久，而且总是伴随着愈发不受约束的反抗行为。邪恶的根源在于自私和傲慢。当人类依照仁慈律法自我约束，各种各样的滥用行为也会自行终止。

灵性所传教义

真正的所有权

9. 能从这个世界带走的，才是一个人真正拥有的。来时所见，去时所留，皆只能享之于有生之时。然而，对于死后不得不放弃的，他们生前只能享受，而非真正拥有。那么，他们真正拥有的是什么呢？这无关肉体，仅关乎灵魂：智慧、知识、道德品质。这些皆是一个人生而带来，死而带走之物；无人可以剥夺和掠取，而且这一切在另一个世界比在这个世界更加有用。一个人离世之际是否比降生之时更加富有，这完全取决于自己，来世处境的好坏则倚赖于其所拥有之物。人们离乡背景，远去他国时，总会将在那个国家派得上用场之物装入行囊，而不会携带其他无用之物。所以，对你们的来世亦当如此，你们要为自己准备好在那里生活的一切有用之物。

　　旅客羁途，借宿于客栈，钱袋充实者，可订上等好房；囊中羞涩者，只能订间差房；身无分文者，便只能夜宿草垛了。人类进入灵性世界时也是如此：他们在那里的位置取决于自身拥有的财产；但这种财产并非以黄金来衡量。没人会问他们："你在世间到底有多少钱？你生前曾担任过什么职位？你曾是王子还是工人？"他们只会被问道："你带了什么回来？"这里不认可任何事物或头衔的价值，只认可个人拥有的所有美德。因此，从农耕这方面而言，工人可能比王子更加富有。哪怕王子声称自己在离世之前，已用黄金为自己买了门票，也是徒劳。他会得到这样的回答："这里的位置不能买卖，只能靠善行获得。"在世间，你可以用钱买地、修房子、建宫殿；但在这里，一切都必须靠心灵的品质来换取。你真正具备这些品质吗？如果具备，那么欢迎你，你可以去到最高之处，在那里尽享幸福；如果不具备，那你就必须去到最低之处，在那里得到与你所有相对应的待遇。（帕斯卡，日内瓦，1860年）

　　10. 世间万物皆属于上帝，上帝按照自己的意愿来分配它们，人类不过是这些财物的管家，是诚信程度和智力水平不尽相同的管理者。上帝让某个人拥有财产往往大有深意，那些认为自己最有资格拥有财富之人，财富往往会对他们绕道而行。

　　你或许会说，对于继承的财富来说，这可以理解，但是通过劳动获取的财富就不一样了。勿庸置疑的是，正义之财，当取之有信。所谓通过正当途径获取财富，即**不可以损害他人的利益为代价**。若损他人之利，取不义之财，一分一厘，自有后报。然而，生前凭自身努力谋取财富，是否就意味死后仍对财富具有支配权呢？将财富传于后人，而后人无所事事，坐吃山空，这样的警世案例并不少见。这是因为上帝并不想让财富落于这些人手中——此乃上天之意，不可违也。一个人生前是否可以随心所欲地善用或滥用财富，而无需承担任何责任？当然不能。上帝之所以允许人们获得财富，可能希望在现世奖赏他们的努力、勇气和毅力。然而，倘若有人只是借财富来满足自己的感官享受或虚荣心，抑或因手中的财富导致自身的失败，那么还不如不要拥有财富；一手百般敛财，一手散尽家业，辛辛苦苦，却落得两手空空，功德全无。待离开人世之际，上帝会告诉他们奖赏已赐，别无所期。（M.，守护灵性，布鲁塞尔，1861 年）

财富的利用

11. 你们不可能既侍奉上帝，又侍奉金钱。金钱能带给人目空一切的优越感，让人纵情声色、贪恋享乐，多少爱财如命之人沉迷其中，无法自拔，为了获取财富，甚至不惜出卖灵魂。你们若是这样的人，可要牢记这一点：你们绝不可能既侍奉上帝，又侍奉金钱！所以，你若觉得自己被肉体的贪念辖制，就当赶紧摆脱这一枷锁，因为公正严厉的上帝必会对你说："我交给你打理的财富，你究竟对它做了些什么，你这不忠的管家？你只知道用它来满足你的个人欲望，却可曾用它去做过半点好事？"

那么，怎样才是利用财富的最佳方式呢？透过"彼此相爱"这句话，我们可以找到解决这一问题的办法。此语恰好隐含了善用财富的秘密。凡一心关爱他人者，其一举一动皆会为上帝所见。善用财富最令神喜悦，慈善便是其中之一；这并非那种冷漠自私的施舍，不是略散余财、薄济周遭，而是爱意满满的仁慈，是主动寻找不幸之人，使之振作而不羞辱对方。富有的人啊，你们应当散尽余财、广济苍生。当多行善事、多多施予，即使是你们生活的必需之物——因为你们的必需之物乃有奢侈之嫌。然而，要懂得施之有道，予之有方。不要因为担心上当受骗而回绝那些抱怨求助之人；救人如治病，当寻根究源。首先，要寻求缓解之法；然后多方了解情况，看看工作、劝告甚至友善的态度能否比慈善捐款更有效。除了施财济苦，你们还要向世人传播爱上帝、爱劳动和爱他人的理念。善用财富，不要让它成为你们沉沦堕落的借口，而要让它成为你们大行善事、广积功德的工具。对于智慧财富的运用也当如金钱财富一样。要将你们毕生所学传于众人，将仁爱的种子撒播于世间，待它们结出丰硕的果实。（舍沃罗斯，波尔多，1861 年)

12. 人的生命如此短暂，而你们心心念念只想追求物质上的享受，对本应终生倚仗的道德修养给予的重视和投入的时间却如此之少，一想到这一点，我总会感到痛心疾首。有的人看似勤勤恳恳、兢兢业业，旁人就以为他所做的是关乎人类重大利益的伟业，可大多数情况下，此人只不过是为了满足自己的贪欲和虚荣，抑或只是为了放纵自我。有多少悲伤、忧愁和痛苦是你们自找的；又有多少个为了发财致富的不眠之夜是根本不必要的！站在这种盲目无知的高度，一个人因过度迷恋于财富及其带来的享乐，哪怕付出艰苦的劳动也在所不惜，便常常以为自己是一个勇于牺牲、功德无量之人——仿佛他们实际上是在为别人付出，而非在为自己工作！这样的人真是愚蠢之极！难道你真的以为一个人完全不在乎来世，不在乎每个享受社会生活好处之人对手足情谊所承担的责任，只因一己私欲、贪婪或傲慢承受些烦恼，付出些努力，这一切就会被考虑在内？你所能想到的，不过是自己的凡身肉体，你那自私自利的内心只在意自己过得舒不舒服、快不快乐。因为你忽略了一点——肉体虽会死亡，灵性却会永生。那个曾经对你如此珍视和关怀的主人变成了你的暴君。他对你的灵性颐指气使，因为你的灵性早已沦为其奴隶。难道这就是上帝赐予你此生的目的吗？（守护灵性，克拉科夫，1861年）

13. 上帝将财富交到人类手上，人类不过是这些财富的受托人和管理人，因此，关于人类如何根据其自由意志对这些财富加以利用，上帝必会对此进行严格考量。所谓滥用，是指只用财富满足一己私欲；相反，所谓善用，是指始终将财富用于助人行善。功德的大小与自我的牺牲成正比。捐款仅仅是利用财富的方式之一：它能减轻痛苦，让人免受饥饿和严寒，为无家可归之人提供庇护。然而，作为一项同样迫切和值得称赞的义务，就是要从源头上防止不幸的发生。这正是富甲一方者的首要使命，即借助自己雄厚的财力，更好地推动各种项目的实施。这些项目不仅能让人们获得合法收入，还会产生积极影响，因为劳动有利于人们思想的进步和尊严的提升，人们会因能够自食其力而感到自豪；相反，单纯接受施舍只会让他们觉得羞辱和丢脸。财富若集于一人之手，就当如活水之源，灌溉四周，使一方之地得享丰饶与安乐。哦，你们这照耶和华安排使用钱财的富足之人哪，你的心必将率先得到慈善之泉的滋润，消乏解渴。在这一生中，你将在灵魂上享受到不可言喻的喜悦，这种喜悦不同于因自私自利而获得的物质上的喜悦，那是只会让人内心空虚的喜悦。你的名字在世间必受到祝福；当你离开之际，至高无上的主必会像关于钱币的寓言故事中所描述的一样对你说："你这个值得信赖的好奴仆，进来和我一起分享快乐吧。"在这个寓言故事中，那个将主人交给自己看管的钱币埋在地里的仆人不恰恰代表了一个只会让手中财富变得毫无价值的贪婪之人的形象吗？如果说耶稣所讲侧重于施舍，那是因为在他生活的那个时代和那片土地上，人们并不清楚艺术和工业日后会创造出怎样的成果，也不知道财富可以有效地用于社会的整体利益。凡能施予他人的，无论多少，我都要对他们说：必要之时，可以施舍周济，但应尽量转变为报酬的形式，以便让人们在接受时不至于感到羞愧。（芬乃伦，阿尔及尔，1860 年）

超然于世俗财物

14. 我的兄弟姐妹们，我的朋友们，我来这里是为了略尽绵薄之力，好助你们在前行的道路上无所畏惧、一往直前。我们彼此亏欠，只有通过灵性和化身之间真诚的手足情谊才有可能重生。

你们对世俗财物的迷恋是阻碍你们道德与灵性进步的最大障碍之一。这种迷恋会破坏你们的情感能力，使你们一心只关注物质。你们不妨扪心自问：财富能带来纯粹的幸福吗？难道你们的钱箱装满了，内心就不空虚了吗？难道花篮下面不是总藏着一条蛇吗？我理解一个人通过勤奋和光荣的劳动获得财富所得到的应有的满足；可这种得到上帝认可的自然满足，全然不同于湮没其他所有情感、麻痹内心冲动的迷恋，也全然不同于利欲熏心的贪婪和挥霍无度的浪费：上帝将仁慈放在这两种恶习之间，仁慈是一种圣洁而健全的美德，它教导富人施舍而不炫耀，让穷人得到帮助而不会感到卑贱。

无论你的财富继承于家庭，还是通过自身劳动所得，有一点永不能忘记：一切皆来自上帝，亦将回归上帝。世上没有一样东西是属于你的，甚至连你可怜的肉体也不属于你：死亡会剥夺你的生命，就像它会剥夺所有其他物质财产一样。你们只是受托人，而非所有者——千万不要自欺欺人。上帝借给你的，你最终是要还的；而上帝借款的条件是，至少应将盈余之物施予所需之人。

你的一个朋友借给你一笔钱。不管你诚信与否，你都会小心翼翼地还清借款，并对朋友心怀感激。而这，正是所有富人的处境。上帝便是天国的朋友，他将财富借给世人；除了仁爱与感恩，他自己别无所求，但他要求富人对穷人施以援手，因为穷人和富人一样，都是他的子民。

上帝托付给你们的财富，激起了你们内心强烈而疯狂的贪念。你们是否从未想过，你们对如自身一样转瞬即逝的财富如此迷恋，可总有一天你们要对上帝交给你们看管之物有所交代？你们是否忘记了，上帝给予你们财富，其实是赋予了你们在这世间充当慈善部长的神圣角色，是要让你们成为智慧的传播者？若你们仅仅为了自身利益而滥用上帝交给你们看管之物，你们不就成了一个不忠的受托人吗？你们有意忽视自己的职责会导致怎样的后果呢？铁面无情的死亡会扯下你们隐藏的面纱，迫使你不得不向那个曾经帮助过你们，而此刻却身穿法官长袍站在你们面前的朋友做出交代。

在世间，你们所谓的"美德"不过是赤裸裸的自私自利，所谓的"节俭"和"远见"不过是无餍和贪婪，所谓的"慷慨"亦不过是对自己挥霍无度——这种自欺欺人的粉饰显然徒劳无益。好比有一家人，父亲从不施财行善，一心只想存钱攒钱，宣称这样做是为了将尽可能多的财产留给自己的孩子，以保他们衣食无忧。我承认这个人是一个很正直、尽责的父亲，这一点无可厚非。但这自始至终都是指引他的唯一动机吗？很多时候，这难道不是他为了让自己对于世俗财产的迷恋在他自己和世人眼中看起来具有合理性而在良心上所做的一种妥协吗？即便承认他慈父般的爱是唯一的动机，难道这就是他忘记在上帝面前拥有手足情谊的同胞的理由吗？当他已经富足有余的时候，难道他少留一点财产就会让自己的孩子衣食不保吗？相反，难道这不是给孩子真正上了一堂何为自私自利铁石心肠的课吗？这难道不会扼杀孩子对他人的仁爱之心吗？为人父母者，如果你们认为这样做会让孩子们更加爱你，那就大错特错了。教他们自私自利地对待别人，无异于教他们自私自利地对待你自己。

那些依靠努力工作和辛勤汗水换取财富的人们常说，只有自己挣来的钱，才能更充分地认识到它的价值。这一点千真万确！那么，愿那些自称真正懂得金钱价值之人，能够按照自己的方式去行善为良，他们将比那些出身富裕却对劳苦一无所知之人修得更大的功德。但另一方面，如果这些人记得自己遭受的苦难和付出的努力，却仍对穷人自私自利、冷漠无情，那么他们的罪过就比别人更大，因为他们既是因个人经历而深知隐藏于贫穷背后的悲伤，就更应当心甘情愿去救济他人。

遗憾的是，富人对于财富的迷恋之情往往堪比他们的虚荣心。在穷人乞求帮助时，不少新晋富豪并不会向穷人施以援手，而是在他们面前大肆夸耀自己奋斗的故事和成功的诀窍，最后抛下一句："去做我做过的事吧。"在他们看来，上帝的仁善与自己拥有的财富无关。这一切全归功于他们自己。他们的虚荣心蒙蔽了他们的双眼，遮盖了他们的双耳。尽管他们精明能干，却不明白上帝只需一个字就能让他们一无所有。

挥霍财富并不等于对世俗财物的超脱，而是粗心大意和漠不关心。作为这些财产的受托人，人类既没有权利挥霍它们，也没有权利为自身利益而没收它们。挥霍不是慷慨，而是自私的一种表现。那些为满足幻想而挥金如土之人，对于需要帮助之人却一毛不拔。超然于世俗财物在于理解财富具有的真正价值，在于懂得如何将财富用于帮助他人，而不仅仅是满足私欲；在于不以牺牲自己来世的利益为代价获取财富，也在于如果上帝想要收回，对于失去财富也毫无怨言。若因未曾预见的不幸而另谋他职，当如是说："主啊，你已给了我财富，又拿走了我的财富。愿您的意志得以达成。"这才是真正的超脱。首先，要顺从；要相信给了你财富又拿走你财富的上帝还能将财富重新交还给你。要勇敢地抵御会让你失去力量的沮丧和绝望。永远不要忘记，上帝每每让你遭受打击，总会在你体验了最艰辛的考验后给你安慰。不过，最重要的是要记住，有的财产远比世俗财产具有更大的价值，这种想法有助于超脱尘世。一个人对某一事物的重视程度越低，他在损失这一事物时就越不容易受到影响。迷恋世俗财产之人就像孩子，眼里只能看到当下。那些没有这种执念之人就像成年人，他们能理解救世主的预言："我的国不属于这世界"，能看清事物最重要的本质。

耶和华吩咐任何人不可随意抛弃自己的财产，任凭自己沦落为乞讨之人，因为这样他们就会成为社会的负担。这种行为常常被误解为对尘世财物的超脱，其实，这不过是自私自利的另一种表现形式，因为它推卸了财富拥有者所应承担的责任。上帝将财富赐予那些貌似有能力为众生打理财富之人。因此，富人是拥有使命的，完成这一使命会给他们自身带来利益和好处。拒绝上帝赐给你的财富，就等于放弃了你若能妥善管理财富所能获得的好处。没有时当知如何白手起家，拥有时当知如何善加利用，必要时当知如何牺牲成全，唯有如此，才算是按主的安排行事。愿那些拥有世间巨大财富之人能对自己说："我的上帝啊，您给我派了一件新的差事；求您赐我以力量，照您的圣意行事。"

我的朋友们，这就是我想告诉你们的关于超然于尘世财物的道理。总而言之，就是要知足常乐。你若穷困潦倒，不要嫉妒富人，因为财富并不是幸福的必要条件。你若富足殷实，切不可忘记你的财物是别人托你看管的，你要好好打理这些财物，就好像要认真盘算你的花销一样。不要利用你的财产来满足自己的虚荣和欲念，也不要做一个不忠的托管人。不要认为你有权仅为私人用途而处置任何东西，这些只是借款，而非礼物。你若是无法偿还，当初就不该提出要求；要记住：一个人接济穷人，就相当于在还他与上帝订下契约的债。

（拉科代尔，康斯坦丁，1863年）

财富的传递

15. 上帝允许世人在一生中享有财富，而人类仅仅只是上帝所赐财富的受托人，这一原则是否剥夺了人们将财富传递给后人的权利？

人们死后可将生前享有的一切正当地转移给他人，因为这种自由意志所产生的结果始终取决于上帝的意志，即防止后世子孙坐享其成、不劳而获的意志。正因如此，我们才会看到表面胜券在握的财富瞬间灰飞烟灭的情况。因此，人们想让自己手上的财富世代相传的愿望是徒劳的，尽管这并未剥夺其转移所借之物的权利，因为上帝在其认为适当时会收回其后世子孙的财富。

（圣·路易斯，巴黎，1860年）

[1] 这一生动的比喻看似有些牵强附会，因为人们可能看不到骆驼和针眼之间有何关系。然而，在希伯来语中，"骆驼"和"绳子"是同一个词。〔萨西〕译本中使用的是前一种含义，而耶稣可能指的是后一种含义。这样看上去至少更合情理。——作者按。

第十七章:
要追求圆满

- 圆满的特征
- 善良之人
- 善良的灵性主义者
- 关于农夫播种的寓言
- 灵性所传教义
  - 责任
  - 美德
  - 上级与下属
  - 世间之人
  - 对肉体与灵性的照顾

圆满的特征

1. 我告诉你们,要爱你们的敌人,要为迫害你们的人祈祷,如果你们只爱那些爱你们的人,那么,你们能得到什么奖赏呢?就连税吏也能做到这一点,不是吗?如果你们只问候你们的兄弟姐妹,你们哪里比别人强呢?就连非教徒也会这么做,不是吗?所以,**你们必须像你们的天父那样尽善尽美。**(《马太福音》第 5 章第 44 节和第 46 节至第 48 节)

2. 既然上帝万事皆已达到无限圆满,那么单从字面上来理解,"你们必须像你们的天父那样尽善尽美"这句箴言其实假定了绝对圆满的可能性。如果说造物能与造物主一样尽善尽美,前者便与后者无异,这是不被容许的。然而,对于耶稣所说的话,人们却未能理解其中的细微差别;他的本意在于向世人树立一个榜样,并告诉世人要努力去效仿这一榜样。

所以说，这句话中所指的圆满具有相对性，它是人类可以达到的，与神性最为接近的相对圆满。这种圆满具体包含什么呢？耶稣说："要爱我们的仇敌，善待那些恨我们的人，要为迫害我们的人祷告。"他通过这种方式来说明，圆满的本质其实是最广义的仁慈，因为它包含了对其他所有美德的践行。

事实上，仔细观察不难发现，所有的恶习——哪怕只是最简单的缺点——最终都会无一例外地在某种程度上改变仁慈的情感，因为它们无一例外皆源于自私和傲慢，而这恰恰与仁慈背道而驰。任何过分激发个人情感之物，都会或多或少摧毁或削弱真正仁慈包含的要素：仁爱、宽容、克己与奉献。就以爱敌人、爱邻居而言，这种爱无法与任何和仁慈相悖离的缺点同生共存，因此它始终是道德品质优劣与否的代表。故圆满的程度与这种仁爱的范围成正比。正因如此，在向门徒传授了关于无上仁慈的教义之后，耶稣对他们说："所以，你们必须像你们的天父那样尽善尽美"。

善良之人

3. 真正善良之人是那些以最纯洁的方式践行公正、仁爱和仁慈法则之人。在反省自己的所作所为时，他会扪心自问，自己是否违反了任何法则，是否曾为非作恶，是否竭尽**所能地**行善为良，是否做到了让人无可指责抱怨，以及自己对他人所做之事是否有设身处地，推己及人。

他相信上帝，相信上帝的良善、公正和智慧。他知道万事万物不可不得到上帝的允许，故凡事皆服从上帝的意志。

他相信有来世，故重灵性财产，而轻世俗财物。

他知道，人生的一切变迁、一切痛苦、一切失望皆是考验或赎罪，他顺从接受，从不抱怨。

他满怀仁慈之情，关爱他人，不求回报，以德报怨，以善报恶，护弱者而不畏强势，为公正常牺牲自我。

他为自己所散播的恩惠、所提供的服务、所带来的快乐、所擦干的眼泪以及给受苦之人的安慰而感到满足。他总是先人后己，厚人薄己。与之相反，自私之人总是锱铢必较，患得患失。

善良之人和蔼亲切、高尚仁慈，他善待所有人——**不论对方的种族或信仰**，因为他将所有人都看作自己的兄弟姐妹。

他尊重其他人坚持的真诚信念，从不谴责与自己拥有不同信仰之人。

他时时以仁慈为向导，告诉自己，那些对他人尖酸刻薄、恶语相向之人，那些态度倨傲不屑、伤害他人情感之人，那些原本可以避免或减轻伤害，却执意要给他人带来痛苦或制造困难之人，他们都未能履行爱他人的责任，不值得上帝的仁慈。

他没有仇恨，没有怨念，也没有复仇的欲望。他以耶稣为榜样，宽恕与原谅他人之过错，只记得他人所行之善事，因为他知道原谅他人，自己也会得到原谅。

他宽容别人的缺点，因为他知道自己也需要得到别人的宽容，他时刻以基督所说的"让无罪之人扔第一块石头"这句话来警醒自己。

他从不以挑剔别人的缺点或引起别人的注意为乐。若非迫不得已，也总会多看他人尺长而少念他人寸短。

他常剖析自身不足，努力克服弊端。他倾尽全力，只为让自己日进日新。

为升华灵性、提高才能，他甘愿舍弃其他；相反，他人凡有可取之处，则每每赞扬有加。

他从不贪恋自己的财富或个人的优越条件，因为他知道，赐给他的一切都可以被收走。

他使用自己的财产，但从不滥用，因为他知道，这些财产是他必须负责的一笔"存款"，对他而言，将这些财产用来满足自己的欲念是最糟糕的一种利用方式。

如果社会等级将其他人置于他的依赖之下，他会善待他们，因为在上帝面前，他和他们是平等的。他会用自己的权威来提升他们的士气，而非用自己的傲慢来打击他们。任何可能让下属感到痛苦之事，他都会小心翼翼地避免。

相反，若他身居下属之位，也会理解自己的职责，并且恪尽职守、兢兢业业。（参见第十七章第9节）

最后，他会尊重自然法则赋予他人的所有权利，因为他希望自己的权利也能得到尊重。

关于善良之人，上述所列并未涵盖其全部品质，但努力拥有这些品质之人，最终将会拥有所有其他品质。

善良的灵性主义者

4.只要对灵性主义有了充分的理解，尤其是充分的感悟，就必然会出现上面的结果——这是真正的灵性主义者和真正的基督徒具有的特征，因为这两者是合二为一的。灵性主义并不在于标立任何新的道德，而是在于让那些心存质疑或动摇不定之人拥有一种坚定而开明的信仰，从而使他们更容易理解和践行基督的道德。

尽管如此，许多人虽然相信显灵现象，却并不理解其后果，也不理解其道德含义，即便他们理解了，也不会以身践行。其原因究竟何在？是由于这一学说缺乏严谨性吗？绝非如此，因为这一学说中并未包含任何可能让人产生误解和歧义的寓言或象征。它在本质上清晰明确，这也正是其威力所在，因为这直接关系到人类的智力水平。这一学说没有包含任何神秘之物，信奉者也并未拥有任何需向普通人隐瞒的秘密。

既然如此，那理解这一学说是否需要超常的智力水平？并非如此，因为我们看到，有的人智力超群，却完全无法理解这一学说，而有的人智力平平——即使只是刚刚离开青少年时期的年轻人——却令人难以置信地能够精确理解其中最细微的玄妙之处。这一原因在于：灵性主义科学在**物质**方面，往往只需要通过眼睛就能观察，可它在本质方面，则需要一定程度的敏感性，即所谓的"道德意识的成熟性"，这与一个人的年龄大小和教育水平无关，因为它是道成肉身的灵性所固有的特性，取决于灵性自身的进化程度。

在某些灵性身上，由于物质纽带太过牢固，笼罩灵性的迷雾遮蔽了他们无限的视野，以致于灵性无法超脱于世俗事物之外。因此，他们难以打破自身的喜好或习惯，因而他们总是无法很好地理解非自身所有的事物。对他们来说，相信灵性只不过是件稀松平常的易事，但这对于改变他们的本能倾向并无任何作用，或者说作用寥寥。换言之，他们所能看到的只有一束光，可这束光并不足以给予他们引导，也不足以赋予他们克服自身倾向的强大意愿。这些人更感兴趣的是显灵这一现象，而非其蕴含的道德，后者在他们看来陈腐而单调。他们不断要求灵性告诉自己新鲜的神秘事物，却从不问自己是否有资格去探知造物主的秘密。这些人皆不能称为真正的灵性主义者，他们或固步自封、停滞不前，或疏离同胞、冷漠无情，或拒绝承担自我改进的义务，或与缺点相近、偏见相似之人臭味相投、同流合污。尽管如此，既能接受这一学说的原则，就迈出了第一步，有了这一步，来世才能更容易迈出第二步。

真正可以称之为名副其实的灵性主义者的，是那些道德进化程度更高之人。他们的灵性对于物质的支配更彻底，这使得他们对来世拥有更清晰的认识。灵性主义学说的原则会触及他们的内心深处，而前者对此则全然无动于衷。简言之，**他们的心弦被触动了**；因此，他们的信仰不可动摇。有的人如音乐家，闻弦音而知雅意，有的则只闻其音，不解其意。**只有在道德上不断改进自我，努力克服邪恶倾向之人，才是真正的灵性主义者。**前者见识短浅，却自以为是，后者能深刻地洞悉事物，努力超脱自我，只要意志坚定，总能达成目标。

关于农夫播种的寓言

5. 同一天，耶稣走出屋子，坐在湖边。很多人聚集在他周围，他只好到一条小船上坐下来，人群还留在岸上。他用寓言教给人们许多道理。他说：

"有个农夫去种地。播种的时候，有些种子落在路边，被飞来的鸟儿吃掉了；

另外一些种子落在浅土的石地上，因为土浅，种子很快就发芽了，但是扎不下根，太阳出来一晒，他们就枯萎了；

有些种子落在荆棘丛中，被长起来的荆棘埋没和窒息了；

还有些种子落在肥沃的土壤里，结出的子粒比种下的种子多三十倍、六十倍甚至上百倍，

凡能听见我说话的人，听着。"（《马太福音》第 13 章第 1 节至第 9 节）

"所以，听着，这是农夫播种的故事的含义。

当一个人听到了天国的福音却不能理解它的时候，魔鬼就来把播在他心中的福音夺走了，这就是落在路边上的种子的含义。

落在石头地上的种子，指的是这种人，他听到福音便立刻欣然接受，但是福音没有在他心中扎根，只不过是暂时的。一旦福音给他招来麻烦或迫害，他立刻就放弃了。

落在荆棘丛中的种子是指这种人，他虽然听到了福音，但是却让尘世的烦恼和金钱的诱惑窒息了福音，结不出果实。

落在肥沃土壤里的种子指的是这种人，他听到了福音，心领神会，并且结出硕果——有时增加三十倍、或六十倍，甚至一百倍的果实。（《马太福音》第 13 章第 18 节至第 23 节）

6. 农夫播种的寓言形象地说明了一个人受益于《福音书》教义的方式存在细微差别。事实上，在很多人看来，《福音书》的教义不过是一纸空文，就像落在石头地上的种子一样，不会有收成！

这个寓言同样适用于不同种类的灵性主义者。这难道不是这几种人最鲜明的写照吗？有的人只对物理现象感兴趣，却未从物理现象中悟出任何道理，因为他们只将其当成了满足自己好奇心的对象；有的人在通灵时只一味猎奇寻鲜，他们之所以感兴趣，不过是为了让自己的想象力得到满足，即便接受了这一学说，也会很快恢复当初的冷酷无情与漠不关心；有的人觉得这些忠告很好，令人信服，却只将其用于别人，从不用于自己；最后，还有一些人，教义对他们而言，就像种子落在肥沃的土壤里一样，会结果丰硕的果实。

灵性所传教义

责任

7.责任是一个人的道德义务，首先是对自己的道德义务，其次是对他人的道德义务。责任是人生的法则，它既存在于最微小的细节中，也存在于最崇高的行为中。在这里，我想要讲的只是道德责任，而非职业方面的责任。

从情感方面来说，责任很难得到履行，因为它违背了自身的利益和内心的诱惑。胜了，无人见证，败了，也无人管束。一个人内心的责任感由他们的自由意志决定。良心的谴责犹如内心正直的守护者，它给人警示和支持，但同时也会退缩，尤其在欲念强辞夺理的诡辩面前，往往会显得无能为力。忠实地顺从内心的责任感会令人感到振奋，可这样的责任又是如何确定的呢？它始于何处，又止于何处？**责任恰恰始于你对他人幸福或安宁的威胁，止于你不愿逾矩越规的极限。**

上帝创造了众生，在痛苦面前，人人平等。无论卑微还是伟大，无论无知还是博学，每个人都免不了遭受苦难，原因无他，就是要让每个人都能对其所行之恶做出明智判断。然而，对于善而言，并不存在同样的标准，因为善的表现形式千差万别。**在痛苦面前人人平等是上帝的一项崇高规定，他希望所有子民都能从共同的经历中吸取教训，以免他们声称自己不知道后果而犯下任何错误。**

责任是一切道德思辨的实践总结，也是灵魂面对生活中各种艰难困苦的勇气；它既刚且柔，随时准备好迎接各种状况，面对诱惑始终不屈不挠。**尽忠职守之人爱上帝胜过爱他人，爱他人胜过爱自己；**他们在自己的事业中既是法官，又是奴隶。

责任是最美丽的理性桂冠，人们对责任的依赖，就像孩子对母亲的依赖一样。世人应热爱责任，不是因为它能让人远离生活中的邪恶——人类无法避免这些邪恶——而是因为它为灵魂提供了自我进步所需的力量。

人类每进化到一个更高的阶段，责任便会以一种更高的形式成长和传播。个人对上帝的道德义务是永无止境的；他们应体现永恒者的美德，不完美的速写不会被永恒者接受，因为他希望自己的作品能在他面前呈现出无与伦比之美。（拉撒路，巴黎，1863 年）

美德

8.美德的最高表现形式涵盖了善良之人所应具备的一切基本品质。善良、仁慈、勤奋、理性、谦虚——这是一个品德高尚之人具有的品质。可遗憾的是，这些品质往往因为伴随着某些微小的道德缺陷而变得暗淡和羸弱。那些炫耀自己美德之人不能称为道德高尚之人，因为他们缺乏一项重要的品质，那就是谦逊，这种人所体现的是与谦逊最背道而驰的恶习，即傲慢。真正名副其实的美德从不喜欢炫耀自己；别人或许会将它看得很神圣，但美德自己会韬光养晦，不露锋芒。圣·文森特·德·保罗是一位道德高尚之人，值得钦佩的本堂牧师亦是如此，还有许多人，他们虽然鲜为世人所知，却为上帝所知。这些人并未觉得自己是道德高尚之人；他们只是追随了内心神圣的愿意，以全然的无私和忘我的态度践行了仁善。

我的孩子们，我邀请你们来，是为了让你们理解和践行美德；是为了建议你们献身于真正的基督徒和真正的灵性主义者所应具有的美德。但你们内心要摒除傲慢、虚荣以及自我主义思想，因为这些思想总会玷污最美好的品质。不要去效仿那些自称楷模之人，也不要去效仿那些在自满之人面前夸耀自己品质之人。对自身优点的炫耀卖弄背后，往往隐藏着许多小的缺点和可恨的弱点。

那些自高自大之人，那些为标榜自身美德而为自己树碑立像之人，他们的这种行为，往往会让他们可能拥有的任何真正的美德不复存在。然而，对于那些名不副实之人，我又能说些什么呢？我相信，那些践行仁善之人会在心底深处感受到一种内在的满足，然而，若为了得到赞扬而将这种满足具象化，就会退变为自我中心主义。

你们这些灵性主义者，你们因信仰的光芒而感受到了温暖，知道人类离圆满还有多远的距离，所以千万不要屈服于这样的愚蠢无知！美德是我渴望每一个真诚的灵性主义者都拥有的恩典，但我会对他们说：宁愿为人谦逊，少些美德，也好过为人傲慢，多些美德；因为傲慢会让人渐失人性，而谦逊终有一天会让人得到救赎。（弗朗索瓦-尼古拉斯-玛德琳，巴黎，1863 年）

上级与下属

9. 与财富一样，权力也是一种托付，被赋予权力之人日后必需有所交待。不要以为这是上天平白无故赐予他们的，也不要像世间大多数掌权者那样，错误地认为这是一种特权，一种财产。上帝有力地证明了这两者都不是，因为他会随意拿走世人手中的权力。假设这是他们与生俱来的特权，那将是不可剥夺的。然而，如果一件东西未经本人允许就能被他人拿走，那么没人能说这件东西是属于自己的。上帝将权力赐予世人，要么是**一项使命**，要么是一项考验，他会在自己认为合适的时候将这一权力收回。

从主人对仆人的权力，到君主对臣民的权力，无论权力大小，权力的托管人都不应当忘记一点，那就他们所掌管的是人的灵魂；他们对下属的领导是好是坏，需由他们本人承担责任；他们的部下因为听从了他们的领导，或按照他们树立的**坏榜样**犯下了任何错误或养成了任何恶习，这一切最终都会算到他们本人头上，相反，如果他们宅心仁厚、领导有方，他们将收获善果。世间每个人都拥有自己的使命，或大或小；但无论所赋使命为何，都是为了仁善的目的；所以，一旦违背了这一目的，使命就不可能达成。

如果说上帝会质问富人："你手中的财富原本应当作为振兴一方的资源，你却用它来做了些什么？"，他也必会质问那些拥有大小权力的掌权者："你用这权力作了些什么？你制止了哪些坏事？推动了哪些进步？我把下属交给你，并不是为了让他们成为你随意驱使的奴隶，也不是让他们成为满足你妄想或贪欲的工具。我让你变得强大，并将弱者托付于你，目的是要你扶持他们、帮助他们，从而让他们靠近我。"

凡遵循基督教导的上级都不会轻视自己的手下，因为他们知道，这一社会的差异在上帝面前毫无意义。灵性主义教导人们，今天服从于自己的下属，过去或许曾是对自己发号施令之人，或者日后有可能成为自己的上级，自己如何对待下属，将来也会受到他人同等的对待。

上级要履行职责，下级也要履行职责，两者同样都是神圣的。如果后者是灵性主义者，他们的良心会更加强烈地告诉自己，即使上级未能履行好自己的职责，也不等于能够免除自己的职责，因为灵性主义者深知绝不能以恶报恶，一个人犯了错，并不等于其他人就有权犯错。如果他们的地位给自己带来了痛苦，他们会告诉自己，这肯定是因为自己过去滥用过手中的权力才会导致这样的结果，他们曾让别人遭受过不公正的待遇，如今也必须反过来领受这一切。如果他们因为找不到更好的工作而被迫接受这样的职位，灵性主义会教导他们学会忍耐顺从，将此作为自身进步而必须经历的谦卑方面的考验。他们的信仰会指导他们的行为，他们会站在老板的角度，设身处地做好自己的下属工作。为此，他们会更加兢兢业业、恪尽职守，因为他们知道，如果交给自己的工作有任何疏忽，必定会给向自己支付薪水而自己须回报以时间和努力之人带来损害。换句话说，灵性主义者的内心充满了信仰赋予他们的责任感，他们坚信，凡走捷径、抄小道所欠下的债，迟早是要还的。（弗朗索瓦-尼古拉斯-玛德琳，红衣主教莫尔洛，巴黎，1863年）

世间之人

10. 凡聚集在主跟前以恳求善灵帮助之人，必须始终怀有一颗慈悲之心。因此，要净化你的心灵，不要让任何世俗或无用的思想驻留于此。面对你们召唤之人，你们应升华自己的灵性，寻找内在的正确倾向，使它们广泛播撒种子，让这些种子在你们的灵魂中生根发芽，在心中结出仁慈与公正的果实。

因此，不要以为我们之所以不停规劝你祈祷和唤起你的思想，是希望让你过一种超脱于社会法律之外的神秘生活。并非如此，和你那个时代的人们一起生活，就应当活得像那个时代的人一样。顺应当时的社会需要——即使是轻率之举——但要怀揣着一种纯洁的情感，唯有如此，才能使其变得神圣。

你受到召唤，去接触不同性质、不同性格的灵性；不要和相处的灵性发生冲突。要快乐和幸福，快乐是问心无愧的快乐，幸福是天国子嗣临近继承之日的幸福。

美德并不在于要装出一副严厉阴郁的面孔，也不在于一概拒绝人类条件所允许的快乐。将你生命中的一切所作所为向给予你生命的造物主汇报，这就足够了。一个人在做一件事之前或完成一件事之后，只要将自己的想法向造物主汇报，并在灵魂深处请求他监督自己的行为，并在事后给予自己祝福，这就足够了。要在你所做的一切事情中，去寻找万事万物的源头；凡事若不思量上帝，自己的行为就得不到净化和圣化。

正如基督所言，圆满只存在于对绝对仁慈的践行之中，而仁慈的责任涵盖了从最低到最高的一切社会地位。与世隔绝之人将无以践行仁慈。只有在最艰苦的奋斗中与同胞接触，他们才能找到践行仁慈的机会。因此，那些想要遗世独立之人，无疑剥夺了自己达成圆满的最强大手段；因为他们只想到自己，他们的一生是自私的。（参见第五章第 26 节）

所以，你们不要幻想时时与我们通灵，时时出现在主面前，时时身裹苦行衫[a]，满面覆尘灰。切记，切记！你们当应世人所需，乐世人所乐，只是，这种快乐绝不能在思想上或行为上冒犯上帝，也不能令爱你和引导你之人蒙羞。上帝是仁爱的，他会赐福给一切有爱心的良善之人。（守护灵性，波尔多，1863 年）

对肉体与灵性的照顾

11. 道德上的圆满在于肉体上的苦行吗？要回答这个问题，不妨来看看基本的原则：首先有必要根据身体的健康和疾病状况对肉体加以照顾，这对于灵魂——即肉体内的囚禁者——具有非常重要的影响。要让这一囚禁者生存，四处行走，甚至产生自由的幻觉，其肉体必须是健康的，拥有良好倾向，且充满活力。让我们做一个比较，假设肉体和灵魂都处于完美状态，在天赋与需求方面如此迥然不同的二者之间应当如何保持平衡呢？

这里存在着两种相互对立的体系：一种是想要打倒肉体的禁欲主义者，另一种是想要打倒灵魂的唯物主义者——这两种形式都是暴力的，二者在愚蠢性上可谓不相上下。在这两大群体的旁边，挤满了无数漠不关心之人，他们既无信念，亦无同情，甘于平淡，且乐在其中。如此一来，智慧何在？生活的科学何在？全然没有。如果没有灵性主义来帮助那些研究这一问题的人，没有灵性主义来揭示肉体与灵魂之间的关系，告诉人们肉体与灵魂是互相需要的，那么这一重大问题可能至今仍未得到彻底解答。所以，既要爱你们的灵魂，也要关心你们的肉体——它是灵魂的工具。罔顾自然的需求，意味着罔顾上帝的律法。不要因为你的自由意志所犯的错误而去惩罚你的肉体，因为这无异于摔了跟头就怨马难骑。倘若你一边折磨自己的身体，一边仍一如既往地自私傲慢，或不知善待他人，这样的你会趋于圆满吗？当然不会，圆满并不在于此，它完全在于灵性的自我改进。对肉体加以管教、克制、惩戒和约束：这是使它顺

从于上帝意志的唯一途径,也是通向圆满的唯一途径。(乔治斯,守护灵性,巴黎,1863 年)

[a] 采用粗布或动物毛制成的衣服或内衣(苦行时所穿的粗糙衣服)。——译者按。

第十八章:
受邀之人很多,获选之人却很少

- 关于婚礼宴会的寓言
- 狭窄的门
- 并不是所有呼唤我"主啊!主啊!"的人都能进天国
- 得到较多之人,对他的期待也多
- 灵性所传教义
    - 已经拥有之人会得到更多
    - 判定基督徒的标准取决于个人行为

关于婚礼宴会的寓言

1. 耶稣再次用寓言对人们说,他说:"天国就好像是一位为儿子举行婚宴的国王。他派奴仆去通知已被邀请的人来出席婚宴,可是他们都不想来。然后,国王又派了一些奴仆去,并对他们说:'告诉那些被邀请的人,说我的宴席已经摆好,牛和肥畜都已宰了,一切准备就绪,快来赴宴吧。'但是被邀请的客人都不理睬他们,各忙各的。一个人去田里干活,另一个人去做买卖。其他的一些人抓住国王的奴仆,凌辱他们,把他们杀了。国王勃然大怒,派军队杀了那些凶手,烧毁了他们的城市。

"然后,国王对奴仆们说:'婚宴已经准备就绪,可是那些被邀请的人不配出席。你们到街头去,无论你们碰到谁,都请他们来赴宴。于是奴仆们到街上去,不分好坏,把他们见到的人统统请来。宴会厅里坐满了客人。

"国王来见宾客。他看到一个人没穿礼服,就问:'朋友,你怎么连礼服也不穿就来了呢?'那人无言以对。于是国王对奴仆说:'把他的手脚绑起来,扔到外边的黑暗里去,在那里的人们都将切齿痛哭。**被邀请的人很多,被选上的人却很少。**'"(《马太福音》第22章第1节至第14节)

2. 怀疑者对于这个看似幼稚天真的寓言抱之一笑，因为他们不明白为何一场宴会出现这么多问题，更不明白为何受邀之人会拒绝参加宴会，甚至于要杀害主人派来的人。他们认为："寓言嘛，当然是一种比喻，但即便如此，也不应超出可信的范围。"

当人们摒除其外在形式而去寻找其隐含意义时，所有的比喻和最巧妙的寓言可以说都是如此。耶稣将生活中最常见的习惯融入了他在故事中所描述人物的风俗和性格。他所讲的寓言故事大多意在向众生灌输灵性生命的理念；这些寓言故事的含义之所以看上去大都晦涩难懂，不过是因为很少有人能从这一角度进行解读罢了。

在这个具体的寓言故事中，耶稣将一切皆是喜乐幸福的天国比作一场宴会。第一批受邀之人，指的是希伯来人，即上帝最先叫其来了解上帝律法之人。主人派去的仆人指的是先知，先知来是为了劝告希伯来人走上真正的幸福之路，但他们的话鲜有人听从，他们的警告也屡受嘲笑；许多先知甚至像寓言中的仆人一样惨遭杀害。以照看田地和买卖为借口拒绝参加宴会的受邀之人，象征着那些沉迷于世俗事物而对天国事物漠不关心的世人。

当时的犹太人有一个普遍信念，那就是他们的国家定将获得凌驾于所有其他民族之上的至高无上的地位。上帝不是应许亚伯拉罕说，他的子孙要遍满全地吗？然而，他们所信仰的始终停留在物质形式，是一种实际的、物质的支配。

在基督降临之前，除了希伯来人，其他民族都是崇拜偶像和信仰多神教的。倘若有那么几个不同凡响之人提出了神性合一的概念，这一概念也只会成为个人的理论，绝不会被当作基本真理，除非少数几个人将他们的知识隐匿于众生无法理解的神秘面纱之下。希伯来人是第一个公开信奉一神论的民族。上帝先后派遣了摩西和耶稣，以期将其神圣律法传授给希伯来人。自此，星火燎原，遍及整个世界，它战胜了异教，并使得亚伯拉罕的**灵性子孙**"如天上的星星一样多"。尽管犹太人拒绝盲目崇拜偶像，他们却忽视了道德律法，只单纯地坚持外在的敬拜仪式。直至罪行滔天、恶贯满盈，这个国家最终被征服，并因教派和系别的不同而四分五裂，连圣殿里也充斥着怀疑的气息。就在这时，耶稣出现了。他被派去是为了提醒世人遵循律法，并为他们打开来世的新视野。作为**第一批**受邀参加普世信仰这一盛大宴会之人，他们并未听从天国弥赛亚的话，反而将他处死。所以，这些人失去了通过主动争取所应收获的果实。

然而，要借由这一事件来指责全体民众，这并不公正。主要的责任还应归咎于法利赛人和撒都该人，前者傲慢狂热，后者缺乏信仰，最终导致了亡国的结局。耶稣将他们比作那些拒绝参加婚宴的受邀之人，并且补充道："主人看到这一情况，便命人到街头去，无论碰到谁，都请他们来赴宴。"他是想借此对其他所有民族——无论信仰异教，还是崇拜偶像——广而告之，只要他们相信，就可以取代先前那些受邀之人来参加宴会。

只不过，仅仅受到邀请是不够的；仅仅打着基督徒的名号也是不够的，哪怕已经入席就坐，只等参加天国的宴会也是不够的。首先，作为一项明确要求，参加宴会之人必须穿着礼服，这代表着必须拥有一颗纯洁的心灵，且必须按照灵性的指示去践行律法。这一律法在"没有仁慈，就没有救赎"这句话中得到了充分诠释。然而，在所有聆听过这一神圣之言的人当中，真正遵循并践行它的少之又少！值得升入天国之人更可谓寥寥无几！这就是为何耶稣会说：**被邀请的人很多，被选上的人却很少。**

狭窄的门

3. 你们只有从窄门进去才能进入真正的生命，通向毁灭的门是敞开的，通向毁灭的路是宽阔的，有许多人走上了这条毁灭之路。但是，通向永生的门是非常窄小和艰难的，只有极少数的人才能找到它。（《马太福音》第 7 章第 13 节和第 14 节）

4. 有人问他："主啊，将得救的人不多吧？"耶稣对他们说："通向天堂的门是狭窄的，你们要努力从这里进去，很多人都想进去，但是却不能够进去。一旦那房子的主人起来把门关上时，你们就只能站在门外敲门，说：'先生，给我们开开门吧！'但是他会回答说：'我不知道你们是从哪里来的。'这时，你们会说：'我们曾经与你一起吃喝，你还在我们的街上教导过我们呢。他会对你们说：'我不知道你们是从哪里来的，走开，你们这些做恶的人。'"

"那时候，你们会看到亚伯拉罕、以撒、雅各和所有的先知都在神的国里，而你们却被赶出去，你们在那里将咬牙切齿地痛哭。来自东、西、南、北的人们将在神的国里的桌旁就座。要注意，那些居后的将要在先；而那些在先的将要居后。"（《路加福音》第 13 章第 23 节至第 30 节）

5. 通向毁灭的门是宽敞的，因为邪恶的欲念很多，而通往邪恶的路是大多数人经常走的路。通向救赎的门是狭窄的，因为那些想要通过这扇门的人必须努力控制自己,才能克服自身的邪恶倾向,然而很少人愿意这样做。这是对这句箴言的补充说明:被邀请的人很多,被选上的人却很少。

这就是世间人类的现有状态,因为地球是一个邪恶占据主导地位的赎罪世界。只有地球发生转变以后,通向仁善的道路才会成为大多数人经常走的路。因此,这段话应当从相对意义,而非从绝对意义上来理解。假如这是人类的正常状态,上帝就是在有意地给绝大多数人定罪,要让他们走向毁灭,可如果承认上帝是完全公正和仁善的,那么这一假设就根本不可能成立。

但是,假如人类已被彻底放逐于地球之上,假如灵魂没有其他生世,那么人类到底要犯下怎样的罪行,才会让他们在今生和来世拥有如此悲惨的命运?为何沿途会有如此多的障碍坎坷?假如灵魂的命运在死后会被永远封印,那么为何还要留这么一扇狭窄的门,允许极少数人通过?倘若人只有一生一世,那么人类自身和上帝的公正之间就会永远存在冲突。了解了灵魂的先在性和多生多世,视野就会得到拓宽;光明将照亮信仰中最昏暗模糊的部分;现世来生与前世是一致的。唯有通过这种方式,一个人才能真正理解基督箴言蕴藏的所有深刻含义,理解它所包含的全部真理和全部智慧。

并不是所有呼唤我"主啊!主啊!"的人都能进天国

6. 不是所有呼唤我说"主啊,主啊"的人,都能进天国。只有按照天父意志行事的人,才能进天国。在最后的日子里,许多人会呼唤我为主,说道:"主啊,主啊!我们曾以您的名义传道,我们曾以您的名义驱鬼。我们曾以您的名义行奇迹。"但是，我会清清楚楚地告诉他们：从来就不认识你们，走开，你们这些做恶的人。（《马太福音》第 7 章第 21 节至第 23 节）

7. 听了我的话并付诸行动的人，就像一个深谋远虑的人，把自己的房子建在坚固的磐石上。纵使雨淋、水冲、风吹击打，房子也不会倒塌，因为房基建在磐石上。然而，听了我的话，却不付诸于行动的人，就像一个愚蠢的人，把房子建在沙滩上。雨淋、水冲、风吹击打着房子，房子轰然倒塌了。（《马太福音》第 7 章第 24 节至第 27 节；《路加福音》第 6 章第 46 节至第 49 节）

8. 所以，无论是谁，只要违反了律法中的任何一条，甚至似乎是微不足道的一条，并且教唆别人也这么做，他在天国里就是最渺小的；无论是谁，只要遵守律法，同时又教育别人也这么做，那么，他在天国里就是伟大的。（《马太福音》第 5 章第 19 节）

9. 所有宣称在履行耶稣使命之人都会说："主啊！主啊！"，可若不遵行他的诫命，即便尊称他为老师或主，这又有何用呢？难道基督徒就是那些一边以表面的虔诚之举来敬拜他，一边却屈服于傲慢、自私、贪婪及各种欲念的人吗？难道他的门徒就是那些整日只知祷告，却从不以良善、仁慈与宽容之心对待自己同胞的人吗？当然不是，因为他们的祷告就像法利赛人一样，只是嘴上说说，心里荡然无存。他们或许想通过外在形式给别人，而非上帝留下深刻印象。他们只能徒劳地对耶稣说："主啊，我们曾以您的名义传教；我们曾以您的名义驱鬼；我们曾经与您一起吃喝。"耶稣只会回答："我不知道你们是谁。走开，你们这些做恶之人，你们这些言行不一之人，你们这些毁谤邻居之人，你们这些抢夺寡妇之人，你们这些奸淫之人。走开，你们这些满怀仇恨和愤怒之人，你们这些以我的名义让兄弟姐妹流血之人，你们这些只会让人痛苦而从不给人安慰之人。你们将在那里咬牙切齿地痛哭，因为神的国是为那恩慈、谦卑、怜悯之人而设。不要因为你说得多、拜得多，就指望耶和华屈枉公正。你们在上帝面前蒙恩的唯一途径，就是真诚地遵行仁爱与仁慈的律法。"

耶稣的教导是永恒的，因为它们是真理。它们不仅是天国生命的保证，也是世间生命享有和平、安宁和稳定的允诺。这就是为何凡以耶稣教导为基础建立的人类政治、社会和宗教体制都能像把房子建在坚固的磐石上一样稳定。人们之所以会传承他的教导，是因为他们能从中找到幸福。相反，那些违背耶稣教导之人，就像把房子建在沙滩上：变革的大风与进步的暴雨会让房子轰然倒塌。

得到较多之人，对他的期待也多

10. 其实，这个仆人是知道主人的心愿的，可他还是不做好准备，或者说，他不做主人要他做的事情，所以，他将挨一顿痛打。但是如果他不知道主人的心思，可做出了该打的事情来，那么，他将挨一顿轻打。得到多的人，对他的期待也多；受委托多的人，人们对他的要求也多。（《路加福音》第 12 章第 47 节至第 48 节）

11. 耶稣说："我到这世上来是为了审判，好让那些看不见的人能看见，让看得见的人变成瞎子。和耶稣一起的一些法利赛人听见这话，便对他说："难道我们也瞎眼了吗？"耶稣对他们说："如果你们是瞎子，就不会有罪了，但是，现在你们说：'我们看得见，'所以，你们的罪仍然在。"（《约翰福音》第 9 章第 39 节至第 41 节）

12. 这些箴言在灵性所传教义中得到了尤为切贴的应用。凡知道基督戒律之人，若不遵行，就必然有罪。然而，包含基督戒律的《福音书》仅仅只在基督教派中得到传播，除此之外，从未读过基督戒律之人何其多！虽有读过，却并不理解基督戒律的人又何其多！结果就是，耶稣所说之语已被大多数人忘记。

为便于所有人了解，灵性所传教义以不同形式对这些箴言进行了重新诠释，并在此基础上进行拓展，加以注释；它的独特性在于完全没有任何限制，即每个人——不管其是否受过教育，是否拥有信仰，是否为基督教徒——都能成为交流的对象，因为通灵无处不在。无论是直接交流还是通过媒介交流，凡是了解到的人都不可能声称对此一无所知。他们不能以缺乏指导或教义的寓义晦涩难懂作为借口。所以，那些没有借助教义实现自我进步之人，那些只是对此感到有趣和好奇，内心却从未受到触动之人，那些虚荣傲慢、自私自利、财迷心窍等恶习丝毫未减之人，以及那些没有更加懂得爱邻居之人，这些人之所以罪过更大，是因为他们对真理已经有了更深入的理解和认知。

与善灵沟通过的灵媒若依然怙恶不悛、不思悔改，就更应受到谴责，因为他们写下的，往往是自己的罪行，若不是被傲慢蒙蔽了双眼，他们肯定能意识到灵性说的就是他们自己。只不过，他们并未将自己写下或看到的教训联系到自己身上，而是眼里一味盯着别人，这倒恰好印证了耶稣的这句话："你看见你邻居眼中的刺，却不见自己眼中的梁木。"（参见第十章第9节）

耶稣说："如果你们是瞎子，就不会有罪了。"这句话的意思是指一个人所应受到谴责与其开化程度成正比。所以，在上帝眼中，法利赛人，即有志于成为，实际上也是其民族中最开明之人，比那些未受过教育的人自然更应受到谴责。这一道理直至今日依然适用。

灵性主义者得到的多，所以对他们的要求就更高；懂得运用教义的人也是如此。

对于虔诚的灵性主义者而言，首先要考虑的是，灵性所给的忠告建议中是否有什么适用于自己。

灵性主义已让**受邀**之人得到了成倍的增长。因为它能让人拥有信仰，所以**被选上**之人也同样成倍增长。

灵性所传教义

已经拥有之人会得到更多

13. 门徒们来问耶稣："您为何用这些寓言来教导人们？"耶稣回答说："关于天国的奥秘只让你们知道，而不会让他们知道。已经拥有的人会得到更多，甚至比他需要的还多。几乎一无所有的人，连他仅有的那一点东西也要被拿走。这就是为何我用寓言故事教导他们。因为这些人看了，但并未真正地看见；他们听了，但没有真正地理解 这正应验了以赛亚的预言：'你们会听，并听见，却什么也听不懂，你们会看，并看见却理解不了你们所看到的。"（《马太福音》第13章第10节至第14节）

14. 你们要仔细琢磨你们听到的。你们用怎样的量器给别人，上帝也会用怎样的量器给你们，而且甚至会多给你们。拥有的人，会得到更多；几乎一无所有的人，就连他们仅有的一点点也要被拿走。（《马可福音》第4章第24节至第25节）

15. "拥有之人，会得到更多；几乎一无所有之人，就连他们仅有的一点点也要被拿走。"这些伟大的教义，在你们看来，往往自相矛盾，所以需要细思冥想。得到之人，是指那些理解了神圣之言含义之人；他们之所以能得到，完全是因为他们想要成为应得之人，而主以其慈悲的爱，鼓励那些为了向善所做的努力。这种坚持不懈的努力引来了主的祝福；它们犹如一块磁石，吸引着前进的步伐，也吸引着无尽的祝福，让你有足够的勇气登上圣山，在山顶等待你的是辛劳后的安乐。

"几乎一无所有或所有寥寥之人，连他仅有的那一点东西也要被拿走。"这句话应理解成一个反面比喻。上帝不会从他的创造物手中拿走他已同意给予他们的好处。啊，又瞎又聋的人类！敞开你们的心扉，看看你们的灵性；你们一定要从心里明白，而不要以如此粗鄙不当的方式去解释将上帝公正之光带给你们的主所说的话。对于那些几乎一无所有之人，从他们手中拿走仅有那一点东西的并不是上帝，而是他们自己的灵性，他们大手大脚、粗心大意，不知道如何留住自己拥有之物，也不知道如何让自己心里幼小的萌芽孕育长大。

他们继承了父辈们辛苦挣来的田地，却从不耕耘劳作，任凭地里长满野草。他们不想要的收成，难道是他们的父亲拿走的吗？如果他们本打算种那块地，却因照料不周而让种子枯萎，最后颗粒无收，难道这也要怪他们的父亲吗？不，当然不能。与其指责那个为他们准备好一切，又将其所赐拿走之人，倒不如让他们去责怪给自己带来不幸的始作俑者，然后方知悔改，勤勤恳恳地开始工作，凭借自己的意志去开垦这片贫瘠的土地，在忏悔和希望的帮助下深耕细作，充满信心地种下挑选出的好种子，剔除坏种子，用仁爱和仁慈精心浇灌。上帝是仁爱和仁慈的神，他必让拥有之人得到更多。到那时，他们就会看到自己的努力没有白费，一粒种子便能收获成千上万的谷粒。劳动者们，你们要有勇气，！拿起你们的锄头和犁耙，耕耘你们的心田，拔除丛生的杂草；将主给你们的好种子播种在地里，灌之以仁爱的甘露，待其结出仁慈的果实。（灵性朋友，波尔多，1862年）

判定基督徒的标准取决于个人行为

16."不是所有呼唤我'主啊，主啊'之人，都能进天国。只有按照天父意志行事之人，才能进天国。"

凡将灵性主义学说视为魔鬼之作的人，你们要听耶和华的话。你们要侧耳而听，因为是时候去听了。

要当一个忠信的仆人，只要穿上主的制服就够了吗？只要说"我是基督徒"就够了吗？看一个人是不是真正的基督徒，你得看他的所作所为。"好树结不出恶果；坏树也结不出好果。""所有不结好果的树，都要被砍倒，扔进火里烧掉。"这是主所说的话；基督的门徒啊，你们可要明白！基督教之树该结出怎样的果实呢？那棵枝繁叶茂的大树，它的树荫遮盖了世界的一部分，却还未遮蔽所有应聚集在它周围之人。生命之树的果实是生命、希望和信念的果实。几个世纪以来，基督教一直致力于宣扬这三种神圣美德；它努力传播这些果实，但却很少有人去采摘它们！这棵树一直是好的，只是园丁很糟糕。他们想按照自己的想法来改变它，想根据自己的需要来塑造它，所以又是去叶、又是摘芽、又是修枝，结果，光秃秃的枝条上连坏果子也长不出来，最后再也结不了果了。口渴的旅行者在树荫下停留，想要找寻希望的果实，好让自己恢复力量和勇气，可他们看到的只有干枯的树枝，那预示着暴风雨即将来临。他们未能在生命之树上找到生命之果：因为在惨遭人类之手的百般破坏后，这棵树已经枯萎凋零了！

所以，亲爱的人们啊，你们要侧耳而听，要敞开心扉！要精心栽培那棵生命之树，它的果实能赋予生命永恒。种下这棵树的上帝请你用仁爱去照顾它，你会看到它再次结满神圣的果实。要保护好这棵树，正如基督当初交给你们时一样。不要去破坏它；它希望长出可以遮蔽整个宇宙的树荫，所以不要去砍断它的树枝。丰硕的仁慈之果纷纷掉落下来，去滋养那些正打算前往目的地的饥饿的旅行者。不要将这果实摘了收藏起来，任凭它腐烂，不给任何人食用。"被邀请的人很多，被选上的人却很少。"这是因为生命粮食存在着垄断者，这一点与物质粮食很相似。不要与这样的人结盟。结好果的树，必分给众人。所以，去寻找那些饥饿的人吧！把他们领到树下，与他们一起在树荫下乘凉。"荆棘丛中摘不到葡萄。"所以，我的兄弟姐妹们，要远离那些让你们在路上铺满荆棘之人，要跟随那些领着你来到生命之树树荫下的人。

神圣的救世主是无上正义，他说："不是所有呼唤我'主啊，主啊'之人，都能进天国。只有按照天父意志行事之人，才能进天国。"他所说的话不应被忘记。

愿耶和华保佑你,愿光明的上帝普照你,愿生命之树在你头顶上结出丰硕的果实!要相信,要祈祷。(西缅,波尔多,1863 年)

第十九章:
信仰可移山

- 信仰的力量
- 宗教信仰；坚定信仰的状态
- 关于枯萎的无花果树的寓言
- 灵性所传教义
    - 信念：希望与仁慈之母
    - 神圣的信仰与人类的信仰

信仰的力量

1. 耶稣回到人群当中，一个人走过来，跪在他面前说："主啊，怜悯我的儿子吧！他得了癫痫病，痛苦极了，经常不是跌到火里，就是跌进水里，我带他去见您的门徒，可是他们治不好他。"耶稣回答说："你们这代毫无信仰、做恶的人啊！我还要和你们在一起待多久呢？我还得忍耐你们到何时呢？把孩子带到我这里来吧。"耶稣命令鬼离开那孩子，那孩子的病立刻就痊愈了。耶稣的门徒走过来私下问他："我们为何就赶不走鬼呢？"耶稣说："那是因为你们缺乏信仰的缘故。我实话告诉你们，**如果你们有像芥菜籽那样大的信仰，你们就能对这座山说：'从这里移到那边去。'山就会移过去**，而且对你们来说，没有什么事情是不可能的。"（《马太福音》第17章第14节至第20节）

2. 从特定意义上来说，只要对自己的能力充满自信，我们就必能完成那些自己本以为无法完成之事。只不过，对于这段话的理解，应限定于其隐喻的道德含义。信仰所能移动的大山是指困难、阻力和恶意；换句话说，是指人类身上具有的所有东西，甚至包括最好的部分。对于致力于人类进步之人而言，日常的偏见、物质利益、自私、盲目的狂热和傲慢的激情便是阻碍前进道路的其他大山。坚定的信仰能给人毅力、力量和依凭，使得我们能够克服大大小小的困难。信仰一旦动摇，就会令人心生疑惑、犹豫不决，这反而会让眼前的障碍变得更加难以攻克；这种信仰不会想方设法地去争取胜利，因为它根本不相信有胜利的可能。

3. 从另一种意义上而言，信仰是指一个人对完成某事所拥有的信心，即达到某一特定目的的信心。它给出了某种明确性，使人能够在思想上看清自己想要达到的终点以及达到这一终点的途径，从而使拥有这一信仰之人从某种意义上说，能够确信无疑地永勇往直前。无论是哪一种情况，信念都能成就伟大的事业。

执着赤诚的信仰会让人始终保持沉着冷静。它让人懂得如何耐心等待，因为在思想意识上和对事物的认知上有了信仰作为支撑，就有了达成目标的确定性。犹豫不定的信仰会让人感到自己的软弱。一旦受到利益刺激，此人就会被激怒，总想通过武力来弥补自身所缺乏的勇气。而在斗争中保持冷静是勇气和信心的表现；反之，诉诸武力才是软弱无能和自我怀疑的证明。

4. 信念与自以为是是不能混为一谈的。真正拥有信仰之人必定是谦逊的，因为他知道自己只不过是实现上帝意志的一个工具，没有上帝，自己将一事无成。这就是为何善良的灵性会来帮助他们。自以为是与其说是一种信仰，不如说是一种傲慢，而傲慢之人迟早会受到挫折和失败的惩罚。

5. 信仰的力量事实上是一种磁性效应，一种直接而特殊的磁力作用。具体来说，人类可以通过信仰对宇宙元气这种流体产生作用，即改变它的特性，并赋予其一种不可抗拒的冲动。因此，一个人若将普通强大的流体力量与虔诚的信仰结合在一起，仅凭其向善的意志，就能实现许多不可思议的疗愈现象，以及其他曾被视为奇迹的现象，但事实上这只是自然法则的结果。所以耶稣对使徒说：你们若不能医治，是因为你们没有信仰。

宗教信仰；坚定信仰的状态

6. 从宗教的角度来看，信仰是指相信不同宗教所包含的特定教条；每个宗教都有自己的信仰。由此看来，信仰既有可能是**理性的**，也有可能是**盲目的**。盲目的信仰不明事理、不辨真假，处处有违证据、有悖理性，在极端情况下，甚至会引发**狂热**行为。任何信仰，若以谬误为根基，迟早会崩塌。只有建立在真理基础之上的信仰，才是未来唯一的保障，因为它从不担心人类的启蒙进化，正所谓：**真理从不掩于晦暗，亦从不消于光明**。每个宗教都声称自己拥有真理；**然而，盲目地奉行某一信仰，其实就等于承认自己无法证明这一信仰的正确性。**

7. 人们常说，**信仰是不能规定的**，很多人声称他们没有信仰，但那并不是他们的错。诚然，信仰是不能规定的，更确切地说，**信仰是不能强加的**。的确，信仰不能规定，只能树立，没有人会拒绝拥有信仰，即使对此最为抗拒之人也不例外。我们所说的，是灵性上的基本真理，而非某个特定信念。不是信仰去寻找这些人，而是这些人去寻找信仰，前提是要真心诚意地寻求，才能找到。因此，可以肯定的是，那些说"我们非常愿意相信，但我们的确做不到"的人，只是嘴上说说，并非真心实意，他们之所以这么说，无非是自我宽慰一下而已。既然身边已有如此多的实证，为何不肯睁眼看看呢？有的人是漠不关心，有的人是不愿被迫改变自己的习惯，而大数人则是心怀傲慢，不肯承认有更强大的力量，使他们不得不在其面前低头。

对有的人来说，信仰似乎与生俱来；所谓星星之火，足以燎原。他们之所以能轻而易举地理解灵性上的真理，正是其在前世取得了进步的明显标志。相反，对其他一些人来说，他们很难理解灵性上的真理，这恰好证明了他们尚未进化的本性。前者对于真理是信服和理解的；当他们**重生之时**，前世所了解到的东西会成为他们与生俱来的直觉：这标志着他们已经完成了自我教育的过程。后者还必须学习各种知识：他们尚未完成自我教育；但他们终将会完成——若非今生，便在来世。

我们必须承认，怀疑者的抗拒往往与他们自身并无太大关系，更多是与事物的呈现方式有关。信仰需要一个基础，而这个基础就是对所信之物的深刻理解；要真正相信一个事物，**光凭眼睛看**是不够的，最重要的是要**理解**。在这样一个时代，盲目的信仰早已不合时宜；如今，怀疑者空前之多，正是由于盲目信仰的教条导致，因为它希望强加于人，并要求人类放弃最宝贵的两项特权：理性和自由意志。怀疑者所反抗的主要是这种类型的信仰，所以说，信仰是不能规定的，这种说法确实没错。不承认证据，就会在脑海中留下空白，从而致人怀疑。理性的信仰是建立在事实依据和逻辑基础之上的，它不会在醒来之时留下任何阴暗；人们之所以相信某个东西，是因为他们对此确信不疑，而若非真正理解，就无法做到确信不疑。这正是理性的信仰不会崩溃的原因，因为**坚定的信仰是在人类任何一个时代都能正视理性的那种信仰**。

灵性主义便是如此，只要不是以自私为目的的蓄意反对，它必定会战胜怀疑。

关于枯萎的无花果树的寓言

8. 第二天，当他们离开伯大尼时，耶稣觉得很饿。这时他远远看见一棵枝繁叶茂的无花果树，就走过去想看看树上有没有果实。他来到树下，却发现树上只有叶子，因为现在还不到结果的季节。耶稣对树说："从今以后再不会有人吃到你的果实了。"他的门徒们都听见了这话。第二天早晨，耶稣和门徒们又上路了。他们看见那棵无花果树已经连根枯萎了。彼得想起昨天的事，对耶稣说："老师，您瞧，昨天您诅咒过的那棵树已经枯萎了。"耶稣回答说："信仰上帝吧！我实话告诉你们，一个人对这座山说：'起来，投到海里去。'当他说这话时，只要心中没有疑虑，相信自己的话一定会实现，上帝就会为你们成全此事。"（《马可福音》第 11 章第 12 节至第 14 节和第 20 节至第 23 节）

9. 枯萎的无花果树象征着这样一种人：他们外表善良，但实际上却未创造出任何有价值之物。他们是华而不实的演说家，言辞华丽，却难掩内心的肤浅；说话动听，细思却无实质内容，因为他们的灵魂空空如也。凡听过他们说话之人都免不了会问：听君一言，何益之有？

此外，这同时也象征着一切怀才不施之人，象征着一切乌托邦，象征着一切空洞的理论以及一切缺乏坚实基础的学说。它们所缺的往往是真正的信仰、富有成效的信仰、那种触动灵魂深处的信仰；换句话说，就是可移山的信仰。它们是有叶子，但没有果实的树。这就是为何耶稣要诅咒它们结不出果实，总有一天会叶枯根烂。这意味着，凡是不能为人类带来任何好处的理论，都将归于虚无；凡是故意无所作为，故意不善用手中资源之人，其结局最终都会像枯萎的无花果树一样。

10. 灵媒是灵性的传译者，后者会假借前者的身体器官，将其教义传达给我们——这就是为何灵媒会被赋予这种能力的原因。在这个社会复兴的时代，灵媒拥有一项特殊使命，即充当为其同胞提供灵性营养的树木。为了丰富这一营养，他们的数量也在不断增加。在所有国家、所有社会阶层，无论贫富贵贱、无论尊卑大小，灵媒无处不在，没有任何人被剥夺传承的权力，**这是全人类一体的最好证明**。然而，倘若他们背离了上天赋予其超凡异能的初衷，借此妄行无益之事或有害之举，一心追逐世俗利益，不种善因，但结恶果，拒绝帮助他人，亦无益于自我进步，那么他们与不结果的无花果树就别无二致。上帝必会收回他们手中一无所用的天赋，即他们未能让其结出果实的种子，并让他们成为恶魔的猎物。

灵性所传教义

信念：希望与仁慈之母

11. 要想受益，信仰必须是积极活跃的。它不能变得麻木不仁。信仰，犹如接近上帝的一切美德之母，她必须仔细地照看自己诞下的孩子，关注他们的成长情况。

希望与仁慈是信仰的结果；这三大美德构成了一个不可分割的整体。人们希望看见主的应许得以实现，这种希望不正是源于信仰吗？倘若没有信仰，何来希望呢？难道仁爱不是来源于信仰吗？倘若没有信仰，何来欣赏，又何来仁爱？

信仰，来自上帝的神圣启示，唤醒了引人向善的所有高尚本能；它是重生的基础。为此，这一基础必须坚定持久，若因丝毫怀疑动摇了这一基础，在它上面建造的高楼大厦将如何自处？故要在不可动摇的基础上建造高楼；要让你们的信仰比怀疑者的诡辩和嘲讽更强大，因为凡经不住他人嘲讽之信仰，都不能称为真正的信仰。

真诚的信念是具有引吸力和感染力的，它能让毫无信仰、甚至全然抗拒之人接纳自己，能用有说服力的话语触动人的灵魂。相反，表面的信仰只知空谈阔论、夸夸其谈，它只会让听的人无动于衷、漠不关心。藉由你的信仰为榜样来传道，以期将信仰传递给他人。藉由你的行为作为榜样来传道，以期让他人能看见信仰的价值。藉由你不可动摇的希望去传道，以期让别人看到信任赋予你对抗生活中一切世事变迁的力量与勇气。

所以说，信仰在其纯洁和理性中，包含了一切美与善。盲目的女儿啊，不要接受无法证实的信仰！爱上帝，但要知道你为何这样做；相信他的承诺，但要知道你为何相信他的承诺。遵循我们的建议，但要注意我们向你展示的目标，以及我们为你提供的实现目标的手段。要相信，要有希望，不要丧失信心；奇迹，就是信仰所为。（约瑟夫，守护灵性，波尔多，1862 年）

神圣的信仰与人类的信仰

12. 信仰是人类对未来命运的一种与生俱来的感情。它使人们意识到自己天生蕴藏着一颗具有超凡能力的种子，这粒种子一开始处于潜伏休眠状态，只有运用自己积极的意志，才能让它生根发芽，开花结果。

迄今为止，人们从未从宗教以外的角度去理解信仰，因为基督颂扬信仰拥有强大的力量，而他一直被视为宗教的领袖。然而，曾经创造过物质奇迹的基督通过这些奇迹证明了一点：凡有信仰者，事无不成；心有所愿，必能达成。以他为榜样，使徒不也行了奇迹吗？那么，除了当时人类尚未了解的自然现象外，还有哪些奇迹？这些奇迹在今天大多已得到了合理解释，并将因灵性主义和磁力学的研究得到充分理解。

信仰要么是人类的信仰，要么是神圣的信仰，这取决于人们将自身能力用于满足世俗需要，还是用于实现其在天国和来世的愿望。那些追求某种伟大事业成就的天才，如果认为自己能够也必须达到目标，所以心中怀有信念，这种信仰就必会赋予他们巨大的力量。道德高尚之人相信自己在天国的未来，希望以善行义举充实自己的生活，对等待着自己的幸福充满确信，他们能从信仰中汲取所需的力量，从而实现仁慈、奉献和无私的奇迹。最后要说的是，只要有信仰，就没有克服不了的邪念。

磁力，是将信仰付诸行动的最伟大证明之一。正是通过信仰，磁力才能够治病愈伤，才能创造曾被视为奇迹的超凡现象。

我再重复一遍：信仰既有**人类的**信仰，也有**神圣的**信仰。任何一个道成肉身之人，只完全相信自身具有的力量，并通过自由意志运用这一力量，就能够实现非凡的成就，这些成就至今仍被称为奇迹，但事实上不过归功于人类能力的进步。（守护灵性，巴黎，1863 年）

第二十章：
最后来的工人

- **灵性所传教义**
  - 最末的将要居先
  - 灵性主义者的使命
  - 主的工人

1. 天国像一个财主。清晨起来，他雇了一些人到他的葡萄园里干活。他答应每天给他们每人一个银币，然后把他们打发到葡萄园里去干活。上午九点左右，他来到市场，发现有些人站在那里没有活干，于是对他们说："你们也去我的葡萄园干活吧，我不会亏待你们的。"这些人就到他的葡萄园里干活去了。中午十二点和下午三点，财主又去市场，雇了更多的人手。下午五点左右，他再次去市场，又看见有些人站在那儿无所事事，就问他们："你们为何整天站在这里不干活？"他们说："没人雇我们。"这个财主对他们说："你们也到我的葡萄园里干活去吧。"

天黑时，葡萄园主告诉工头："去把雇工都叫来，把工钱给他们。从最后雇的人给起，最后再把工钱给最先雇的人。"结果，五点钟雇来的人每人都得到了一个银币，当最早雇来的人走过来时，心想他们肯定会得到更多，可是他们也是每人得到一个银币。他们拿了钱，向财主抱怨说："最后雇来的人才干了一个小时的活，而我们在大太阳底下干了整整一天，结果您给他们的工钱和给我们的一样多！"

财主回答说："朋友，我没有亏待你们，我们不是说好了我给你们每人一个银币吗？拿上你们的工钱回家去吧。我愿意付给最后雇来的人与我付给你们一样的工钱。难道我无权决定如何支配自己的财产吗？只是因为我心好，你们就嫉妒了吗？"

所以，**最末的将要居先，而居先的将落在最末。**（《马太福音》第 20 章第 1 节至第 16 节；同时参见第十八章第 1 节"关于婚礼宴会的寓言"）

灵性所传教义

最末的将要居先

2. 最后来的工人有权领取他们的工钱，但前提条件是他们必须心甘情愿地任凭雇主差遣，而且绝不能懒惰或存心怠慢工作。他们之所以有权领取工钱，是因为他们天一亮就迫不及待地等着人来找他们干活——他们干活非常努力；他们之前只是还没找到活而已。

但如果他们一整天都不愿干活，还说："耐心点嘛，休息多舒服啊！等到最后一个小时，再来想想今天的工钱就可以了。对于一个我们既不认识也不尊敬的主人，我们又何必为他操心呢？来得越晚越好！"我的朋友们，这些人得不到工钱，完全是因为他们的懒惰。

假如这些工人并不是无所事事，而是用本来应该干活的时间去作坏事，他们的结果会怎样呢？如果他们残害同胞、祸害家人、背信弃义、虐待无辜、恣意妄为、丑行不断，并因此亵渎神明，那他们的结果又会怎样呢？假如他们在最后一个小时说："先生，我们没有利用好我们的时间，要不今天收工前您再安排我们干点活——虽然活不多——然后按照勤快之人的标准发给我们工钱吧"，这样能行吗？当然不行！主人肯定会对他们说："我现在不会给你们工作的。你们浪费了自己的时间，忘了所学的技能，也不知道如何打理我的葡萄园。所以，你们得重新学习技能，如果你们还愿意，到时再来我这里，我可以把许多田地的活派给你们，让你们在那里工作一整天。"

亲爱的人们啊，你们这些善良的灵性主义者，你们就是那些最后到来的工人。倘若有人说"我天一亮就开始干活，直到晚上才收工"，他会觉得很自豪。你们背负着枷锁，道成肉身来到这里——有的来得早一点，有的来得晚一些；可几百年来，主一直在召唤你们进入他的葡萄园，你们却不愿意进去。现在是你们领工钱的时候了；要好好利用你们剩下的时间，永远不要忘记你们的这一世——不管它在你们看来有多漫长，都只不过是构成无限永恒的一个瞬间。（康斯坦丁，守护灵性，波尔多，1863年）

3. 耶稣喜欢运用简单的象征手法，在他寓意深刻的话语中，最早来的那批工人是指摩西、先知以及率先推动人类各个进步阶段的发起者，在此后数百年间，先后到来的工人还有使徒、殉道士、教父、学者、哲学家以及最后的灵性主义者。早在弥赛亚来的时候就已经宣布和预言了最后到来的灵性主义者，他们也必得着同样的报偿，我说什么来着？是更多的报偿。最后到来的灵性主义者从前辈的智慧中获益匪浅，因为人类必须世代传承，所有的努力和结果都是人们共同付出和创造的：上帝保佑团结一致。此外，他们中的许多人至今还活着，或将在日后回来继续完成之前未竟的事业。在灵性主义者的行列中，不乏族长、先知、基督门徒和基督教传播者；只不过，如今的他们更加开明、更加进步，而且从事的不再是基础性工作，而是上层工作。因此，他们所能得到的工钱将与其工作的价值成正比。

轮回转世是一个非常棒的教义，它对灵性归属的不朽和定义做出了解释。灵性应召履行其在世间的使命，它清楚这项任务具有延续性，即使中途中断，最终也必会重新恢复。在飞行时，它能看到和感受到前辈的思想。当它再次登场时，将拥有更加成熟的经验，并取得更大的进步。无论是最先来的工人，还是最后来的工人，他们都真切见证了上帝深刻的公正，所以不再抱怨，相反，心中只有敬拜之情。

这便是这个寓言所代表的真正含义之一。正如耶稣向世人讲述的所有寓言一样，这个故事在其外在形式和人物形象之下蕴含了一颗关于来世和启示的种子，即宇宙苍茫辽阔，万物协调，天地大同；人类古往今来，世代相传，休戚相关。（亨利·海涅，巴黎，1863年）

灵性主义者的使命

4.你们难道还没听见暴风雨的隆隆声吗？它必将毁灭旧世界，吞没世间的所有罪孽。啊！你们要称颂耶和华，要坚定地相信他至高无上的公正，作为天国预言所揭示信仰的新使徒，你们当走出去宣扬灵性的**轮回转世**以及根据使命完成的好坏及在世间所经历的考验取得进步的新教义。

不要害怕！火舌落在你们的头上。哦！作为灵性主义真正的追随者，你们是上帝的选民！去传扬那神圣之言吧！现在是时候摒弃你们原有的习惯和工作方式，抛弃你们对于这一学说的传播所抱有的无谓担心了。去吧，将它大声地宣读出来！来自天国的灵性将与你们同在。当然，你们也要告诉那些不想聆听上帝之声的人

第二十章：最后来的工人

们，因为那声音会不停地呼唤他们要忘我无私。你们当告诫贪婪之人要公正无私，告诫荒淫之人要自制节欲，告诫恶霸和暴君要仁慈宽厚——我知道这些告诫可能没什么用，但这又有何关系呢！你们要用汗水来浇灌你们所耕种的土地，因为若没有福音的耕耘，那片土地就不能结出果实。去吧，去向世人宣告吧！

是的，你们这些善良的人啊，当你们看到散布于宇宙间的其他世界时，你们会发现自己多么渺小，去开启一段反对不公不正的十字军东征吧！去吧，去扭转世人对金牛犊的膜拜，天天月月，日日年年，直到滴水穿石，绳锯木断。去吧，上帝会指引你们！无知无识的人啊，你们将畅所欲言，言他人之所未言。去吧，去宣告世人，细心的人们会欣然接受你们安慰、友爱、希望与和平的话语。

即使前进的道路上布满了陷阱，又有何妨？只有狼才会落入狼的陷阱，因为牧羊人永远知道如何保护自己的羊不受这些凶残杀戮者的伤害。

去吧，那些在上帝面前很伟大之人，那些比圣·托马斯更有福之人，即使没有亲见也会相信，即使自己没有灵媒的能力也对此深信不疑。去吧，上帝的灵性正在指引你们。

伟大的信仰方阵，你们要一往无前！怀疑者的大军将在你们面前消失，就像旭日初升时消散的晨雾。

耶稣说，信仰是可移山的美德。然而，不纯洁和所有的恶习比人心中最重的大山还要沉重。所以，要勇往直前，彻底将这座罪孽之山移走，让我们的后代只能通过传说来了解它，就像你们自己对异教文明之前的那段时期所知甚少一样。

是的，世界各地必将发生道德和哲学的剧变。神圣之光普照人间与天国的时候到了！

去吧，将神圣之言告诉世人，告诉那些伟大之人，蔑视上帝之人，学识渊博之人，寻求证据的之人，告诉那卑微简单之人，愿意相信之人，因为热情和信仰往往存在于那些辛勤劳作——于尘世赎罪的殉道者中。去吧；用感恩的颂歌和赞美上帝的歌声，给世人带去神圣的安慰，他们将低头感谢其在世间经受的苦难。

愿你们的方阵常怀决心和勇气！开始工作吧！犁已架，地待整；现在你必须投入工作了！

去吧，感谢上帝托付给你们的光荣使命，但要记住，在那些受到灵性主义召唤的人中，有许多人误入了歧途。所以要谨慎行事，坚持走真理之路。

问：如果说许多受到灵性主义召唤之人误入了歧途，那我们又凭什么分辨出走正道的是哪些人呢？

答：你们可以根据他们是否宣扬和践行真正的仁慈律法来进行辨别；根据他们安慰了多少受苦之人来进行辨别；根据他们是否爱他人，是否无私忘我来进行辨别；最后，还可以根据他们所践行律法是否获得胜利来进行辨别——因为上帝必会让其律法获胜。凡因循上帝律法的，就是上帝选民，上帝必使其获胜。不过，为满足自身虚荣心和野心歪曲上帝律法精神的，上帝必使其毁灭。（伊拉斯塔斯，灵媒的守护天使，巴黎，1863年）

主的工人

5. 如今，实现人类变革大业的时刻即将到来。在主的田地里，心怀仁慈、别无他求而无私工作之人会受到祝福！他们的工作时日将比其预期的超出百倍之多。那些对同伴们说"兄弟姐妹们，让我们一起工作，共同努力，以期在主人回来时完成他所托付的工作"之人有福了，因为主人必对他们说："来我这里吧，你们这些忠实的仆人，你们知道怎样消除嫉妒和纷争，避免工作受到影响！"相反，那些因为彼此争吵而致使收获迟延之人有祸了，因为狂风暴雨即将来临，而他们将在狂风暴雨之中被清除殆尽。他们只能哭喊："开开恩吧！开开恩吧！"可主会对他们说："你们这些连兄弟姐妹都不怜悯，拒绝向他们施以援手之人，这些践踏弱者，不肯给他们帮助之人，凭什么乞求开恩呢？你们在世间的享乐和虚荣心的满足已经给了你们回报，凭什么还要乞求开恩呢？你们已经得到了你们想要的报偿，就别再想要奢求其他。天国的赏赐是给那些从未要求过赏赐之人的。"

此时此刻，上帝正在对他忠实的仆人进行调查，他会留心那些表面上勤勤恳恳，私下却只想侵占有胆有识者工钱的仆人，因为上帝只会将通过灵性主义进行重建的伟大事业以及这当中最艰巨的使命托付给在任务面前从不退缩之人。这恰好验证了这句话："在天国里，居先的将落在最末，最末的将要居先。"（真理之灵，巴黎，1862年）

第二十一章:
假基督和假先知的存在

- 观其果而知其树
- 先知的使命
- 假先知所行神迹
- 不要相信所有的灵
- 灵性所传教义
    - 假先知
    - 真先知的特征
    - 灵性世界的假先知
    - 耶利米与假先知

观其果而知其树

1. 好树结不出恶果,坏树也结不出好果;树的好坏是从它结的果实来分辨的。人们不在荆棘丛中摘无花果,也不在灌木丛中摘葡萄。善良人的内心蕴藏着美好,所以,他们的话也是美好的;但是,恶人的内心却蕴藏着邪恶,他们的话也就充满了邪恶。一个人的内心充满了什么,口中就会说出什么。(《路加福音》第6章第43节至第45节)

2. **要提防假先知**,他们来到你们面前,看上去像绵羊,实际上却是危险的狼。通过这些人的行为,你们会知道他们是什么样的人,**就如荆棘丛中摘不到葡萄、蒺藜藤上结不出无花果一样**。同样,好树结好果,坏树结恶果。**好树结不出恶果;坏树也结不出好果**。所有不结好果的树,都要被砍倒,扔进火里烧掉。同样的道理,你们可以从人的行为,看出他们的品质。(《马太福音》第7章第15节至第20节)

3. 你们要当心,不要受人欺骗。许多人会冒充我的名义而来,他们会说:"我是基督。"他们会欺骗许多人。

许多假先知会出现，欺骗民众。由于世上的邪恶不断增长，许多人的爱心都会消失，但是坚持到最后的人会得救。

如果那时有人对你们说"看，基督在这里"或"基督在那儿"，不要相信他。因为**会出现假基督和假先知，他们会行大神迹和大奇事**，如果有可能他们甚至企图欺骗上帝的选民。（《马太福音》第24章第4节至第5节、第11节至第13节和第23节至第24节；《马可福音》第13章第5节至第6节和第21节至第22节）

先知的使命

4. 先知通常被认为具有某种揭示未来的天赋，因此**预言**和**预测**成为其代名词。然而，从福音的意义上来讲，"先知"一词有着更广泛的含义。它可以指所有被上帝派来教导人类，揭示隐藏事物及灵性生命奥秘之人。故一个人能成为先知，并不需要算卦占卜。这只不过是耶稣时代的犹太人拥有的观念罢了。所以，当耶稣被带到大祭司该亚法面前时，众文士和长老就朝他脸上吐唾沫，用拳头打他，还辱骂他说："基督啊，给我们预言一个吧，告诉我们究竟是谁打了你。"尽管如此，在某些情况下，先知确实可以通过直觉或上天的启示预知未来，向人类传递警告。由于这类预测的事件后来的确也有发生，所以预测未来的天赋就被当成了先知具有的属性之一。

假先知所行神迹

5. "因为会出现假基督和假先知，他们会行大神迹和大奇事，如果有可能他们甚至企图欺骗上帝的选民。"这句话揭示了"神迹"一词的真正含义。根据神学的定义，神迹和奇迹均为发生在自然法则之外的特殊现象。既然自然法则是由上帝**独创**的，他显然也可以违背自然法则，只要他愿意。然而，简单的常识告诉我们，对于未完成进化的和堕落的生物，上帝绝不可能赋予其一种与神力相当的力量，更不可能赋予其破坏上帝所行之事的权利。耶稣不可能将这样的原则奉为神圣。依据这两个词被赋予的含义，恶灵便拥有行神迹来欺骗上帝选民的能力，结果便成了：上帝能做的，恶灵也能做，神迹和奇迹不再是上帝的专属特权。而且，这一切无法证明任何问题，因为圣徒所行的奇迹和恶魔所行的奇迹是无法分辨的。为此，有必要对这两个词的含义做出更合理的解释。

  对于从未受过教育的普通民众来说，任何一种原因不明的现象都是超自然的、非凡的、不可思议的。一旦知道了原因，人们就会意识到这种现象尽管看起来不同寻常，但也只不过是自然法则的应用而已。这样一来，随着科学知识的圈子不断扩大，超自然事件的圈子也就相应缩小。为了实现他们的野心，维护他们的利益和统治，每一个时代都有人假借其掌握的某些知识，让人们认为其拥有某种超人的力量或肩负着某种神圣的使命，从而提高自己的威望。这些人就是假基督和假先知。启蒙运动的推广使得这些人声败名裂，正因如此，这些人的数量与日剧减，与已开悟之人的数量旗鼓相当。他们所行之事在某些人眼中被奉为神迹，但事实上与神圣使命毫不相干，因为任何掌握了这一知识的人，或任何具有特殊有机官能的人——无论是微不足道还是尊贵无比，都能做到这一点。真正的先知应当具有更严谨独特的道德品质。

不要相信所有的灵

6. 我亲爱的朋友，现在世上出现了许多假先知，**不要相信所有的灵**，你们应该检验那些灵，看他们是否来自上帝。（《约翰一书》第4章第1节）

7. 灵性现象非但没有像某些人喜欢说的那样，为假基督和假先知带来可信度，相反会给他们以最后一击。不要指望通过灵性主义去行神迹或奇迹，因为它郑重声明，它是不会做这些的。正如物理学、化学、天文学和地质学揭示了物理世界的规律一样，灵性主义也揭示了支配物质世界和灵性世界之间关系的其他不为人知的规律，这些规律既是自然规律，也是科学规律。通过对至今仍无法理解的现象背后所隐含某种规律做出解释，灵性主义摧毁了残留于超常领域的东西。这样一来，那些为了自身利益而试图利用这种现象将自己伪装成上帝派来的救世主之人就再也无法长久地滥用人们对他们的轻信，而他们的虚伪面目也很快就会被揭穿。此外，如上所述，这些现象本身并不能证明什么：一项使命是根据其产生的道德效果来验证的，而这种效果并非随便什么人都能实现。这是灵性主义科学发展的结果之一；通过细察某些现象的起因，灵性主义揭开了许多神秘面纱。那些喜欢黑暗胜过光明之人，是唯一对对抗黑暗感兴趣之人；然而，真相就像太阳，它能驱散最浓的迷雾。

灵性主义揭示了另一种比假基督和假先知更危险的东西；它并不存于人类中间，而是存在于未化身者中间，即那些由人世进入灵性世界的骗人、虚伪、傲慢和伪博学的灵性，他们为自己冠以一个受人景仰的名字——借这一面具，他们得以掩饰自己的真实面目，目的就是为了给最奇异和最荒谬的想法正名。在人们了解通灵互动之前，这些灵性就已经以一种不那么明显的方式，通过灵感或者无意识的听说灵媒来从事活动了。在不同时期，尤其是近代，有相当多的人以某些古代先知，例如基督、圣母玛利亚甚至上帝的身份出现。约翰在书中这样警告他们："我亲爱的朋友，现在世上出现了许多假先知，不要相信所有的灵，你们应该检验那些灵，看他们是否来自上帝。"灵性主义提供了检验假先知的方法，它指出了识别善灵的特征，**即永远是道德的，而非物质的**[1]。在区分善灵与恶灵时，耶稣的这句话特别适用："树的好坏是从它结的果实来分辨的；好树结不出恶果；坏树也结不出好果。"灵性通过其行为的好坏来判断，就像树的好坏是从它结的果实来分辨一样。

灵性所传教义

假先知

8. 若有人对你们说"基督在这里"，你们千万不要往那里去；相反，你们要当心，因为许多假先知会出现。你们没有看见无花果树的叶子开始渐渐干枯了吗？你们没有看见它的许多嫩枝在等待开花的时机吗？基督岂非对你们说"观其果而知其树吗"？因此，如果果实是苦的，你就会说树是坏的；但如果果实是甜的，完好无损的，你就会说：这么好的果子不可能来自一棵坏的树。

我的兄弟姐妹们，你们要这样进行判断，你们所要检验的是行为。如果有人声称自己被赋予了神圣力量，那你们要检验他们是否有履行这类使命的各种迹象，即是否拥有永恒的、基督教的最高美德：仁慈、仁爱、宽容以及令所有灵魂和谐相处的仁善；如果他们除了言语，还付诸了行动，那么你们可以说：他们是上帝真正的使者。

但不要轻易相信任何甜言蜜语，不要轻易相信那些身着长袍在广场祷告的文士和法利赛人。不要轻易相信那些声称唯一拥有真理之人！

不，基督并不在那里，因为凡受他差遣去传播圣道，并藉由其榜样使其子民重生之人，他们的心比其他所有人都要慈善与谦卑。凡须以身作则拯救人类之人，必会毫不犹豫地踏上灭亡和曲折的道路，他们最重要的品质就是谨慎与谦卑。要远离那些哪怕只表现出些许傲慢之人，他们就像是具有传染性的麻风病人，会感染他们接触到的所有东西。要切记一点：**看人不能只看外表，更重要的是看其行为，这才是区别他们是高尚还是堕落的重要标志。**

所以，我亲爱的孩子们，去吧！不要心存犹豫，不要别有用心，要沿着你们所走的神圣道路前进。去吧，勇往直前，心无畏惧！勇敢地远离任何可能阻碍你们向永恒目标前进的事物。哦，旅行者们，倘若你们让自己的内心追随这平和朴实的学说，这旨在揭示永恒律法以及满足你们灵魂对于所有未知事物的探究欲愿的学说，考验你们的黑暗和痛苦必然只是暂时的。现在，你们可以为梦中看到的那些转瞬即逝的精灵赋予具体形象，这

第二十一章：假基督和假先知的存在　　　　　　　　309

些转瞬即逝的精灵只会迷惑你们的灵性，而不会给予你们真心的忠告。现在，我亲爱的朋友们，死亡已经消失，它将给你们所认识的光芒四射的天使，象征着重遇和团聚的天使让路！现在，你们已经很好地完成了造物主赋予你们的任务，你们不必再担心他的公正，因为他是天父，面对那些大声乞求宽恕的任性孩子，他总会原谅的。所以，你们要一往无前，永不止步。高举旗帜，大步向前，万事尽心，不断进步，直到最终到达幸福的目的地，在那里，所有先你们而去之人都在等着你们。
（路易斯，波尔多，1861年）

真先知的特征

9. 不要相信假先知。这一忠告在任何时候都管用，尤其是在过渡时期，正如人类目前正在经历的变革时期，许多雄心勃勃、诡计多端之人会把自己塑造成改革者和救世主。必须提防这样的骗子，每一个诚实之人都有责任揭穿他们。你们肯定会问如何才能分辨出这些人。要透过现象看本质：

军队的指挥权只会交给一个有能力领导军队的将军，那么，你们认为上帝会比人类还不谨慎吗？上帝肯定只会把重要的使命托付给那些他知道有能力完成这一使命之人，因为伟大的使命是一个沉重的负担，它会压垮那些无力承担这一使命之人。在任何事情上，师傅总比徒弟懂得多；为了使人类能够在道德和智力上取得进步，便需要在道德和智力上具有优势之人！正因如此，上帝总是将使命托付给那些在前世完成了考验并取得巨大进步，现世为了这一目标而道成肉身之人。如果无法超越其履行使命的环境，他们将无所成。

也就是说，我们可以得出这样的结论：凡受上帝派遣的真正传教士，必须通过他们的优势、美德和伟大之处，以及他们行为的结果和教化影响来证明他们担得起这一使命。在此基础之上，我们还可以得出另一个结论：如果他们的品格、美德和智慧担不起他们赋予自己的角色，或者配不起他们所标榜的伟人，那么他们就只不过是些地位低下、演技拙劣的演员而已。

还有一个需要考虑的问题是，大多数真正受上帝派遣的传教士并不清楚自己所扮演的这个角色，他们之所以去执行这一使命，是受到了天赋力量的驱使和召唤，而且还有一种隐藏的力量在他们毫无不知情的情况下，没有任何预谋地激励和引导他们。换句话说，**真正的先知是通过他们的行为被发现的：他们是被其他人发现的；相反，假先知则自称为上帝的使者出现在世人面前。**前者谦逊而温和；后者傲慢而自我。假先知总喜欢夸夸其谈、大言不惭，就像所有骗子一样，似乎总是害怕别人不相信自己。

我们见过假冒基督或基督使徒的骗子；人类如此容易上当受骗，肯轻信这些堕落卑鄙之徒，这真是人类的一大耻辱。然而，要让最盲目之人睁开眼睛，有一个很简单的方法：假如基督在地球上转世，他肯定会带着其所有力量和所有美德一起转世，除非我们相信他已经堕落了——但那是荒谬的无稽之谈。同样，假果去掉了上帝的某个属性，上帝便不再称其为上帝；假果去掉了基督的某个美德，基督便不再称其为基督。那些自称为基督之人，是否拥有基督的所有美德呢？这是个问题。要观察他们，通过仔细考察他们的思想和行为，你会发现他们缺乏基督独有的品质：谦卑与仁慈；相反，他们拥有基督所没有的品质：贪婪与傲慢。此外，还要注意一点，当前不同国家有许多所谓的基督，就像有许多所谓的以利亚、圣·约翰或圣·彼得一样，很明显，他们不可能都是真的。可以肯定的是，这些人只是在利用别人对自己的轻信，他们觉得以牺牲那些听信其话语之人为代价来生活很舒服。

所以，千万不要相信假先知，尤其是在复兴时代，因为会有许多假冒自己是上帝使者的骗子。在世间，他们以虚荣假誉来满足自己，但可怕的公正在等待着他们——这一点确定无疑。（伊拉斯塔斯，巴黎，1862年）

灵性世界的假先知

10. 假先知不仅有道成肉身的人类，也见于傲慢的灵性，而且后者为数更甚，他们以仁爱和仁慈的假象，在人类解放的事业中播下分裂的种子，阻碍事业的进展，并将其荒谬的理论渗透其中，使其灵媒相信这些理论。为了更好地蛊惑他们想要利用之人，让他们的理论看上去更有分量，他们会肆无忌惮地套用为世人所尊重景仰的名字。

这些灵性在民众中播下对抗的种子，迫使民众彼此分裂隔离，相互怀疑猜忌。单凭这一点就足以揭开他们的面纱，因为他们如此行事，便是对其所声称之身份最彻底的否认。所以说，只有盲目之人才会听任自己落入如此明目张胆的圈套当中。

此外，还有许多其他方法可以分辨出这些假的灵性先知。他们声称自己所属的灵性等级不仅应当极其优秀，而且应当极其理性。那么，通过理性和常识的筛子来对他们的理论进行过滤，你就能看到这些理论究竟还剩下些什么。勿庸置疑的是，一个灵性但凡自称拥有治病救人的起死回春之术，但凡自称可凭一己之力推行变革，实现不切实际的乌托邦幻想或幼稚可笑的措施，或者但凡其创立的理论有悖于最基本的科学概念，那么这样的灵性只能是无知虚伪的灵性。

反过来，可以确定的是，即使真理不能被某些人理解，它也总能被具有良好判断能力的大众接受——这是另一个判定标准。如果两个原则相互矛盾，可以通过找出哪个原则更有意义、更具同情心来衡量其内在价值。事实上，**单纯仅凭信徒人数的增减来评判一个学说的真伪是不合逻辑的**。上帝不会让真理局限在一个封闭的圈子里，他会让真理出现在不同地方，使光明与黑暗同在。

任何灵性若声称自己是唯一的策士，并且宣扬分裂与孤立，便要毫不留情地对其避而远之。他们几乎无一例外都是虚荣平庸的灵性，他们往往擅长于欺骗那些软弱轻信之人，对其大肆赞扬，只为达到蛊惑对方、支配对方的目的。这些灵性通常拥有强烈的权力欲望，他们生前要么是统治一方的暴君，要么是霸道蛮横的家主，死后仍想要对受害者施行暴政。作为一般原则，**不要相信那些带有神秘色彩或怪诞性质的通灵，也不要相信那些有仪式规定和怪异行为的通灵**。在这种情况下，我们有合理理由对其表示怀疑。

从另一方面而言，可以肯定的是，任何时候向人类揭示某一真理时，其必定会同时告知所有拥有严肃灵媒的严肃团体，而非告知那些排除异己的团体。心受迷惑的灵媒绝不可能是最好的灵媒。如果一个灵媒只能与某一个特定灵性交流——无论这个灵性将自己标榜得多么高贵——这个灵媒显然受到了灵性的迷惑。因此，凡是认定自己享有通灵特权或者奉行迷信作法的灵媒或团体，他们毫无疑问都受到了某种明显的迷惑，尤其是当占据支配地位的灵性为自己冠以一个人灵俱尊、永存不朽的名字时，情况更是如此。

有一点无可争辩，就是只要结合理性和逻辑对所有灵性现象和通灵交流进行检验，就不难排除其荒谬和错误之处。灵性或许可以蛊惑一个灵媒，可以欺骗一个团体；然而，根据其他团体的严格评估，根据所掌握的知识、各团体领袖的道德权威，以及主要灵媒与最好的灵性进行的合乎逻辑和真实可信的通灵交流，我们可以快速分辨出由许多虚伪或邪恶灵性进行的假冒狡诈的通灵。

伊拉斯塔斯，圣·保罗的信徒（巴黎，1862 年）

（参见本书《引言》第二节"灵性教义的普遍约束力"及《灵媒之书》第二十三章"迷惑"）

耶利米与假先知

11. 万军之耶和华对他的子民说："你们不要听信这些先知的预言，他们使你们充满虚假的盼望，他们的预言是自己编的，不是耶和华说的。他们不断对藐视我的人说，'耶和华说你们必安享太平。'他们对那些执迷不悟的人说，'灾祸不会降到你们身上。'然而，他们谁曾站在耶和华面前看见并听见他说话呢？他们谁曾留心听他的话呢？我没有差遣这些先知，他们却妄自行动；我没有对他们说话，他们却乱发预言。我听见假先知奉我的名说，'上帝托梦给我了！上帝托梦给我了！'这些先知谎话连篇，凭空预言要到何时呢？"耶和华说："耶利米啊，如果有百姓、先知或祭司问你，'耶和华有什么启示？'你要对他们说，'你们就是耶和华的重担，耶和华说要丢弃你们。'"（《耶利米书》第23章第16节至第18节、第21节、第25节至第26节和第33节）

　　我的朋友们，我想与你们讨论的正是先知耶利米的这段话。上帝通过耶利米说："他们的预言是自己凭空编造的。"这句话清楚表明，在那个时代，有不少江湖骗子和狂热之徒在假借和滥用预言的天赋。结果就是，他们滥用民众对其单纯到近乎盲目的信仰，进而用对美物和奢享的预测来**换取金钱**。这种类型的欺诈行为在犹太人的国家极为普遍，很容易理解，因为这些人无知愚昧，穷人无法分辨先知的好坏，他们往往不是被所谓的先知欺骗，而不过是被一群骗子或者狂热分子蒙蔽罢了。再没有什么比这句话更具有深意了："我没有差遣这些先知，他们却妄自行动；我没有对他们说话，他们却乱发预言。"接着，耶和华又说道："我听见假先知奉我的名说，'上帝托梦给我了！上帝托梦给我了！'"这里指出了假先知为了利用人们对他们的信任而惯用的一种伎俩。民众总是容易轻信上当，他们甚至从未想过要去质疑这些先知所宣扬的梦想或愿景的真实性；他们觉得这是很自然的事情，因此经常邀请这样的先知讲经说道。

除了耶利米的话，再来听听使徒约翰的明智忠告，他说："不要相信所有的灵，你们应该检验那些灵，看他们是否来自上帝。"因为在无形世界，也有灵性喜欢趁机欺骗他人。被骗的显然是那些缺乏警惕性的灵媒。毫无疑问，这是许多灵媒，尤其是刚接触灵性主义的灵媒所遇到的最大障碍之一。这对灵媒来说是一大考验，他们必须十分谨慎，才能克服这一障碍。所以，你们要先学习分辨善灵和恶灵，免得让自己成为假先知。（罗兹，守护灵性，卡尔斯鲁厄，1861 年）

[1] 参见《灵媒之书》第二册第二十四章中介绍的分辨灵性的方法。——作者按。

第二十二章：
因为上帝使他们结合在一起，
所以人不应该分开他们

- 婚姻的不可解除性
- 离婚

婚姻的不可解除性

1. 一些法利赛人来试探耶稣，他们说："男人用任何理由和妻子离婚对吗？"耶稣回答说："你肯定在《经》上读过这条，当上帝创世时，'他创造了男人和女人。'上帝说：'因此，男人要离开父母，与妻子结合，两人变为一体，'他们不再是两个人，而成为一体了。因为上帝使他们结合在一起，所以人不应该分开他们。"

他们又问："摩西为何命令说，男人只要给妻子写下一份休书就可以与她离婚了？"耶稣回答说："摩西允许你们与妻子离婚，是因为你们不接受上帝的教导，当初，是不允许离婚的。我告诉你们，除非是他妻子不贞，任何男人与妻子离了婚，又另娶别的女子，他就犯了通奸罪。"（《马太福音》第19章第3节至第9节）

2. 除了上帝所造之物，没有什么是亘古不变的。人类所造之物，则一切都是变化的。在任何时代，任何国家，所遵循的自然法则并无二致。而人类法则会因时间、地点和智力进步而相应变化。在婚姻中，神圣的秩序是指两性的结合来填补亡者的空缺。然而，就整个世界范围而言，或者哪怕单就基督教国家而言，这种结合的条件如此具有人类特性，以至于没有任何两个国家的规定是完全相同的，也没有任何一个国家的规定不会随着时间的推移而改变。这样造成的结果是，从民法看来，在某个国家和特定时期的合法行为，在另一个国家和不同时期可能是通奸行为。这是因为民法的目的在于规范家庭的利益，而这一利益会因风俗习惯和当地需求的变化而变化。例如，有的国家规定只有宗教婚姻是合法的，有的要求兼顾民事婚姻，还有的则只规定了民事婚姻。

3.尽管如此，两性的结合除了遵循所有生物共有的神圣物理法则之外，还要遵循另一个神圣律法，这一律法与所有上帝律法一样，是永恒不变的，也是唯一关乎道德的：即仁爱律法。上帝希望两个人之间的结合不仅是肉体关系的结合，同时也是灵魂关系的结合，这样才能使配偶间的情感延续到他们的孩子身上，让孩子能够得到父母双方，而非一方的照顾，从而有利于孩子的成长发育。传统的婚姻条件中是否考虑过仁爱律法的因素呢？丝毫没有。倘若两个人之间没有相互爱慕、相互吸引的深厚情感，那么在大多数情况下，这种情感会因其他利益的缘故而破裂。这种婚姻追求的并非心灵上的满足，而是傲慢、虚荣和贪欲的满足，简言之，是一切物质利益的满足。如果一桩婚姻在各方面都符合这种利益，人们会认为这是一桩好姻缘，假如双方在物质资产上门当户对，人们会认为这对夫妻还很般配，也应当过得很幸福。

然而，两个人的结合若非以仁爱律法为基础，那么无论是民法，还是双方订立的承诺，都不过是一纸空文；因此，**强行结合在一起的夫妻终将难逃破裂瓦解的**

结局；在圣坛上宣读的誓词亦如陈词滥调，变成伪证。结果就是，有些不幸的结合最终演变成犯罪；相反，如果婚姻遵循了得到上帝认可的唯一律法——仁爱律法，双方都可免于蒙受耻辱。上帝说："两个人应成为一体。"耶稣则说："因为上帝使他们结合在一起，所以人不应该分开他们。"这两句话所表达的意思是，两个人的结合应遵循亘古不变的上帝律法，而非变化不定的人类法则。

4. 既然如此，民法是否就是多余的呢？人类的婚姻是否应当重新回归到自然法则呢？当然不是。民法在于按照文明的要求来规范社会关系和家庭利益，这就是为何它既是有用的、必要的，但同时也变化的。它必须具有先见之明，因为文明人毕竟不能像原始人那样生活；即便如此，任何事物都绝对无法阻止其成为神圣律法的必然结果。因循神圣律法的障碍来自于社会的偏见，而非民法。尽管这些偏见至今仍有残留，但在开化的文明社会已丧失了较大的影响力，而且必将随着道德的进步而彻底消亡，从而使人们看清楚两个人若纯粹出于物质利益结合，必将导致无数弊端、错误和罪行。总有一天，我们会问自己，将两个无法共同生活之人强行捆绑在一起，是否比恢复他们的自由更人道、更仁慈、更道德？或者，单凭一条牢不可破的锁链是否就能真正抑制不良婚姻的数量？

离婚

5. 离婚是人类的一项法律，其目在于合法解除事实上已貌合神离的婚姻关系。这一点并未违反上帝律法，因为它只是改变了人类规定的要求，并且仅适用于未考虑到神圣律法的情况。假如这有悖于神圣律法，那么教会自身就会将其领袖视为罪人，因为他们曾不止一次地藉由自己的权威和宗教的名义离婚：一方面，他们单纯地看重物质利益，另一方面，他们未能遵循仁爱律法，故而犯有双重罪过。

然而，耶稣本人并未将婚姻的绝对不可解除性奉为神圣。他岂非说过"摩西允许你们与妻子离婚，是因为你们不接受上帝的教导？"这意味着，从摩西时代起，当相互间的情感不再是婚姻的唯一目的时，两人是可以分开的。然而，耶稣又补充道："……当初，是不允许离婚的。"这就是说，在人类起源之初，即人们还未被自私和傲慢迷惑，而是按照上帝律法生活时，两个人的结合是建立在相互间的情感共鸣，而非虚荣或野心的基础之上，因此，并不存在离婚的问题。

耶稣甚至进一步指出了可以离婚的具体情况：通奸。如今看来，任何通奸行为都不可能由真挚的相互情感支配。耶稣的确禁止过男人娶离过婚的女人，但这是由那个时代的风俗习惯和人们的性格特征决定的。根据《摩西律法》的规定，凡通奸之人都要受到石刑惩罚。耶稣原本是想废除一种野蛮的习俗，因而需要借助一种惩罚方式，他发现禁止再婚会令人感到耻辱。在某种程度上，这是以一部民法取代了另一部民法，但就像所有这类性质的法律一样，它必须经受时间的检验。

第二十三章：
奇怪的道德

- 爱父母胜过爱基督之人
- 撇下父母和孩子
- 让死人去埋葬他们自己的死人
- 我带来的不是和平，而是分裂

爱父母胜过爱基督之人

1. 有很多人与耶稣同行着，他转过身对他们说："到我这里来的人，如果爱我不能胜过爱他的父母、妻子、儿女、兄弟、姐妹，甚至自己的生命，那么，他就不能做我的门徒；不肯背着他的十字架跟随我的人也不能做我的门徒；同样，如果你们有谁不能放弃他拥有的财产，就不能成为我的门徒。"（《路加福音》第14章第25节至第27节和第33节）

2. 爱父母胜过爱我的人不配做我的门徒；爱子女胜过爱我的人也不配做我的门徒。（《马太福音》第10章第37节）

3. 尽管这种情况非常少见，但基督所说的某些话的确听上去非常奇怪，以致于人们会本能地排斥其字面含义；虽然如此，基督教义的崇高性却并未因此受到任何损害。由于这些话是在基督死后记录下来的——没有任何一本《福音书》是在基督生前所著，所以人们可能更倾向于认为，这些话未能很好地表述基督的思想，或者其可信度不高，基督的原意很有可能因为不同语言之间的转换而遭到了篡改。哪怕只错了一次，就足以使同样的错误在后续版本中反复出现，这样的案例在历史上并不少见。

例如，在路加的这段经文中："到我这里来的人，如果爱我不能胜过爱他的父母……"，原文本来使用了"恨"一词，但没有任何人会将这个"恨"字归结到耶稣身上，所以争论这一点本身毫无意义，更遑论为其合理性辩护了。首先要知道的是，耶稣是否真的说过这么一个词，如果确有其事，那就必须根据耶稣使用的语言来判定这个词是否和我们认为的意思一样。在约翰的这段经文里："那些**憎恶**世上自己生命的人，则会保守生命到永生"，这句话所表达的思想肯定不同于我们为其附加的含义。

希伯来语的词汇并不丰富，一词多义的情况比比皆是。以"创世纪"一词为例，它既可以指创世的各个阶段，也可用于表示一个昼夜轮转的特定周期；因此，后来的译文中使用了"日"一词，并认为世界是以六个二十四小时为周期运行的。类似的例子还有"骆驼"或"绳子"（绳子用骆驼毛制成），即在针眼的寓言故事所翻译的"骆驼"一词。（参见第十六章第 2 节）[1]

此外，我们必须考虑到各民族的风俗习惯和性格特征，这些因素也会对其语言的特殊意义产生影响。如果不这样理解，就会遗失某些词语的真正含义。从一种语言翻译到另一种语言时，同一个词语所表达的情绪可能出现强弱之分；在一种语言中，某个词可能有侮辱或亵渎之意，但在另一种语言中却无关紧要，这具体取决于为这个词语附加的思想。即便是在同一种语言中，某些词语也随着时间的推移而失去其原有意义。这就是为何严格意义上的直译并不一定能准确地表达某种思想，为了准确起见，人们有时必须使用对等词或意译词，而非采用同源词。

此类注释对于《圣经》，尤其是《福音书》的解释特别有用。如果我们不考虑耶稣当时所处的环境，就会习惯性以己度人，从而错误地理解某些表述和事件所蕴含的意义。因此，我们应剔除"恨"一词的现代意义，因为它违背了耶稣教义的基本精神。（参见第十四章第 5 节）

撇下父母和孩子

4. 每个为了跟随我而撇下房屋、离开父母、兄弟、姐妹、孩子或土地的人，都将会获得百倍的报偿，并且得到永生。（《马太福音》第 19 章第 29 节）

5. 彼得又说："您瞧，我们撇下了一切，跟随了您！"耶稣于是对他们说："我实话告诉你们吧：事实上，所有为了上帝王国的缘故，而离开他们的家园、妻子、兄弟、父母和孩子的人，将会在今世得到更多，并且在来世享有永恒的生命。"（《路加福音》第 18 章第 28 节至第 30 节）

6. 还有一个人说："主啊，我将跟随您，但是，请先让我回去向我的家人告别。"但是耶稣对他说："手扶犁耕作，却又朝后看的人，对神的国是不合适的。"（《路加福音》第 9 章第 61 节至第 62 节）

如果对于词语没有争议，我们就得来探究一下这些话语所表达的思想，很显然：来世的利益应放在人类利益和各种考量因素之上，因为这样的思想才符合耶稣教义的本质，而抛弃家庭的理念则是对耶稣教义的否定。

除此之外，那些宣扬为了祖国而不惜牺牲个人利益和家庭情感的箴言，我们见得还少吗？有谁会责怪一个儿子离开他的父亲、母亲、兄弟姐妹、妻子和孩子去保卫他的国家？相反，他为了履行职责而抛下家庭的温馨和爱情的甜蜜，这难道不是修功积德之事吗？如此看来，有的职责是高于其他一切的。难道法律没有规定，女儿离开父母去与丈夫团聚是一种义务吗？尽管这世间有许多令人肝肠寸断，却又不得不为的分离，情感却并未因此而破裂。距离不会减少对父母的尊敬关怀，也不会减少对孩子的呵护关爱。由此我们可以看出，即使是从字面上来理解（除了"恨"一词），这些话语也既不是对孝敬父母这一诫命的否定，也不是对父母慈爱这一情感的否定——如果按照其精神上的含意来理解的话，就更是如此。这些话语旨在运用夸张的手法来表达关注来世的责任有多么迫切。此外，在某一个文化或时代中，由于风俗习惯的缘故，家庭纽带关系相对较弱，所以它们受到的冲击小于在一个道德水平更高的文明中所受到的冲击。这种纽带关系在早期文化中显得较为薄弱，后来则随着情感和道德意识的发展而逐渐加强。分离本身就是进步的必要条件；它既存在于家庭中，也存在于文化中，如果没有相互交融，没有相互融合，分离也必将退化。这是自然法则，既有利于道德的进步，也有利于身体的发育。

在这里，我们只是从世俗的观点来对这些问题进行探讨。灵性主义使我们能够从更高层次来看待这些问题，它揭示了真正的情感纽带存在于灵性之间，而非肉体之间；揭示了这样的纽带既不会因为分离——甚至不会因肉体的死亡而被打破；以及揭示了通过灵性的净化，真正的情感纽带会在灵性生命中得到加强：这是一

个令人欣慰的真理，因为它为人们承受生活的世事变迁赋予了极大勇气。（参见第四章第 18 节和第十四章第 8 节）

让死人去埋葬他们自己的死人

7. 他又对另一个人说："跟随我来。"那个人却说："请先让我回去埋葬我的父亲。"但是，耶稣对他说："让死人去埋葬他们自己的死人吧！你只管去传播神的国。"（《路加福音》第 9 章第 59 节至第 60 节）

8. "让死人去埋葬他们自己的死人"，这句话表达的是什么意思呢？结合上下文来看，首先，在所谈及的情况下，一个人认为埋葬自己的父亲是孝顺父母应尽的义务，这一点本是无可指摘的。然而，这句话中还包含着一种更深层的意义，而只有对灵性生命理解更透彻之人方能洞悉这层含义。

事实上，在灵性世界的生命才是真正的生命；这是灵性的正常生活，他在尘世的生命只是短暂易逝的。与灵性生命所拥有的光辉和活力相比，尘世的生命确乎是一种死亡。肉体不过是暂时遮蔽灵性的一件粗衣敝服，是真正将灵性禁锢于尘世的一种羁绊，摆脱肉体的束缚对于灵性而言是快乐的。一个人对死者的尊敬并不局限于对其肉体的哀悼，更在于对其灵性的怀念，比如保留死者生前拥有或用过的物品，以寄托对死者的缅怀之情。而人类是无法自行领悟到这一点的。故耶稣教导世人说：不要为肉体忧虑，要先想到圣灵。你只管去传播神的国。去告诉别人，他们的家园不在世间，而在天国，因为真正的生命只有在那里才能找到。

我带来的不是和平，而是分裂

9. 不要以为我来是要把和平带到人间的，我带来的不是和平，而是利剑。我来是为了："让儿子和父亲做对，让女儿和母亲做对，让媳妇与婆婆不和。甚至你的家人都是你的仇敌。"（《马太福音》第10章第34节至第36节）

10. 我到地球上，是来点燃烽火的，我多么希望现在这火已经被点燃了！我必须受到另外一种洗礼，我是如此地忧虑，直到这洗礼完成。

你们以为我来是在人间建立和平的吗？不是，我告诉你们，我是来分裂的。因为，从现在起，五口人之家将要分裂，三个反对两人，两个反对三个。父子将会分争，彼此做对；母女将会分争，彼此做对；婆媳将会分争，彼此做对。（《路加福音》第12章第49节至第53节）

11. 耶稣本是仁慈和善良的化身，他从未停止过对邻居的爱，他可能会说"不要以为我来是要把和平带到人间的，我带来的不是和平，而是利剑。我来是为了：'让儿子和父亲做对，丈夫和妻子做对；我到地球上，是来点燃烽火的，我多么希望现在这火已经被点燃了'"这样的话吗？这岂是不与他的教义自相矛盾吗？将一个残忍冷酷的征服者的言语强加于他，这难道不是对神明的亵渎吗？非也！事实上，这些话既没有亵渎神明，也没有自相矛盾，因为这的确是耶稣自己所说的话，而这些话恰好见证了他的大智大慧。仅仅是形式，有点模糊，并不能准确地表达他的思想，这一事实引起了对其真正含义的误解。从字面上看，这些话似乎是将耶稣所肩负的和平使命变成了颠覆与离间的使命——可根据我们的常识来看，这显然是一个荒谬的结论，因为耶稣是绝对不会自相矛盾的。（参见第十四章第6节）

12. 任何一种新思想的诞生，都会遭到强烈反对，没有哪个不经过斗争就能实现。在这种情况下，阻力的大小总是与**预期**结果的重要性成正比，因为越是伟大的思想，就越容易触动更多的利益。如果某一思想的谬误已众所周知，或者被视为无关紧要，那么这一思想便不可能引起任何人的关注，甚至能够轻易获得认可，因为大家都知道它不具有可行性。然而，倘若这一思想真实可信，拥有坚实的基础，而且未来可期，那么就会有一个神秘的预感去警告它的对手，告诉他们无论是对于他们本人，还是对于他们想要维护的秩序，这一思想都很危险。这就是为何有人会反对这一思想及其追随者。

因此，要衡量一种新思想的重要性以及可能产生的结果，可以从这一思想的诞生引发的轰动效应、遭到驳斥的激烈程度以及反对者的愤怒程度和持续时间来进行判断。

13. 耶稣来是为了宣扬一种教义，这一教义会摧毁当时的法利赛人、文士和牧师施虐的基础，为此，他们杀害了耶稣，因为他们认为只要杀死这个人，就能扼杀这一思想。然而，这一思想至今仍盛行不衰，因为它是真实可信的；它之所以得到传播，是因为它代表了上帝的安排。在离开犹地亚那个籍籍无名的村庄时，它面对最顽固的敌人——那些因其破坏了他们出于自身利益而非虔诚信奉而维护的世俗信仰，所以最想抨击这一思想之人——将自己的旗帜插在了异教徒世界的心腹之地。在那里，等待着使徒们的是最可怕的斗争；尽管遭受迫害之人难以计数，这一思想却在与日壮大、屡战屡胜——因为作为真理，这一思想已经超越了它的前辈。

14. 值得注意的是，基督教恰好是在异教已呈衰落之势，且正在和理性之光抗争之时诞生的。当时的异教虽依然徒具形式，却早已无人真正信仰，唯有少数人因个人利益而在勉力支撑。我们知道，利益是顽固而执着的；它从不屈服于证据；一旦有人提出反对它的理由，它就会暴跳如雷，而反对其谬误的理由越充分，它就越是武断专横。它很清楚自己是错误的，但它对此毫不理会，因为它的灵魂深处从未有过真正的信仰。利益最畏惧的，是令盲人睁开双眼的光明。谬误对它而言是有利的，所以它会固守并维护谬误。

苏格拉底不是也宣扬了某种类似于基督教义的学说吗？那么，为何这一学说未能在当时世间最开化的文化中盛行呢？因为时机尚未成熟。苏格拉底犹如在未开垦的土地上播种耕耘；当时的异教主义还未走向衰亡。基督在适当的时候接受了上天的使命。在当时那个时代，并不是所有人——远非如此——都达到了基督教思想的水平，但当时盛行的信仰已经开始让人们在内心深处产生了一种空虚感，所以基督教思想得到了更广泛的传播。苏格拉底和柏拉图堪称开辟道路的先锋与倡导灵性的先驱。（参见《引言》第四节"苏格拉底与柏拉图：基督教思想和灵性主义的先驱"）

15. 遗憾的是，这一新学说的追随者们无法就如何正确解释主所说的话达成共识，因为大部分话语都被寓言和比喻的手法掩盖了。从一开始，无数教派便如雨后春笋般纷纷涌现，每个教派都声称唯有自己掌握了真理；甚至到了十八世纪，各教派之间依未能达成一致。这些教派忘记了最重要的神圣戒律：仁慈、博爱、爱邻里

第二十三章：奇怪的道德

——这是耶稣教义的基石以及获得救赎的明确条件，他们相互诅咒、相互争斗、以强凌弱、嗜血杀戮、严刑拷打、火刑相加。这些基督徒们是曾经打败异教的胜利者，如今却从受害者变成了迫害者。他们用铁与火将无瑕疵的羔羊作成十字架，插在了两个世界。作为一个不争事实，宗教战争可谓是最残酷的战争，它的受害者之众，远甚于政治战争；它所引发的暴虐和野蛮行径之多，超过了其他任何战争。

这是基督教义的过错吗？显然不是，因为基督教义明确谴责一切暴行。基督有没有对他的门徒说过"去迫害、残杀和烧死那些不信你的人"？没有，因为他告诉他们的恰恰相反：所有人都是兄弟姐妹，上帝是无上仁慈的；要爱你的邻居；爱你的敌人；要善待曾经迫害过你们的人。他还对他们说：凡用刀剑杀人者，必死于刀剑。因此，责任并不在于耶稣教义本身，而在于那些曲解了耶稣教义之人，在于那些将耶稣教义当成一种满足自身欲念的工具之人，在于那些忽略了"我的国不属这世界"这句话之人。

耶稣以其深邃的智慧，预见了将要发生之事。但这些事情不可避免，因为这与人类本质的低劣性有关，而人类本质的低劣性是无法一下子改变的。在历经了十八个世纪漫长而残酷的考验后，基督教才得以展示出其全部力量。对于这一点，从未有过任何争议。需要指责的永远是那些滥用耶稣教义之人。在经历了各种互不容忍的狭隘行径后，人们总会感叹道：如果能够正确理解和践行基督教义，这一切就不会发生了。

16. 耶稣说："不要以为我来是把和平带到人间，我带来的不是和平，而是分裂。"他这句话的意思是：

"你们不要以为我的教义能够一帆风顺地创立；它必将以我之名为由，引发血腥的战争，因为人类必不能，也不想理解我。兄弟之间因为信仰不同，便会拔刀相向，家庭成员因为信仰不同，便会四分五裂。我到地球上，是来点燃烽火的，是为了除掉错谬和偏见，正如火烧田野，在于除掉野草一样；我多么希望现在这火已经点燃，这样就能更快地将一切清扫干净，因为真理必在冲突中胜利现身。战争之后，必将迎来和平；宗教仇恨之后，必将博爱众生；经历狂热的黑暗之后，信仰之光必将普照大地。待诸事俱备，我将差遣那**慰藉者——真理之灵——来复兴万事**；也就是说，若能理解我所说之话的真正含义，更多开明之士终将能够理解和结束分裂上帝子民、令其自相残杀的战争。最后，人们终将厌倦这样一场毫无结果，只留下了荒凉废墟，给家庭带来了无尽烦扰的战斗，人类必将意识到在这个世界和另一个世界真正利益攸关之事。他们必将看到其朋友和敌人会心平气和地选择站在哪一边。所有人都将簇拥于同一面旗帜，即仁慈的旗帜之下；万事万物都将按照我所教导的真理和法则，在人世间重建。"

17. 灵性主义诞生之时，正是基督应许实现之时。尽管如此，如果不消除滥用的情况，它也无法做到这一点。就像耶稣一样，灵性主义在其发展过程中也遭到了傲慢、自私、野心、贪婪与盲目狂热的反对，它们对灵性主义发起了最后的反击，试图阻挡其发展，为其设置各种障碍，施加各种迫害。为此，灵性主义也须奋起反抗；好在斗争与血腥迫害的时代毕竟已经过去。灵性主义必须忍受的阻碍，都是来自道德上的阻碍，而这些阻碍也即将消失殆尽。前者持续了几个世纪；后者只会持续几年，因为这道光芒并非源于一点，而是遍布世界各地，它将更快地让盲人重见光明。

18. 耶稣的这些话只能理解为，他的教义必将激起极大的愤怒，引发重大的冲突，在其被世人接纳之前必将导致惨烈的战斗——正如希伯来人刚进入应许之地前所经历的一样，并不是说他在蓄意谋划纷争和混乱。邪恶来自人类，而非耶稣。他就好比一位救死扶伤的医生，开出的药方在治病救人的同时，难免有些许引发不舒服的副作用。

[1] 拉丁语中的"Non odit"以及希腊语中的"και ου μισει"，这几个词都没有"恨"的意思，而是指爱得更少。对于希腊语中"misein"这一动词所表达的含义，耶稣在希伯来语中只能采用这一更为贴体的动词来表达：它的确切意思并不是恨，而是爱得更少，爱得不及其他多，或者不如爱其他一样爱。在叙利亚的方言中[即阿拉姆方言，亦为耶稣母语——译者按]，耶稣对于这一词语的使用频繁可能更高，因为其口音更重。这一含义还见于《创世纪》第29章第30节和第31节："雅各也与拉结同房，并且爱拉结胜似爱利亚，于是又服事了拉班七年。耶和华见利亚失宠（原文作'被恨'）……"。很明显，这里的真正含义是译文中所表达的"失宠"之意。在希伯来语，尤其是叙利亚语的其他许多段落中，这一动词常被用来表示"不如爱其他一样爱"的意思，如果把它直译为恨，那是一种误解，因为它还有另一个明确含义。此外，《马太福音》的经文中已清除了所有这类容易混淆的疑难之处。——M·佩扎尼（本注释由卡甸补充——译者按。）

第二十四章：
不要把你的灯藏在碗下面

- 扣在碗下面的灯；为何耶稣要用寓言传教
- 不要去非犹太民族的地区
- 健康人不需要医生
- 信仰的勇气
- 背起你的十字架；凡是想保全生命之人都会丧生

扣在碗下面的灯；为何耶稣要用寓言传教

1. 点燃的灯火也不会被扣在碗下面，而是被放在灯台上，把光带给屋子里的人们。（《马太福音》第5章第15节）

2. 没有人会点上灯，又用碗把灯扣上，或者把灯放在床下，相反，他会把它放在灯台上，让进来的人能够看到光亮。没有不被披露的隐情，也没有不会被知的秘密，所有的秘密都会暴露在光天化日之下的。（《路加福音》第8章第16节至第17节）

3. 门徒们来问耶稣："您为何用这些寓言来教导人们？耶稣回答说："关于天国的奥秘只让你们知道，而不会让他们知道。这就是为何我用寓言故事教导他们。因为这些人看了，但并未真正地看见；他们听了，但没有真正地理解 这正应验了以赛亚的预言：'你们会听，并听见，却什么也听不懂，你们会看，并看见，却理解不了你们所看到的。'是的，这些人的头脑已经变得迟钝，这些人堵住了自己的耳朵，闭上了自己的眼睛。因此他们用眼看不见，用耳听不到，或用心不能理解，这一切使他们无法转向我，无法让我治愈他们。"（《马太福音》第13章第10节至第15节）

4. 当一个人听到耶稣说一盏灯不应被扣在碗下面时，他可能会感到惊讶，因为耶稣自己就总是把他的话的意思隐藏在寓言的面纱之下，而寓言并非每个人都能理解。耶稣对门徒解释说：我用寓言来教导人们，是因为他们不理解某些事情。这些人看见、听见，却不能理解他们看见的和听见的；因此，现在把一切都告诉他们毫无意义。然而，我之所以要告诉你们，是要你们明白这一切的奥秘。耶稣对待世人就像对待思想尚未成形的孩子一样。他用这种方法指出了这句箴言的真正含义："一个人不应该把灯扣在碗下面，而应当放在灯台上，让进来的人能够看到光亮。"尽管如此，这也并不意味着一个人应该不合适宜地将所有事情和盘托出。任何一种教义都必须与传教对象的智力水平相匹配，因为即使蒙昧无知的盲人也有可因一束耀眼的光芒而重见光明。

　　同样的事情也发生在普罗大众及具体的个人身上。人类世代繁衍，每个人都会经历童年、青春期和成年。万物须依时而来，不按时节播种，种子将无法发芽。然而，暂时隐藏的审慎秩序迟早会被人们发现，因为当人类发展到一定程度，身陷重重黑暗的人们会自己去寻找生命之光。因为上帝给了世人理解这一事物的智慧，引导他们领悟天国之事与世间之事，他们希望自己的信仰是理性的，从这一点而言，便不应将灯火扣在碗下面，**因为没有理性之光，信仰将是脆弱的。**（参见第十九章第 7 节）

　　5. 因此，如果说上天以其通达的智慧未将真理和盘托出，而是逐渐揭示，那么他总是待人类成熟到足以接受真理的程度后，才会将真理告知他们。上帝会将真理保存起来，而非扣在碗下面。然而，在大多数情况下，真正掌握了真理的少数人为了达到控制世人的目的，往往会将真理隐藏起来，不让世人知晓。这些人才是将灯藏在碗下面的人。这就是为何所有宗教都有自己的神秘之处，并且禁止世人对此提出质疑。然而，不同于这些宗教的落后性，科学和智慧取得了长足的进步，揭开了这些神秘面纱。进入人类的成年期后，普通民众想要掌握事物的基本原则，因而拒绝接受与其观察相反的东西。

世上不可能有绝对的秘密，耶稣说没有什么秘密不能为人所知，也的确如此。任何隐藏之事总有一天会公诸于众，人类在地球上还无法理解之物，待他们完成净化，进入更高级世界以后，一切便会自然明了。在凡尘俗世的人们，仍犹如身处迷雾之中。

6. 人们可能会问，普通民众能从这么多含义晦不而明的寓言故事中得到什么好处呢？有一点需要指出的是，耶稣从不用寓言来表达自己，除非是涉及其教义中的某些抽象部分。相反，在把对他人的仁慈和谦卑作为获得救赎的明确条件后，他在这方面所说的一切都是非常清晰、明确和毫不含糊的。之所以必须如此，是因为这是行为准则，每个人都必须理解这一准则方可遵守。这对于那些愚昧无知的众人非常重要，面对这些人，他只能说："你们必须这样做，才能升入天国。"至于其他部分，他只将自己的思想告知他的门徒。因为他们在道德和智力上更先进，耶稣可以引导他们领悟更抽象的真理。为此，他说："已经拥有之人会得到更多。"（参见第十八章第15节）

尽管如此，即使是和门徒们在一起，他对许多问题也是缄口不言的，而是将关于这些问题的知识全部留给后世之人。正因如此，才导致了各种五花八门的解释，直到科学和灵性主义两相结合，共同揭示了新的自然法则，才彰显出其真正含义。

7. 灵性主义阐明了许多原本模糊不清、晦涩不明的观点，但这么做并非不加选择地任意而为。灵性传播其教义的方式极为谨慎。他们总是有顺序、有步骤地逐一提出灵性主义学说的各种观点，然后待时机成熟之际，再揭示其他观点，引导世人冲破黑暗。如果他们一开始就将这一学说毫无保留地全盘托出，一则，只有一小部分人能够理解，二则，会让那些尚未做好准备之人感到恐慌，从而不利于这一学说的传播。因此，如果灵性从表面上看未能做到知无不言，言无不尽，那并不是因为这一学说隐含了只有特权阶级才能了解的奥秘，也不是因为他们非要将灯扣在碗底，不肯让人见到光明，而是因为万事皆须依时而行，顺时而为。灵性每传授一个思想，都会留出时间让这一思想得到成熟的发展和充分的传播，**以便世人接纳认同。**

不要去非犹太民族的地区

8. 耶稣派遣十二使徒出去传道，吩咐他们说："不要去非犹太民族的地区，也不要到撒玛利亚人的城里去。要到以色列人那里去，他们就像是迷途的羔羊。去传道吧，告诉他们：'天国即将来临。'"（《马太福音》第10章第5节至第7节）

9. 在很多情况下，耶稣不仅表现了他对于犹太人的个别关注，更展现了他对众生的普世关怀。因此，如果耶稣告诉他的使徒不要前往异教徒聚集的地方，这并不是说他不屑于转变这些无情之人，而是因为《摩西律法》

和先知们已让这些相信上帝独一和期待救世主的犹太人做好准备，可以接受他所说的话。在异教徒中间，即使是缺乏基础的地方，也需要做到事事俱全，而使徒们还没有足够的觉悟来完成如此重大的任务。所以耶稣对他们说：要去找以色列人这些迷途的羔羊；即要去预备好的地里播种，因为他知道去非犹太民族的地区传教的时机自会到来。事实上，使徒们后来将十字架插在了异教的领地。

10. 这些话对于灵性主义的追随者和传播者也同样适用。蓄意的怀疑者、顽固的嘲笑者和以自我为中心的反对者之于他们，就像非犹太民族之于使徒，两者的意义是一样。为此，灵性主义的追随者和传播者以使徒为榜样，首先到心怀善意、渴望光明的人中间寻找转变的对象，因为这些人中间往往蕴藏着肥硕的种子，而且数量尤其多，所以不必将时间浪费在不肯睁眼看、不肯张耳听的人身上，更重要的是，这些人因为心怀傲慢而更加冥顽不化。与其让一个沉迷于黑暗之人重见天日，不如让一百个想要恢复视力的盲人睁开双眼，后者显然更有价值，因为这样做会使支持这一项事业的人数大大增加。暂不理会其他人并不是冷漠，而是一个很好的策略。等到这些人被普遍的观点说服，等到他们时常听到身边发生着同样的事情，这就是向他们传教的最佳时机。这样一来，他们会认为自己心甘情愿接受这一思想，而非迫于别人的压力。此外，思想就像种子一样：它们不能违逆时节发芽，只能在备好的土里生长。这就是为何最好是等待有利时机，先培育那些发芽的种子，从而避免因急于求成而导致的发育不全。

在耶稣那个时代，由于当时狭隘的唯物主义思想，一切都受到限制和局限。以色列是个小国家；非犹太民族地区是指以色列周边的小国。如今，思想被普遍化和灵性化。新的光明不是任何一个国家的特权。没有阻挡它的障碍；它的光芒无处不在，所有人类都是兄弟姐妹。而且，非犹太民族不再指一个民族，而指某种随处可见的观点，真理会逐渐战胜这一观点，就像基督教战胜了异教一样。他们不再与战争武器作斗争，而是与思想的力量作斗争。

健康人不需要医生

11. 耶稣在马太家里吃饭时，有许多税吏和名声不好的人都来与他和门徒们一起吃饭。法利赛人看见了，就问耶稣的门徒："为何你们的老师与税吏和罪人一起吃饭呢？"耶稣听见了，便对他们说："健康人不需要医生，需要医生的是那些有病的人。"（《马太福音》第9章第10节至第12节）

12. 耶稣讲话所针对的主要是穷人和被剥夺继承权之人，因为他们是最需要安慰之人，所针对的是诚信而谦卑的盲人，因为他们想要看见，而绝非那些傲慢之人，因为他们自认为自己拥有一切光明，什么都不缺。（参见《引言》中的"税吏"和"收税员"）

与其他许多话语一样，这些话语对于灵性主义也同样适用。有时，人们会禁不住疑惑：为何要将通灵能力赐给那些只知滥用而不配拥有这一能力之人呢？他们认为，如此重要的能力貌似只能为那些大功大德之人独有。

第二十四章：不要把你的灯藏在碗下面

首先，我们要声明一点，通灵能力与某种有机倾向有关，任何人都有可能具有这种有机倾向——就像视力、听力和说话的能力一样。人们是否滥用任何一种官能，这完全取决于其自由意志；例如，倘若上帝只允许那些不会说坏事的人说话，那么世间的哑巴肯定比能说话的人要多。上帝赋予了人类各种官能，并允许其自由使用，但凡滥用这些官能之人，他总会施以惩罚。

如果与灵性交流的能力只赐予那些最配拥有之人，那谁敢声称自己具备这种品质？此外，配与不配之间的界限在哪里？通灵能力的赐予是一视同仁的，其目的在于让灵性将光明带给社会各阶层、各等级的人民，带给所有富人和穷人，带给智慧之人，让他们坚持行善为良，带给败坏之人，以期他们改邪归正。后者难道不正是那些需要医生的病人吗？上帝既然不愿意罪人死，又为何会剥夺能将他们拉出泥潭的帮助呢？所以，善良的灵性会来帮助他们，他们亲耳听到灵性的忠告，这比他们通过其他方式获得忠告更能给他们留下深刻的印象。为了让他们不必千里迢迢去寻找光明，仁慈的上帝将这一切放在他们手中；倘若他们还对此视若无睹，罪孽岂非更重？对于自己的罪责，他们亲手能写、亲眼能看、亲耳能听、亲口能说，如此，又岂能以无知为借口为自己开脱呢？如果他们不对这些能力善加利用，便会受到惩罚，致使能力丧失或能力失常，邪恶的灵性会趁机纠缠他们，以期迷惑和欺骗他们。这丝毫不会减轻上帝打击不称职的仆人，打击因傲慢自私而变得冷酷无情的心所带来的真正痛苦。

有通灵能力，并不一定意味着能与高阶灵性进行惯常交流。对于灵性而言，**天赋**通常是一种或多或少更为灵活的工具。因此，好的灵媒并非指那些容易通灵之人，而是指那些能与善灵和谐相处，并且是唯一能获得善灵帮助之人。从这个意义上而言，他们卓越的道德品质完全凌驾于通灵能力之上。

信仰的勇气

13. 谁在众人面前承认我，我也会在我天堂里的父亲面前承认他；谁在众人面前否认我，我也会在我天堂里的父亲面前否认他。（《马太福音》第10章第32节至第33节）

14. 不要以我和我的教导为耻，如果你们以我和我的教导为耻，那么当我—人子伴随着我的荣耀、以及我父和神圣天使的荣耀降临时，也会以你们为耻。（《路加福音》第9章第26节）

15. 对于坚持某种观念而表现出的勇气，人们向来十分敬重，因为一个人不惧大声宣扬与别人不同的观点，能勇敢面对各种危险、迫害、反对甚至只是简单的讽刺嘲笑，无一不是功德之举。跟任何事情一样，功德的大小取决于环境的好坏和结果的重要性。一个人对坚持自己的观点所导致的后果总是表现得畏缩不前，甚至矢口否认，这是一种懦弱的表现，而这种怯懦与临阵脱逃一样可鄙。

耶稣从其教义的特殊角度谴责了这种懦弱。他说：如果有人以他的教导为耻，他也会以这个人为耻；如果有人否认他，他也会否认这个人；如果有人在别人面前承认他，他也会在天父面前承认这个人。换句话说，**那**

些不敢承认自己是真理门徒的人，不配进入真理的王国。这些人将失去自己的信仰，因为这是一种自私的信仰，因为他们将这种信仰据为己有，因害怕而将这一信仰隐藏起来；相反，那些将真理置于自身物质利益之上，公开宣称这一真理之人，他们既是在为自己的来世奋斗，同时也是在为他人的来世奋斗。

16. 这一点对于灵性主义的信奉者也是一样；因为这一学说只不过是《福音书》的发展和应用，所以基督的教导对他们同样适用。他们在地里撒下的，是他们将在灵性生命中收割的种子。在那里，他们将收获他们的勇气或懦弱结出的果实。

背起你的十字架；凡是想保全生命之人都会丧生

17. 因为人子的缘故，当人们憎恨你们、孤立你们、侮辱你们，并认为你们的名声邪恶而拒绝你们时，你们就受到祝福了。在那天，你们将要欢呼雀跃，因为你们在天堂里的奖赏是巨大的。当年他们的祖先也是这样对待先知的。（《路加福音》第6章第22节至第23节）

18. 于是耶稣把众人和门徒叫过来，对他们说："如果谁想跟随我，他就必须舍弃自己，背起他的十字架跟随我。凡是想保全生命的人都会丧生；凡是为我和福音牺牲生命的人都会保全生命。如果一个人失去了生命，即使他得到了整个世界，也毫无价值。（《马可福音》第8章第34节至第36节；《马太福音》第9章第23节至第25节；《约翰福音》第12章第24节至第25节）

19. 耶稣说：别人因为我的缘故憎恨你们，迫害你们，你们应当欢呼雀跃，因为你们在天堂将因此得到奖赏。这句话可以翻译为：别人恶意待你，实际上是让你有机会去检验你对于信仰虔诚与否，为此，你要感到高兴，因为他们对你做的坏事会给你带来好处。所以，你要为他们的盲目而哀伤，而不要去咒诅他们。

然后，耶稣补充道："让那些想跟随我的人背起他们的十字架吧！"这句话是说，他们应该勇敢承担因坚持信仰而遭受的苦难，因为凡是想通过否认耶稣来保全自己生命和财产之人，都将失去他们在天国的优势；相反，那些为了真理的胜利而失去世间一切，乃至牺牲生命之人，他们将因自己的勇气、毅力和忘我而获得来世的奖赏。可对于那些为世俗享乐而牺牲了天堂财产之人，上帝会说：你们已经得到了你们的报偿。

第二十五章：
不断寻求，你们就会找到

- 自助者天助
- 看看天空中飞翔的鸟
- 不要为拥有金钱而殚精竭虑

自助者天助

1. 不断地请求，上帝就会赐给你们；不断地寻求，你们就会找到；不停地敲门，门就会为你们打开。是的，不断请求的人就会得到；不断寻找的人就会找到；不停敲门的人，门就会为他打开。

你们当中谁有儿子吗？如果他向你要面包，你会给他石头吗？或者，如果他要鱼，你会给他蛇吗？绝对不会！你们虽然邪恶，但是还知道如何把好东西给自己的孩子，那么，你们的天父肯定会把好东西给那些向他请求的人们了！（《马太福音》第7章第7节至第11节）

2. 从世俗的观点来看，"不断地寻求，你们就会找到"这句箴言与我们常说的"自助者天助"有异曲同工之妙。这是劳动法则的体现，因而也是**进步法**则的体现，因为进步是劳动的成果，劳动产生智慧的力量。

在人类的婴幼儿时期，人类的智力水平只能满足寻找食物、躲避恶劣天气和抵御敌人等需求。然而，上帝赐给人类的比赐给动物的更多：**不断地渴望更好的自己**；正是这种渴望促使他们去寻找改善自身处境的方法，而这又反过来引导他们去发现、发明和完善科学，因为正是科学给了他们自身所缺乏之物。通过这些研究，他们的智力得到提升，道德得到净化。在肉体需求得到满足后，精神需求亦随之而来。人类除了生理上的营养，还需要精神上的营养，这就是人类从原始状态到文明状态的过渡。

然而，每个人在其一世中单独完成的进步是很少的，甚至对许多人来说是难以察觉的。倘若灵魂既无前世、**亦无来生**，那么人类又将如何进步呢？如果灵魂脱离肉体后，便一去不复返，人类就会一直处于原始人状态而徘徊不前，永远有很多事情要做，很多东西要学。因此，人类根本不可能在世界初期就达到更先进的水平，因为每经一世，所有的智力劳动都必须重新开始。相反，如果灵魂能够轮回，便能取得进步；随着这些进步积少成多，灵魂便能逐渐从原始文明过渡到**物质文明**，然后进一步过渡到**道德文明**。（参见第四章第17节）

3. 如果上帝让人类免于体力劳动，他们的四肢就会萎缩；如果上帝让人类免于智力劳动，他们的精神就会停留在婴儿时期，处于动物的本能状态。这就是上帝为何要让劳动成为一种必需的原因；他对人们说：**不断地寻求，你们就会找到；不断地劳动，你们就能生产**。如此一来，你们必将承受自身行为所导致的结果：要么依所行之事积功德，要么依所行之事受报应。

4. 基于这一原则，灵性来并非为了带来生产所需的各种发现和发明，从而省却人类自身进行的探究工作；这种方式无异于将现成之物交给人类手中，让他们不必俯身捡拾，甚至不必费心求取。若是如此，即使最懒惰之人也能充实自己，最不懂学问之人也能毫不费劲地变聪明，这样的人哪怕无所事事，也能不劳而获，坐享其成。这显然是不对的！**灵性之所以来，并不是为了让人类免受劳动法则的约束，而是为了向人类展示其必须达到的目标，以及践行劳动法则的道路，是为了鼓励人类：只要坚持不懈，就能达成目标。**你们要靠自己去发现脚下的障碍，靠自己去克服各种各样的困难。只要你们需要，我们就会给你们所需的力量。（《灵媒之书》第二册第二十六章第 295 节）

　　5. 从道德观念来看，耶稣这句话的意思是：寻找照亮前行道路的光明，你们就能找到光明；祈求抵抗邪恶的力量，你们就能获得力量；向善良的灵性寻求帮助，他们就会像《托比特书》中的天使一样来陪伴你们，成为你们的向导。想要寻求好的忠告，你们永远不会遭到拒绝；敲我们的门，门就一定会向你们敞开；但要心怀真心和诚意，要充满热情和信任，要为人谦逊而不傲慢，否则，你们就只能自生自灭、无依无靠，任失败成为对你们傲慢的惩罚。

　　是言：不断地寻求，你们就会找到；不停地敲门，门就会为你们打开。

看看天空中飞翔的鸟

　　6. 不要在尘世为自己积蓄财宝，世间的财宝会被虫蛀锈蚀，还会被破门而入的盗贼偷窃，要在天堂里为自己积蓄财富，在那里不会被虫蛀锈蚀，也不会被强盗偷走。你们的财宝在哪里，你们的心也会在那里。

　　因此，我告诉你们，不要为维持生活的饮食操心，也不要为蔽体的衣服操心。生命胜过你们吃的食物，你们的身体胜过你们穿的衣服。

看看天空中飞翔的鸟吧，它们不播种、不收获，也不存粮入库，而你们的天父却喂养着它们，你们难道不比这些鸟贵重得多吗？你们中间，又有谁会因为操心而使自己的寿命延长一小时呢？

你们为何要为衣服操心呢？看一看原野上的野花吧，看它们是怎样生长的。它们既不为自己劳作，也不为自己纺衣。我告诉你们，尽管所罗门是荣华显赫的君王，可是，他的衣着却依旧比不上这些野花中的任何一朵美丽。虽然这些花草今朝生机昂然，明天将被投进火炉烧掉，但上帝还如此精心地装饰着它们，那么，上帝难道不会更加装饰你们吗？你们这些缺乏信仰的人！

所以，不要忧心忡忡地问："我们吃什么呀？我们喝什么呀？我们穿什么呀？"这是那些不知道上帝的人总惦记的事，不要忧虑，因为你们在天之父知道你们需要这一切。

你们首先应该关心神的国和他认为是正确和美好的事情，他就会另外赐给你们其它所需要的一切。不要为明天担心，明天自有明天的烦恼，**今天的烦恼已经够多的**。（《马太福音》第6章第19节至第21节和第25节至第34节）

7. 从字面上看，这些话是对一切远见和劳动，从而也是对一切进步的否定。若是遵循这一原则，人类难免会放任自流，事事消极被动，四体不勤，精神不振。若这是他们在世间的常态，人类就永远无法脱离原始状态；若这是当今所依循的法则，人类就只能无所事事地生活。这不可能是耶稣的思想，因为这与他在别处所说的话语自相矛盾，与自然法则也背道而驰。上帝创造人类，虽未给他们衣服和住所，却给了他们创造的智慧。（参见第十四章第6节和第二十五章第2节）

因此，这些话无非是对上天所做的一个诗意的比喻，其寓意是指上天永远不会抛弃那些相信他、追随他左右之人。上天并非每次都会以物质方式来帮助人们，

但他会以思想来激励他们，让他们找到摆脱困境的方法。（参见第二十七章第8节）

上帝既知人之所需，亦供人之所需。但人类拥有贪得无厌的欲望，永远不懂得知足常乐：必需之外，常求奢侈。正因如此，上天才会对其所保留。他们常常因为自己的过错而不满，因为他们忽略了他们的良心对自己的警告；上帝会让他们承受后果，作为未来的教训。（参见第五章第4节）

8. 根据公正、仁慈和爱邻居的律法，一旦人们懂得了如何管理给予他们的食物，地球上的产物就能养活所有居民。当博爱在所有民族中盛行，就像同一国家的不同省份一样，一个民族暂时的富余便可弥补另一个民族暂时的不足，这样一来，人人都能拥有自己所需之物。富人要将自己当成拥有大量种子之人：如果他们播撒这些种子，便能为自己和他人种出数百倍的粮食；若将这些种子据为己用，不知节约，浪费无度，那么这些种子将颗粒无收，人人都会无以为继。如果他们将种子储藏在谷仓里，种子就会被虫子吃掉。这就是为何耶稣会说：不要在尘世为自己积蓄财宝，世间的财宝是易逝的；要在天堂里为自己积蓄财富，因为天堂的财富是永恒的。换言之，切勿将物质上的财富看得比灵性上的财富更重要，要懂得如何牺牲前者去换取后者。（参见第十六章第7节）

仁慈和博爱是法律无法规定的。如果心中没有仁慈与博爱，自私会将它们永远扼杀；灵性主义者的工作就是要让仁慈与博爱走进人们心中。

不要为拥有金钱而殚精竭虑

9.你们不要随身携带金银铜钱，不要带背包，不要带多余的衣服、鞋，也不要带手杖，因为工作的人应该得到他所需要之物。

10.无论你们到哪个村镇，找到你们可以信赖的人，住在他家，直到你们离开那地方。你们走进那户人家时，要说"平安与你们同在。"如果那家人欢迎你们，他们就配得上你们的祝福，愿他们享有你们为他们祝福的平安。但是，如果他们不欢迎你们，他们就配不上你们的祝福，你们就收回你们的祝福。

如果有人或城镇不欢迎你们，或者不听你们所说的，就离开那个房子或城镇，并抖掉脚上的尘土。我实话告诉你们，在审判日，那个城镇受的惩罚要比所多玛和蛾摩拉人遭受到的还要惨。（《马太福音》第10章第9节至第15节）

11.这些话是耶稣第一次派门徒出去传扬福音时对他们说的。这在那个时代并不奇怪：这些话与东方的宗法习俗是一致的，在东方，人们总是欢迎旅行者进入他们的帐篷。然而，当时旅行者少之又少。在现代文化中，随着旅游的盛行，新的风俗习惯应运而生；只有那些尚未受到大规模旅游影响的偏远地区还保留着古代的风俗习惯。耶稣若是回到今日，大概再也无法对门徒说出"不带食物就出发"这样的话了。

除了其实际含义外，这些话语还蕴含了更深层次的道德含义。耶稣通过这一方式来教导他的门徒要相信上天。他们一无所有，就无法诱惑世人的贪婪，从而让世人接受自己。这是一种区分仁慈和自私的方法。所以耶稣对他们说："你们可以问问谁配得上让你们住在他的家中。"这句话的意思是，只有真正仁慈之人才会不求

第二十五章：不断寻求，你们就会找到

回报地为旅行者提供遮蔽之所，因为只有这样的人才配得上听你们的话语。你们可以根据他们的仁慈认出这些人。

至于那些不欢迎他们，或者不听他们所说之人，难道耶稣有叫门徒去咒诅这些人，勉强这些人，或者诉诸武力和高压手段去转变这些人的想法吗？当然没有，他只是让他们去别的地方寻找善意之人。

这就是如今的灵性主义告诉其信徒的道理。不要违背任何人的良心。不要强迫任何人放弃自己的信仰去接受你们的信仰。不要诅咒那些与你们想法不同之人。你们要召集那些来到你们这里的人，不要去管那些拒绝你们的人。要谨记基督所说的话。从前，天堂靠武力取得；如今，则凭仁善以居。（参见第四章第 10 节和第 11 节）

第二十六章：
无偿地获得的，也要无偿地给予

- 疗愈天赋
- 有偿祷告
- 被赶出大殿院的商人
- 无偿通灵

疗愈天赋

1. 你们要让死人复活，为人治疗麻风病，为人们驱鬼。**你们无偿地获得的，也要无偿地给予。**（《马太福音》第10章第8节）

2. 耶稣对门徒说："你们无偿地获得的，也要无偿地给予。"他的这条戒律旨在告诉人们，一个人不该为自己无偿获得之物收费。门徒无偿领受的，是医治病人、驱逐鬼怪，即邪恶灵性的能力。这一天赋是上帝无偿赐予他们的，是为了救济苦者，宣扬信仰。耶稣告诫门徒不要以此为业，不要将其作为投机的对象，也不要以此谋生。

有偿祷告

3. 当所有的人们听耶稣讲话的时候，耶稣对他的门徒们说："提防那些律法师。他们喜欢穿着长袍到处招摇，他们喜欢在集市上受人毕恭毕敬地问候；他们喜欢在犹太会堂里坐高位，在宴席上坐首位；**他们骗取寡妇的房屋，表演长篇的祷告**，这些人将会受到更严厉的惩罚！"（《路加福音》第20

章第 45 节至第 47 节；《马克福音》第 12 章第 38 节至第 40 节；《马太福音》第 23 章第 14 节）

4.耶稣还说：不要让任何人为你的祷告付钱；不可效仿律法师，他们"表演长篇的祷告，骗取寡妇的房屋"，即掳掠他们的财富。祷告是一种仁慈之举，也是心之所向；为别人向上帝祷告而得到报酬，等于让自己成为一个有偿的中间人。在此情况下，祷告变成了一种形式，其长短与报酬成比例。如此一来，便存在两种情况：上帝要么按字数的多少来决定赐福的多寡，要么反其道而行之。若要求长篇大论的，那些因为付不起钱而只能祷告寥寥数语或无法祷告之人将待如何？这是缺乏仁慈的表现。若一字足矣，则多言无益。那又为何要让他们付钱呢？这是对信任的滥用。

上帝从不出卖他所赐予的福利。那么，如果一个人连福利的分配者都不是，也不能保证有求必应，又凭什么为了一个可能得不到回应的请求而要求报酬呢？上帝绝不可能让需要神圣仁慈的宽厚、良善或公正之举建立在金钱的基础之上；否则，结果就会变成，如果谁没有支付这笔钱，或者钱不够，谁就会被剥夺上帝的宽厚、良善或公正。理性、常识和逻辑表明，作为绝对完美的上帝，不可能赋予任何一个不完美之人以神圣公正作为交换条件的权利。上帝的公正犹如太阳，它普照着世间众生，不分富贵贫贱。如果说出卖一个世俗统治者的恩惠都会被认为是不道德的行为，那么出卖宇宙统治者的恩惠是否就更合法呢？

有偿的祷告还有一个缺点：那些购买祷告之人常常认为自己不需要祷告，因为他们已经给过钱了。我们知道，灵性会为那些对其感兴趣之人拥有的思想热情感动，可如果有人花钱请其他人来为他们祷告，这会有怎样的热情呢？一个人将祷告任务委托给其他人，其他人又辗转委托其他人，如此种种，这样的其他人有何热情可言？这难道不会让祷告者的祷告变得越来越不值钱吗？

被赶出大殿院的商人

5. 耶稣他们来到了耶路撒冷。当他们走进大殿院之后，耶稣开始撵走了在那里做买卖的人，推倒了兑换钱币的人的桌子，掀翻卖鸽子人的凳子。他不许任何人拿着东西穿过大殿院。然后耶稣开始教导人们说："《经》上不是写着：'我的大殿将被称作万国祷告的大殿'吗？可是你们却把它变成贼窝了。"那些祭司长和律法师们听说了这些事，都开始寻找杀害耶稣的办法。因为众人都惊叹耶稣的教导，所以这些人又害怕他。（《马可福音》第 11 章第 15 节至第 18 节；《马太福音》第 21 章第 12 节至第 13 节）

6. 耶稣将商人赶出了大殿院，以此谴责**以任何形式**出售圣物的做法。上帝既不出卖神圣的祝福与宽恕，也不出售进入天国的门票；因此，人类没有权利要求为此支付报酬。

无偿通灵

7. 现代灵媒——因为门徒也拥有通灵能力——也从上帝那里得到了一项免费的天赋：即充当灵性的传译者，教导人类，向人类展示向善之路，引导他们拥有信仰；不向人类兜售不属于他们的语言，因为这不是其**个人观**

念、研究或个人劳动的产物。上帝旨在让光芒普照众生，不愿最贫穷的人被剥夺或削除这一权利，不愿意他们说："我没有信仰，是因为我付不起钱；我无以慰藉，得不到那些我为之哭泣之人的鼓励和友爱，是因为我很穷。"这就是为何通灵能力不是一种特权，反且随处可见。因此，为敬拜上帝而收取报酬的行为有违上天旨意。

8. 但凡一个人清楚善灵会在什么样的条件下与人通灵，清楚善灵对于自私自利的厌恶，以及对于这些人如何避之不及，那么他就肯定不会相信，在任何通灵过程中，只要有人出个价，高阶灵性就会被随随便便召之即来，挥之即去。哪怕是依据普通常识，这一想法也难以令人信服。用银子换回我们尊敬之人，我们挚爱之人，这岂不是一种亵渎？毫无疑问，即便一个人能以这种方式通灵，谁又能保证其真实性呢？轻浮、虚伪和狡诈的灵性，以及一群寡廉鲜耻的低阶灵性总是随时可见，对于向其提出的任何问题，他们总是张口就答，丝毫不顾事实真相。因此，想要与灵性进行严肃的交流，首先必须确认灵媒的确拥有与灵性世界生命的情感共鸣，并且要向他们提出严肃的要求。现在，吸引善灵仁爱的首要条件是谦逊、奉献、无私，以及在**道德**和**物质上**的彻底超脱。

9. 除了道德问题外，还有一个同样重要的因素与通灵能力的本质有关。通灵，在过去不是，在将来也永远不会成为一种职业，这不仅是因为它有损道德上的名誉，容易沦为算命之流，更是因为它存在物质上的障碍：它在本质上是一种短暂的、易逝的、多变的能力，没有人能指望它持久永恒。因此，通灵能力永远是一种极不确定的可用资源，很有可能在最需要的时刻却无法实现。这与那种通过学习和工作获得的才能截然不同，因为是自己通过学习和工作获得的才能，所以其理所当然地可以成为借以谋利的资本。然而，通灵能力既不是一种技术，也不是一种才能，这就是为何它不能成为职业的原因；除非能将灵性召集过来，否则通灵能力就没有存在的基础。如果没有灵性，也就没有灵媒；这种天赋虽有可能存留，但却没有实际的功效；因此，世界上没有任何一个灵媒可以保证自己能随时随地通灵。出卖通灵能力等同于是在出卖一个人并未真正拥有之物，或者说是在欺骗花钱付费之人。更重要的是，他们利用的并不是**他们自己**，而是将灵性，将死者的灵魂拿来出售。这种想法本能地令人反感。它已经沦为一种被人滥用的贩卖行径，常为江湖骗术、无知、轻信和迷信利用，正因如此，摩西才颁发了禁令。现代的灵性主义清楚地认识到了这一问题的严重性，它否认这种滥用的行径，将通灵能力提升到了使命的范畴。（参见《灵媒之书》第二十八章"天堂与地狱"和第十一章）

10. 通灵能力是一种神圣的能力，它必须以神圣的宗教方式来践行。如果哪种通灵能力对于这一态度提出了极致的要求，那么它就是具有疗愈功效的通灵能力。医生提供的是其科研成果，付出的往往是痛苦的牺牲；磁化者提供的是自己的磁流——付出的往往是自己的健康——这些人都可以为自己的付出收取费用；然而，治病救人的灵媒传播的是善灵的健康流体，却无权出售贩卖。耶稣和门徒虽然贫穷，但是他们治病救人从不收取任何费用。

因此，那些没有经济来源养活自己之人应另谋生路，而不应以灵媒为职，如有必要，可以用业余时间研究通灵之术。灵性会体谅他们做出的奉献和牺牲，反之，那些想要以通灵能力作为获取物质的手段之人，灵性会对其避而远之。

第二十七章：
不断地请求，你们就会得到

- 祈祷的特点
- 祈祷的有效性
- 祈祷的行为；思想的传递
- 明白易懂的祈祷
- 为死者和受苦的灵性祈祷
- 灵性所传教义
  - 如何祈祷
  - 祈祷的喜悦

祈祷的特征

1. 你们祈祷的时候，不要像虚伪的人那样，他们喜欢站在会堂里和大街上祈祷，以便别人都看得见。我实话告诉你们，他们已经得到了足够的报偿。当你祈祷的时候，应该走进房间，关上门，悄悄地向隐秘中的天父祈祷，你的天父看到在隐秘中所做的这一切是会报偿你的。

祈祷的时候，不要像非教徒那样，喋喋不休地重复着那些毫无意义的话。他们以为说的话多，上帝就会垂听。千万不要学他们的样子，因为，在你们还没有开口请求之前，天父就已经知道你们需要什么了。（《马太福音》第6章第5节至第8节）

2. 当你们祈祷的时候，如果想起和某人为某事有气，就宽恕他吧。你们在天之父也会宽恕你们的罪过。但是如果你们不宽恕别人，那么你们在天之父也不会宽恕你们的罪。（《马可福音》第11章第25节至第26节）

3. 耶稣又讲了一个比喻，是针对那些认为自己正义而瞧不起别人的人。

他说:"从前,有两个人到主的大殿去祈祷,他们俩其中一个是法利赛人,另一个是税吏。那个法利赛人站在那里,祈祷道:'哦哦,上帝啊,我感激您,因为我不像别人那样——我不像强盗、骗子,我不犯通奸罪,我更不像这个税吏,我一周禁食两次,我还奉献我收入的十分之一。'

那个税吏远远独自地站着,甚至不敢抬眼望天,可是他却一直在捶胸顿足地说:'哦,上帝啊,怜悯我这个有罪的人吧!'

我告诉你们,这个人回去了,就是这个人得到了上帝的认可,而不是另一个人。因为,自命不凡的人将受到贬低;而谦卑的人会受到抬举。"(《路加福音》第18章第9节至第14节)

4. 耶稣明确指出了祈祷的特征。他说,当你祈祷的时候,不要做给别人看,而是要悄悄地祈祷。不要假模假样地祈祷,因为祈祷不在于话多,而在于心诚。在祈祷之前,如果你对某人有何不满,请宽恕那个人,因为如果你的祈祷不是出自一颗纯净慈悲之心,你的祈祷就不会讨上帝的喜悦。总而言之,你们祈祷,要像那个税吏一样谦卑,而不可像那个法利赛人一样傲慢。反省自己的缺点,而非优点,将自己与别人比较,找出你身上可能存在的不足之处。(参见第十章第7节和第8节)

祈祷的有效性

5. 所以我告诉你们:在祈祷中请求,只要相信你们已经得到它,那么它就会属于你们。(《马可福音》第11章第24节)

6. 有些人质疑祈祷的有效性,他们的论点基于这样一个原则:如果上帝知道我们的需要,那么将它们说出来就多此一举了。他们进一步补充说，既然宇宙中的万事万物都依循着永恒的律法关联在一起，那么人类的欲望何以能改变上帝的律令。

　　毫无疑问，对于那些自然法则和永恒不变的律法，上帝是绝不可能因为个人的反复无常而随意改动的；然而，相信这一点，与相信生活中的一切境遇都逃离不了宿命的结局，这两者是截然不同的。倘若如此，人类就只能成为一种没有自由意志和主动性的被动工具。如果这种假设成立，一个人但凡受到一点打击，就别无他法，只能低头认输，不肯奋力拼搏，也不肯努力去规避危险。上帝赐予人类洞察力和智慧，不是拿来闲置无用的；上帝赐予人类意志力，也不是让其不敢求所欲之物，不敢为所欲之事的。既然人类可以自由地选择自己的行为方式，那么对自己和对他人来说，他们的行为产生的后果取决于他们做了什么，或者没有做什么。所以说，他们通过主动的行为，可以让某些事摆脱宿命的结局。这并未破坏普遍规律的统一性，正如钟摆的快慢节奏并不会破坏这一结构所遵循的运动规律一样。因此，在不影响普遍律法永恒性的前提下，上帝可以同意某些请求，尽管同意与否完全取决于上帝的意志。

　　7."在祈祷中请求，那么它就会属于你们"，从这句箴言中我们似乎会得出一个不合逻辑的结论：如果想要得到，只需提出请求就可以了。指责上天没有满足每个请求是不公正的，因为上天知道怎么做对我们才是最好的。这就好比一个睿智的父亲会拒绝儿子提出的要求——如果这对儿子来说不是最好。人类通常只能看到现世生活；然而，如果苦难有利于他们来世的幸福，上帝会让他们受苦，就像外科医生让病人接受手术一样。

如果人们诚心请求，上帝会赐予他们勇气、耐心和顺从。上帝还会派善良的灵性去帮助他们，让他们借助善灵的忠告摆脱困境，从而达到修功积德的目的。正如这句箴言所说："自助者天助"，上帝帮助那些自己帮助自己之人，而非那些不借助自身能力而指望外界帮助之人。只不过，人们往往宁愿企盼奇迹的帮助，也不想去做任何事情。（参见第二十五章第1节）

8. 让我们打个比方：一个人在沙漠中迷了路，饥渴难耐。他觉得头晕眼花，倒在了地上。他祈求并等待上帝来帮助他；但是没有一个天使来给他送喝的东西。与此同时，有一个善良的灵性给了他一个**暗示**：站起来，沿着前面的路一直走下去。随后，这个人打起精神，站了起来，靠着纯粹的机械运动，歪歪倒倒地往前走。在登上一个坡顶后，他看到不远处有一条小溪。这时，他一下子重新恢复了勇气。如果他有信仰，他会说："感谢您，我的上帝！感谢您激励我的意志，赐予我力量！"如果他没有信仰，他会说："真是**心想**事成啊！**幸好**我走的是右边这条路，而不是左边那条路。有时候，运气的确很管用！**真庆幸自己**当初没有丧失勇气，没有放弃！"

然而，你可能会问，为何善良的灵性没有对他明说"沿着这条路走，你最后一定会找到你想要之物"呢？灵性为何不现身给他带路，在他虚弱无力之时扶他一把呢？这样，他就会相信这一切都是上天安排的结果。首先，这样做的目的是要让他明白一个道理：一个人必须自力更生，必须充分利用自己的力量。其次，通过这种不确定性，上帝要检验这个人对于神圣意志是否信任与顺服。假设此人是个孩子，不小心摔倒了，如果看到有人在身边，他肯定会大喊大叫，希望有人把他扶起来；可若是没有看见任何人，他就会努力自己站起来。

如果陪伴托比特的天使对他说"上帝派我来给你带路，保护你不受任何伤害"，托比特是没有任何功德可言的。托比特相信天使一直陪伴着自己，甚至于根本没有费心去想这件事；这就是为何天使只在托比特返回时才现身的原因。[a]

祈祷的行为；思想的传递

9. 祈祷是一种召唤；通过祈祷，我们可以藉由思想与祈祷对象进行沟通。祈祷的目的有可能是一种请求、一种感谢或是一种颂扬。一个人可以为自己或他人祈祷，也可以为生者或死者祈祷。负责执行上帝意志的灵性可以听见向上帝祈祷的声音；向善灵祈祷的声音会传到上帝耳中。当一个人向上帝以外之物祈祷时，他们充当的只不过是一个中介人或代祷者，因为没有上帝的意志，他们什么也做不成。

10. 灵性主义从思想传递的方式这一角度为我们解释了祈祷的行为，这种思想传递要么发生在我们祈祷对象回应我们的祈求时，要么发生在我们的思想传递给祈祷对象时。为了更好地理解这一点，我们得想象所有生命——无论是道成肉身的，还是脱离肉身的，无不沉浸在宇宙的流体中，就像我们沉浸在这个世界的大气中一样。这种流体能接收到意志的冲动。它是思想的载体，正如空气是声音的载体一样；但不同的是，空气中的振动会受到限制，而宇宙流体的振动无限延伸。因此，在一个人将思想指向地球上或太空中某个道成肉身或脱离肉身的存在时，两者之间会形成一种用于传递思想的射流，其原理与空气传播声音类似。

电流的能量取决于思想和意志的力量；这就是灵魂无论在哪里都能听到祈祷的方式，也解释了灵魂之间如何交流，他们如何将自己的灵感传递给我们，以及在遥远的距离内，化身之间如何建立沟通。

这一解释尤其适用于那些不理解真正神秘的祈祷有何价值之人；这并不是要将祈祷具象化，而是通过揭示祈祷可能产生一种直接有效的作用，从而清晰地展示它的效果。尽管如此，祈祷仍要服从上帝的意志。上帝是万事万物的最高法官，也是唯一能让祈祷生效的存在。

11. 通过祈祷，人们可以召来善良的灵性，让他们聚集在自己身边，帮助自己坚定决心，在思想上激励自己，从而让自己拥有克服困难的道德力量，在误入歧途时知道及时迷途知返；通过祈祷，人们还能赶走那些因自身过错而招来的邪恶灵性。例如，有一个人因为自己荒淫无度而身染疾病，死前一直过着痛苦的生活。如果他没有得到医治，他有权利抱怨吗？没有，因为他本可以通过祈祷获得抵御诱惑的力量。

12. 如果将生活中的疾病分成两大类，一种是人类无法避免的，一种是由于人类自身粗心大意和荒淫无度的行为导致的（参见第五章第 4 节），人们会发现后者的数量远多于前者。所以说，很明显，人类是自己大多数痛苦的始作俑者。如果他们始终理智谨慎地行事，是可以拯救自己脱离苦海的。

还有一点可以确定的是，这一切麻烦皆因违反上帝律法所致。若我们能严格遵循这些律法，我们本可以生活得非常幸福。如果不穷奢极欲、需索无度，就不会遭受疾病的折磨——这些疾病既是荒淫无度的后果，也是事世无常的诱因。如果懂得抑制野心，就不会害怕毁灭。如果懂得量力而行，就不会畏惧失败。如果为人谦卑，就不会遭受自尊受辱带来的失望。如果遵行仁慈律法，就没有毁谤、嫉妒、艳羡，也没有彼此吵闹纷争。如果不对任何人做坏事，就不用担心有人报复——如此种种，不一而足。

我们得承认这样一个事实：对于另一类疾病，人类是无能为力的，一切祈祷都是徒劳；可是，如果说人们能摆脱因自身行为导致的一切疾病，这难道还不够吗？对于此类情况，祈祷行为就很容易理解了，因为其效果在于召唤善灵的健康灵感，请求他们赐予我们力量，抵御可能给我们带来灾难的邪恶思想。在这种情况下，**善灵为我们赶走的并不是邪恶本身，而是会使我们变坏的思想；这些善良的灵性既没有违背上帝的律令，也没有中止自然法则的进展；相反，他们会引导我们的自由意志，确保我们不去违反这些律法。**然而，灵性是在我们毫无所知的情况下这样做的，为的是避免左右我们的心意。如此一来，人们可以寻求好的忠告并付诸实践；至于要不要听从这一忠告，完全取决于人们的自由意志。上帝之所要人们这么做，是为了让他们对自己的行为负责，让他们懂得明辩善恶，才能够修积功德。所谓精诚所至，金石为开，念念不忘，必有回响；用来解释"不断地请求，你们就会得到"这句话尤为贴切。

祈祷的效果即使降低到这种程度，它所产生的影响也颇为重大。灵性主义揭示了物质世界与灵性世界之间的关系，从而对祈祷这一行为进行了论证。但祈祷的影响不仅限于此。

所有灵性都建议人们要祈祷；放弃祈祷就是无视上帝的良善；对自己而言，就是拒绝上帝的帮助，对他人而言，就是拒绝为其行善。

13. 上帝之所以满足世人的请求，目的常在于奖赏祈祷者的心意、奉献和信仰；正因如此，好人的祈祷在上帝眼中具有更大的功德，拥有更好的效果，反之，腐败邪恶之人是无法凭借真正虔诚的情感，满怀热情与信仰来祈祷的。一个自私自利之人，嘴上虽然说着祈祷的**话**，心里却没有能够赐予祈祷者力量的仁慈的冲动。人们对这一点的理解极为清晰，以至于我们出于本能的反应，宁愿去找那些我们认为其行为能讨神喜悦的人祈祷，因为我们觉得他们说的话更容易被上帝听到。

14. 如果说祈祷能产生某种磁力作用，人们可能会认为它的效果取决于流体动力——然而，事实并非如此。因为灵性能对人类产生这种作用，所以在必要之时，灵性可以弥补祈祷者的不足，直接以自己的名义祈祷，也可以在他们被认为值得帮助之时赐予祈祷者特殊的力量。

那些认为自己还不够好而不能有所助益之人，不应该认为自己的话不值得被上帝聆听，所以就不为别人祈祷。意识到自身价值的渺小是一种谦卑的表现，这对于看重是否具有仁慈初衷的上帝来说，总是令人愉悦的。他们对上帝的热情和信仰是回归良善的第一步，为此，善良的灵性很乐意给予他们鼓励。被拒绝的祈祷者是那些**傲慢之人，他们自命不凡、目空一切，认为自己可以取代永恒者的意志。**

15. 祈祷的力量存在于思想之中，其无关乎语言，也无关乎地点与时间。因此，一个人可以在任何地方、任何时间、独自或集体祈祷。地点或时间的影响主要在于是否能提供有利于自省的环境。**当所有的祈祷者都怀着同样的心声和同样的目的聚在一起祈祷时，集体祈祷的力量就会变得更加强大**，犹如众口一词，异口同声的景象；然而，倘若每个人都为了自己的利益而各自为营，即使聚在一起又有何意义呢？一百个人聚在一起，也有可能以自私的方式进行祈祷，而两三个有共同愿望之人，也能像上帝那里真正的兄弟姐妹一样祈祷，他们的祈祷比另一百个人的祈祷更有力量。（参见第二十八章第 4 节和第 5 节）

明白易懂的祈祷

16. 如果我听不懂一个人讲的话，我对他来说就是个外国人，他对我来说也是个外国人。**如果我用不同语言祈祷**，那是我的灵在祈祷，而我的心却在无所事事。如果你只用灵赞美上帝，但是听者由于听不懂你的话，就不可能对你感恩的祈祷说"阿门"，**因为没有人理解你在说些什么。**也许你感恩感得很好，但是**他人却得不到帮助**。（《歌林多前书》第 14 章第 11 节、第 14 节和第 16 节至第 17 节）

17. 祈祷的好坏取决于与之相关的思想，而要将思想与不理解的东西联系起来是不可能的，因为任何不理解的东西都无法触及灵魂。对大多数人来说，用一种难以理解的语言祈祷无异于对灵性说了一通毫无意义的话而已。为了让祈祷触及灵魂，当字字有意、句句走心。如果一个人不理解自己所说的话，这些话就不能说明任何问题。有的人像背简单的公式一样祈祷，以为作用的大小取决于重复的次数。许多人将祈祷当成一种义务；也有许多人把祈祷当成了习惯。这就是为何他们认为，只要按照这样那样的顺序祈祷过多少次以后，他们的罪过就能得到宽恕了。上帝要读的是人心的深处，要看的是思想和诚意。认为上帝看重形式甚于内涵，这是对上帝的贬低。（参见第二十八章第 2 节）

为死者和受苦的灵性祈祷

18. 受苦的灵性乞求祈祷。祈祷对于他们是有用的，因为当他们看见自己被人怀念，就不会感到被抛弃和不快乐。然而，对于他们而言，祈祷还有一个更为直接的作用：重塑他们的勇气，激发他们通过忏悔和赎罪来提升自我的愿望，使他们摒弃邪恶的思想。从这个意义上说，祈祷不仅能够减轻，而且还可以缩短他们的痛苦。（参见《天堂与地狱》第二部"实例"）

19. 有些人不相信要为死者祈祷，因为在他们的信仰体系中，灵魂只有两种选择：要么被拯救，要么被判处永恒的惩罚；无论哪种情况，祈祷都是无用的。我们暂且不论这一信仰的价值，先承认存在永恒的、不可饶恕的惩罚这一现实，承认我们的祈祷无法结束这一惩罚。

那么我们不禁要问：如果真是这样，拒绝为堕落之人祈祷是否合乎逻辑，是否仁慈，是否符合基督教义？尽管这些祈祷可能无力拯救他们，但至少也在向他们表示同情，至少可以减轻他们的痛苦不是吗？在世间，一个人若被判处无期徒刑，即便其减刑无望，难道会禁上一个心怀仁慈之人去帮助此人减轻刑罚之苦吗？一个人若身患不治之症，因治愈无望而倍受折磨，这个人就只能被抛弃而得不到任何安慰了吗？想象一下，倘若在这些堕落之人中有你挚爱之人，也许是你的朋友，也许是你的父母或儿子，尽管在你看来，他们并不指望得到任何怜悯，但你会拒绝给他们倒一杯水来解渴吗？你会拒绝给他们涂上治疗伤口的药膏吗？你不会像为囚犯所做那样为他们做些事吗？你不会给他们爱和安慰吗？如果不会，那你就不是基督徒。一种冷酷无情的信仰不配与对上帝的信仰——即将爱他人放在责任首位的信仰相提并论。

惩罚并非永恒的，这一点并不意味着对暂时惩罚的否认，因为上帝出于神圣的公正，绝不可能混淆善恶。因此，在这种情况下，否认祈祷的有效性就等于否认安慰、鼓励和良好忠告的有效性，也等于否认一个人能从那些希望我们幸福之人提供的道德帮助中获得力量。

20. 还有一些人为自己的观点寻找了一个更具吸引力的理由：神圣律令的永恒性。他们声称，上帝绝不会应造物的要求而改变他的决定；否则，这世间就没有什么东西是稳定的了。所以，人不能向上帝提出请求，只能服从和崇拜上帝。

这一观点错误地解读了神圣律法的永恒性，或者更确切地说，忽略了关于来世惩罚的这一律法。该律法是由耶和华之灵揭示的。人类现在已经发展得足够成熟，能理解在信仰中，哪些是符合或违背神圣属性的。

根据绝对永恒的惩罚这一教义，对罪责的忏悔与赎罪是不被考虑的。对这些人来说，所有改善自我的愿望都是多余的，因为他们注定会永远邪恶。如果他们被判处的惩罚有一定期限，在期满之时，他们所受的惩罚就会终止；然而，谁也说不清到那时，他们的情感就一定会有所好转了？就像世间许多被判了刑的人一样，谁也说不清他们出狱后就不会像以前那样邪恶了？前者是将那些弃恶从善之人置于惩罚的痛苦之下；后者是原谅那些仍应受到谴责之人。上帝律法比这更具有远见性。它始终是公正、公平和仁慈的，对于惩罚的期限，无论什么惩罚，并无规定；这一律法具体可以总结为：

21. "人总是要为自己的过错承担后果。任何违反上帝律法的行为都会受到惩罚。

"惩罚的严厉程度与过错的严重程度成正比。

"对任何过错的惩罚期限是不确定的，**决定因素在于是否有对罪过的忏悔以及是否弃恶从善**。惩罚时间的长短取决于坚持为恶时间的长短；始终怙恶不悛的，惩罚便永无止境；不久便知悔改的，惩罚则将是短暂的。

"有罪之人若乞求怜悯，上帝必会聆听他们，并给他们希望。但仅对犯下的罪行感到忏悔是不够的，还必须赎罪。这就是为何有罪之人要接受新的考验，在考验中，他们只有自愿行善从良，才能弥补其所犯下的罪过。

"因此，人类永远是自己命运的主宰，他们可以缩短或无限期延长其所受的惩罚。他们的幸福与否完全取决于他们行善的意愿。"

这就是这则律法的内容，一则与上帝的良善与公正一致的，**永恒的**律法。

任何有罪和不快乐的灵性都能拯救自己：上帝律法指明了该怎么做才能自救。这种灵性最缺乏的就是意志、力量和勇气。如果我们不是请求上帝废除神圣律法，而是通过我们的祈祷激发这些灵性的意愿，让他们振作起来，恢复勇气，用我们的忠告启发和开化他们，**我们就能成为执行上帝仁爱与仁慈律法的工具**，上帝允许我们这样做，**好让我们能证明自己是仁慈的**。（参见《天堂与地狱》第一册第四章、第七章和第八章）

灵性所传教义

如何祈祷

22. 所有人的首要责任是祈祷，标志着人们每天恢复生机的第一件事，就是祈祷。你们几乎所有人都在祈祷，但知道如何祈祷之人却少之又少！你们出于一种义务，就像你们承担其他义务一样，机械地、习惯性地、按部就班地说着这些话，这对我主耶和华又有何意义呢？

基督徒的祈祷、**灵性主义者**的祈祷以及任何信仰者的祈祷，都应该从灵性重新挣脱肉体枷锁的那一刻开始。他们应该谦卑地、深刻地、满怀感激之情地站在神的脚下，感谢到今天为止所得到的一切恩惠，感谢在那个已经过去的夜晚，你被允许与你的朋友和向导在一起，并通过与他们的接触获得更多的力量和毅力，尽管你并不记得这一切。你们的祈祷应当谦卑地升到主的脚前，把你们的软弱交托给他，求他的扶持、宽容和怜悯。你们的祈祷应当是深刻的，因为你们的灵魂应升到造物主那里，像耶稣在他泊山上那样变形，变得白皙，充满希望和仁爱。

你们的祈祷应当请求你们需要得到的祝福，但这种需要必须是真实的。所以，请求耶和华缩短你们的考验，赐给你们喜乐和财富，这是无用的。相反，要请求他赐予你们更宝贵的财富：耐心、顺从和信仰。不要像你们当中的许多人那样说："祈祷是没有用的，因为上帝无论如何也不会回应我。"大多数时候，你们向上帝请求的是什么？你们有时常向他请求让自己在道德上取得进步吗？哦，不，完全没有！相反，你们想求的是让他**成全你们在世间所行之事**，所以你们大声叫嚷着："上帝根本不在乎我们；如果他真的在乎我们，这世间就不会有那么多的不公了。"这真是何等的愚蠢，何等的忘恩负义！如果你探寻自己的良心深处，你会发现你所抱怨的一切疾苦，几乎都源于你的内心。所以，在请求任何事情之前，首先要请求自我的进步，然后你就会看到祝福和安慰的洪流倾泻在你身上。（参见第五章第 4 节）

你们要不停地祈祷，但不必去教堂，也不必跪在公共广场上。每天祈祷是在履行你的义务，这一义务与你们承担的其他任何性质的义务一样，并无二致。你帮助你的兄弟姐妹，无论在道德上还是物质上的需要，这难道不是出于对主的爱吗？当快乐降临在你身上，当事故得以避免，甚至当困难只对你造成了最小的伤害时，你的内心难道不会油然而升对主的感激之情？难道不想在心里说："请赐福我的天父"？当你感到自己失败时，你在最高法官面前表现出来的自卑难道不是一种悔悟的行为吗？你难道没有一瞬间想要对他说："请原谅我吧，我的上帝，因我（出于傲慢、自私或缺乏仁慈）犯了罪；请赐给我力量吧，让我不再失败，请赐给我勇气吧，我要赎罪"？

这是在晨昏圣日例行祈祷以外的祈祷；但正如你看到的，祈祷可以在任何时候进行，它不会对你的工作造成任何干扰；相反，它甚至能使你的行为变得神圣。有一点是肯定的，只有这些发自内心的想法才能被天父听到，那些出于习惯所说的喋喋不休的祈祷，那些往往缺乏明确动机，**按部就班，机械重复的祈祷，天父是不会理睬的。**（V·莫诺，波尔多，1862 年）

祈祷的喜悦

23. 来吧，如果你们愿意相信：天上的圣灵急切地向你们宣布重大事宜。我的儿女们，上帝要打开他的宝库，要将里面的恩惠散予你们。哦，怀疑者们啊，愿你们知道内心拥有信仰的好处，知道信仰如何引导灵魂悔改和祈祷！祈祷吧！啊！当你祈祷时，嘴里说出的话是多么动人！祈祷是一种神圣的迷雾，它能浇熄最炽热的欲念之火，它是信仰的第一个女儿，引导我们来到通往上帝的道路。内省和孤独时分，上帝将与你同在；他不再向你隐藏任何秘密，因为他已亲自为你揭开了神秘面纱。哦，思想的使徒们，生命就在你们前方。你们的灵魂将超脱于物质之外，进入到那些可怜的人类无法理解的无限和空灵的世界中。

勇往直前吧！沿着祈祷的道路前进，你将听到天使的声音。那声音如此和谐动人！不再是世间嘈杂尖锐的声音，而是大天使的七弦琴和六翼天使甜美柔和的声音，比晨风吹拂林间树叶时还要轻柔。一路前行，一路喜悦！你的语言无法描述这种幸福，这种幸福穿透所有毛孔进入你的身体，让你藉由祈祷饮啜的泉水充满活力和清新！当灵魂通过祈祷进入那些未知和寄居之地时，便能听到甜美动人的声音，闻到令人陶醉的芬芳！没有肉体欲望的混乱，所有愿望都是神圣的。你也要像基督把他的十字架抬到各各他和加略山一样祈祷。背起你的十字架，你就会感受到通过他的灵魂传递的美好情感，即使他背负的是一座不名誉的十字架。他即将死去，但他死去是为了在天父的居所里过天国的生活。（圣·奥古斯丁，巴黎，1861 年）

[a] 引用于托比特所杜撰的《托比特书》。——译者按。

第二十八章：
灵性主义者祷文合集

- 序言
- 一、一般祈祷
- 二、为自己祈祷
- 三、为他人祈祷
- 四、为亡者祈祷
- 五、为病人和受迷惑者祈祷

序言

1. 灵性常说："形式毫无意义，思想才是关键。要依从你的信念，以最感动你的方式祈祷；好的思想比喋喋不休却非肺腑之言的话语更有价值。"

灵性没有规定一成不变的祈祷程式；如果他们这样做，只是为了集中人们的思想，尤其是为了引起人们对于灵性学说中某些原则的注意。这样做还有一个目的，就是为了适应那些难以表达自身想法之人，因为有的人认为，不说出自己的想法就不是真正的祈祷。

本章节所包含的祷文合集选择性地收录了灵性在各种情况下口述的祷文。针对特定的想法或者特定的情况时，这些祷文的内容也可以替换为不同的话语；但假如基本思想是相同的，形式也就无关紧要了。祈祷的目的是为了让我们的灵魂升到上帝面前。祷文形式的多样性并不会在相信上帝的人们中间，更不用说在灵性主义的信奉者中间造成任何差异，因为上帝接受所有真诚的祈祷。

因此，切勿将这一合集当成某种固定不变的模板，而应将其视为以灵性所传教义为依据而撰写的各种祷文。这是对《福音书》中所宣扬及本书中所拓展的道德原则的应用，是对爱上帝和爱他人这一责任阐述的补充，其中涉及到了灵性主义学说的所有原则。

灵性主义承认，任何宗教的祈祷，只要是肺腑之言，而非泛泛而谈，这样的祈祷就是好的祈祷。它不强加任何东西，也不谴责任何东西。灵性主义认为，上帝是伟大的，他绝不会因为形式的不同而拒绝那些请求上帝的声音或赞美上帝的歌声。**那些因为别人不按自己的方式祈祷就诅咒别人之人，说明他们对上帝的伟大一无所知。**如果认为上帝只接受某种特定模式的祈祷，这就是在将人类的渺小和欲念归因于上帝。

根据圣·保罗的说法（参见第二十七章第 16 节），祈祷的一个必要条件是：祈祷的内容要清晰易懂，才能够让灵性听明白；因此，仅仅用一种只有祈祷者才能理解的语言来表达是不够的。有的祈祷虽朴实无华，却是发自内心之言，这种祈祷优于那些用化外之语所说的，无法触动内心的祈祷。这种祈祷鲜有思想可言，即便有，也往往被堆砌的词藻与晦涩的语言淹没。

祈祷的基本要求是清楚、简洁、明了，既不要堆砌不必要的词藻，也不要使用过多的修饰。祈祷时当字斟句酌，要做到字字有意，句句走心；简言之，**就是要引起人们的反思**；这是祈祷发挥作用的前提条件；否则，**它就只是噪音而已**。然而，我们发现，人们大多数时候都在以一种漫不经心、前后矛盾的方式祈祷。虽然可以看到他们口中念念有词，但通过其面部表情，甚至语音语调，你会发现，这纯粹只是一种外在的机械行为，其灵魂对此是无动于衷的。

本合集中收录的祈祷分为五大类：1) 一般祈祷；2) 为自己祈祷；3) 为生者祈祷；4) 为亡者祈祷；5) 为病人与痴迷者的特别祈祷。

为了引起特定祈祷对象的注意，让对方更好地明白这一重要性，每则祷文之前都附加了一个简要说明，即在"解说"标题下对基本原理的阐述。

一、一般祈祷

主祷文

2.**解说**：灵性建议将"主祷文"放在合集的开头，这不仅是一则祷文，也是一个象征。在所有的祈祷中，主祷文具有最崇高的地位，无论是因为它来自于耶稣本人（《马太福音》第 6 章第 9 至第 13 节），还是因为它可以取代其他所有的，这取决于人们对它的认知。它以其朴实无华的语言成为简洁明了的完美典范，是真正的高尚杰作。事实上，它以极其简洁明了的形式概括了人类对上帝、对自己和对他人的所有责任；它包含了一种需要信仰的职业，一种崇拜和顺服的行为，一种对生活必需之物的要求，还包含了仁慈律法。代别人说这些话，就和问别人自己想要什么一样。

然而，由于此祷文过于简洁，其中包含了一些大多数人都不知道的喻意深刻的词汇。所以，人们在说这些话时，往往难有切身体会，而是单纯地将其当成一种范式，认为其有效性与重复的次数成正比。它的作用几乎可与三、七、九等神秘数字相媲美，古代人的迷信思想认为这些神秘的数字拥有独特的吉兆以及神奇的功效。

这段简洁的祷文中包含了一些模糊的概念，为了对此进行补充，我们特地在后文中增加了灵性的忠告，并在灵性的帮助下为每条祷文添加了注释，以补充说明它的具体含义与应用。如此一来，每个人都可以根据具体的场景和时间来诵读主的祷文——无论简洁版本还是**扩展版本均可**。

3.祷文：一、我们在天上的父，愿人都尊你的名为圣！

我主耶和华，我们信您，因您的能力和慈爱，在凡事上都显明出来。宇宙的和谐见证了超越人类所有能力的智慧、审慎和天意。从草叶到最小的昆虫，再到在太空中遨游的天体，所有的造物无不被刻上一个至大至智者之名。在任何地方，我们都能找到天父关怀的见证。所以，凡不能在您的作品中认出您的人，都是盲目的；凡是不赞美您的人，都是傲慢的；凡不感谢您的人，都是忘恩负义的。

二、愿你的国降临！

我主耶和华，您已将充满智慧的律法赐予世人，只要他们肯遵行，就必能获得幸福。有了这些律法，他们必能建立和平公正的国度，必会互相帮助，而不会互相伤害。强者必扶持弱者，而非欺压弱者。他们必能避免导致各种弊端与暴行的疾苦。这世间所有的痛苦都因违反了您的律法，任何违反律法的行为必然会带来不可避免的后果。

您赋予动物一种本能，这种本能标志着其需求的极限，而它们也机械地遵循着这种本能；然而，对于人类，除了本能之外，您还赋予他们智慧和理性。您还给了他们遵行或违反关乎其自身的神圣律法的自由，即允许他们按照自己的意愿选择善恶，这样才能因自身的行为修积功德或承担责任。

没人能假装自己不知道您的律法，因您已以天父的意志，将其铭刻在了每个人的良心之上，不论其宗教或国籍；那些人之所以违背您的律法，是因为他们不信您。

总有一天，每个人都会依着您的应许而奉行您的律法；到那时，一切怀疑必将烟消云散，所有人都将承认您是万物的至高主宰，您的律法必将统治整个地球。

主啊，愿您赐给人们引导他们走上真理之路所需的光明，愿这一切早日降临！

三、愿你的意志行在地上，如同行在天上！

如果服从是子女对父母的责任，是下属对上级的责任，那么就造物对造物主而言，这一责任就更为重大了。我主耶和华，奉行您的意志，就是要毫无怨言地遵行你的律法，执行您的律令。人们一旦知道您是所有智慧的源泉，没有您他们什么也做不了，他们必将会变得顺从。到那时，他们将在世间奉行您的意志，就像天国的选民奉行您的意志一样。

四、我们日用的饮食，今日赐给我们。

请赐给我们维持强健体魄的物质营养，也请赐给我们促进灵性进步的精神营养。

动物生存依赖于四处觅食，而人类生存靠的是自身的辛勤劳动和聪明才智，因为这是您无偿赐予他们的能力。

您对世人说："你们将用额头的汗水从大地上获得营养；"所以，您把劳动变成一种义务，这样才能发挥人们自身的智慧，让他们找到满足需求和获得幸福的途径。这种途径有可能是体力劳动，也有可能是智力劳动。没有劳动，他们就会停滞不前，无法追求高阶灵性的幸福。

您帮助那些心怀善意、相信您的人，帮助他们解决生活之需，而从不帮助那些喜欢无所事事、不劳而获的人，也不帮助那些穷奢极侈、荒淫无度的人。（参见第二十五章）

有多少人因自己的过错、疏忽、缺乏远见或雄心壮志，不满足于您赐给他们之物而屈服放弃！这些人都是自讨苦吃的工匠，他们没有权利抱怨，因为他们要为自己的罪行受到惩罚。然而，即使是这样的人，您也不会抛弃，因为您是无限慈悲

的。您向他们伸出援助之手，只要他们浪子回头，真心悔改。（参见第五章第4节）

　　在我们哀叹命运之前，让我们扪心自问，这一切是不是我们自作自受的结果？每当我们遭遇不幸时，让我们扪心自问，我们是否有责任避免这一不幸？然而，我们还要说的是，上帝赐予了我们解救自身脱离泥潭所需的智慧，如何利用这智慧，这取决于我们自己。

　　既然劳动法则是人类在世间的一项要求，那就赐给我们勇气和力量去遵行它吧！再赐给我们谨慎、远见和节制，以免糟蹋劳动的果实。

　　所以，主啊，请求您赐我们日用的饮食，赐我们通过劳动得来的生活必需之物，因任何人都没有权利要求奢侈之物。

　　如果我们无法劳动，我们将把自己交托给您神圣的天意。

　　如果您想以最残酷的苦难来考验我们，尽管我们已经付出努力，我们仍会接受这一考验，并将其作为对我们今生或前世所犯过错的赎罪，因您是公正的。我们知道没有不应得的惩罚，也没有无缘无故的惩罚。

　　亲爱的上帝啊，请让我们不要嫉妒有人拥有我们没有的东西，不要嫉妒有人富足盈余，而我们却缺衣少食。如果他们忘记了您所教导的仁爱律法，请宽恕他们。（参见第十六章第8节）

　　此外，请不要让我们一看见恶人亨通、好人遭难，心里就否认您的公正。感谢您赐予我们新的启示，我们现在知道，您永远是公正的，从不辜负任何人。恶人的物质财富会如其肉体存在一样转瞬即逝，他们日后必遭大难；相反，那些顺从忍受苦难之人，日后必将永享喜乐。（参见第五章第7节、第9节、第12节和第18节）

　　五、免我们的债，如同我们免了他人的债。宽免我们的罪债，犹如我们也宽免得罪我们的人。

　　主啊，我们每次违反您的律法都是对您的冒犯，这是我们迟早要偿还的债。为此，我们请求您无限仁慈的宽恕，并保证尽一切努力不再欠下新的债。

您将仁慈作为人人应当奉行的明确律法；但仁慈并不仅仅在于帮助同胞度过困境，它还包括宽恕和原谅他们的罪过。如果我们自己不宽恕我们心中所埋怨之人，我们又有何权利请求您的宽恕呢？

亲爱的上帝，请赐给我们力量，让我们能够抑制心中所有的怨恨、仇恨和忿恨。**请让我们在心中怀有复仇的欲望时，死亡不能令我们感到惊讶。**倘若今天就要离开这个世界，请让我们能像临死前仍为刽子手祈祷的基督一样，将消除了一切仇恨的我们呈现在您面前。（参见第十章）

恶人对我们施加的逼迫，是我们在世间所要经受的考验；我们必须毫无怨言地接受，就像接受其他所有考验一样，不要诅咒那些出于恶意给我们打开了永生喜乐之路的人，因您曾藉着耶稣的口说过："为了正义而受到迫害的人有福了！"因此，愿我们祝福那些打击和羞辱我们的人，因为身体的挫伤可以强大我们的灵魂，我们必将从屈辱中重新站起来。（参见第十二章第4节）

主啊，愿您的名受人称颂，因您曾教导我们，人死之后，命运并非注定不变；我们将在后世去寻找赎罪与悔过的方法，并在新的一世完成我们今生未能做到，却有助于自我进步的事情。（参见第四章；第五章第5节）

如此，愿生命中一切显而易见的异常现象最都能得到解释。象征着您无上公正与仁善的光明，照亮我们的前世和来生。

六、不要让我们陷于诱惑，但请救我们免于凶恶。[1]

我主耶和华啊，请赐予我们力量，让我们能抵御恶灵的教唆。他们用恶念激励我们，引诱我们偏离向善之道。

可我们自己的灵尚不圆满，我们投生在世上是为了赎我们的罪，是为了使自己成为更好的人。邪恶的第一要因存在于我们的内心，恶灵只不过是利用了我们的邪恶倾向，他们帮助我们，只是为了引诱我们。

只要有人不圆满，就会给他们可趁之机；相反，面对圆满之人，他们是无能为力，无机可图的。如果我们不向善弃恶，不以坚不可摧的意志来反对他们，我们无论做什么都无法摆脱他们的纠缠。为此，我们自己当洁身自好，这样，恶灵自然就会远离我们，因为吸引他们的是邪恶，而善良会让他们排斥。（参见下文中的"为痴迷者祈祷"）

主啊，请在我们软弱的时候扶助我们；愿守护天使和善灵的声音激励我们修正自身的不圆满，以免不洁之灵接近我们的灵魂。（参见下文第 11 节）

我主耶和华，邪恶并非您的创作，因一切良善之源，无论如何都不可能造就邪恶；我们违反您的律法，滥用您赋予我们的自由，是我们自己造就了邪恶。当人类最终开始奉行您的律法，邪恶将从地球上消失，就像它已从更先进的世界消失一样。

邪恶对于任何人来说都不是命中注定的，也不是必不可少的，只有那些自暴自弃、自甘堕落的人才会无法抗拒。如果我们有作恶的意志，我们同时也有行善的意志。因此，亲爱的上帝，我们请求您和善灵的帮助，让我们能抵制这种诱惑。

七、阿门！

耶和华啊，求您使我们的心愿得以成全！尽管如此，我们还是向您无限的智慧鞠躬。愿一切我们未曾明了之事，皆奉行您的神圣意志，而非我们的意志，因您不求别的，只为我们好，您比我们更清楚什么对我们有用。

哦，上帝啊，我们要向您祈祷，为我们自己，也为所有道成肉身或脱离肉身的受苦的灵魂，为我们的朋友和敌人，为所有寻求我们帮助之人，尤其是为〔某人名字〕。

我们祈求您的怜悯和祝福。

注释：此处可向上帝表示感谢，以及为自己和他人祈愿。（参见下文第 26 则和第 27 则祷文）

灵性主义者聚会

4. 这是因为只要有两三个信仰我的人聚在一起，我一定会在他们中间。（《马太福音》第 18 章第 20 节）

5. 解说：奉耶稣之名聚会，并不仅仅意味着身体上的聚会，而是通过向善的意愿和思想交流，实现灵性上的聚会。如此，耶稣必会出现在聚会者中间——无论是他本尊，还是代表他的纯洁灵性。灵性主义使我们懂得了灵性是如何与我们共存的。灵性以流体或灵性躯体的形式和我们在一起，如果他们显形，我们能认出他们的外表。他们在等级制度中的地位越高，辐射能力就越强。正是通过这种方式，他们拥有了无处不在的天赋，并且可以同时出现在多个地方：他们所需要做的，就是释放自己的思想。

耶稣这句话的意思，在于阐明团结友爱的结果。吸引他的并不是人数的多少——因为他本可以说十个或二十个人，而不是两三个人——而是在于让人们相互尊重的仁慈之情。因此，要做到这一点，两个人足矣。然而，如果这两个人祈祷时各自为政，那么即使都是向耶稣祈祷，他们之间也没有思想交流，尤其是当他们之间缺乏互相仁爱的情感时。同样地，如果他们以偏见、仇恨、嫉妒或艳羡的眼光看待对方，他们的思想电流非但不会使他们因情感共鸣的共同冲动而团结在一起，反而使他们互相排斥。若是如此，**他们便不是在奉耶稣之名聚会**；耶稣不过是聚会的**借口**，并非真正的动机。（参见第二十七章和第9节）

这并不意味着耶稣对一个人的祈祷就充耳不闻。他之所以没有说"谁叫我，我就到谁那里去"，那是因为他首先要求的是爱他人。这种爱在群体当中比在一个人独处时体现得更为明显，因为任何个人主义情绪都会排斥这种爱。因此，如果在一次大型聚会中，只有两三个人因为真正的仁慈之情心灵相通，而其他人则把自己孤立起来，一心只有自私或世俗的想法，那么耶稣只会与前者，而非后者在一起。故奉耶稣之名义的聚会并不是指异口同声地念经文或唱赞美诗，也不是指整齐划一地行祭拜之礼，而是指与耶稣身上所体现的仁慈精神相一致的思想交流。（参见第十章第7节和第8节；第二十七章第2节至第4节）

这应当是灵性主义者举行的，需要善灵参与的严肃聚会所具有的特点。

6. 祷文：（聚会开始时） 我们祈求万能的主神派遣善灵来帮助我们驱走那些引诱我们犯错的灵性，赐给我们辨别真伪的光明。

让我们远离那些以道成肉身或脱离肉身的形式存在的，试图在我们之间播下纷争的种子，让我们抛弃对他人的仁慈与仁爱之情的灵性。如果有这样的灵性试图来到这里，请不要让他们接近我们的心灵。

愿来教导我们的善灵，能使我们服从您的忠告；让我们摒弃自私、傲慢、嫉妒或艳羡的念头；激励我们宽容和仁慈地对待我们的同胞，无论是在场的还是缺席的，友好的还是敌对的。最后，请让我们通过激励我们的情感认识到您有益的影响。

请将您神圣的意识交给那些受您委托来传播您教导的灵媒们，让他们知道托付给他们的使命以及他们所行之事的严肃性，这样他们就会全力以付、全情投入地去做这件事。

如果在这次聚会中，有的人并不是被善灵的情感吸引来的，那就让他们睁开双眼，望向光明，宽恕他们，就像我们宽恕那些怀有恶意之人一样。

在此，我们特别祈求［姓名］的灵性，我们的灵性向导，来帮助我们，守护我们。

7. **（聚会结束时）** 我们真心感谢那些愿意前来与我们交流的善灵。愿他们能帮助我们践行他们所传授的教义，并帮助我们每个人在离开这里后，拥有更强大的力量去行善为良，去博爱众生。

愿他们的教义同样有益于那些可能参加了这次聚会的受苦、无知或邪恶的灵性，以及我们恳求上帝怜悯之人。

为灵媒祈祷

8. 上帝说：" 在最后的日子里，我要把我的圣灵倾注给所有人，你们的儿女将会预言未来，你们的年轻男子要看到异象，你们的老年人要做出奇异的梦。是的，在那些日子里，我会把我的圣灵倾洒给我的奴仆，无论男女，因此，他们都会预言。"（《使徒行传》第 2 章第 17 节至第 18 节）

9. **解说**：上帝要藉由圣灵的声音让光芒普照众人，普照四方，让所有人都收得永生的凭据。正是出于这一目的，灵性今天才会在地球上的各个地方纷纷显灵，世间男男女女、老老女少、不同年龄、不同特质的人不约而同地展现出通灵能力，这召示着预言的时代已经来临。

为了解有形世界的事物，探知物质自然的秘密，上帝赐予人类生理视觉、感官以及各种特殊工具。借助望远镜，人类可将视野探伸到太空的深邃之处；凭借显微镜，人类可发现无穷小的微观世界。为了穿透看不见的无形世界，上帝赐予了他们灵媒。

灵媒是负责将灵性教义传递给人类的传译者，或者更确切地说，**是灵性表达自我以使人类能够理解的物质工具**。他们的使命是神圣的，因为他们的目标是要开启永生的视野。

灵魂来是为了向人类传授关于未来命运的教导，引导人类沿着向善的道路前行，是为了不使人类放弃为自我进步而在这个世间必须付诸的辛勤劳动，也不使人类纵容自己的野心和贪欲。灵媒必须清清楚楚地理解这一点，唯有如此，他们才不会滥用自己的能力。只有那些明白自身任务严肃性的人才会虔诚地履行自己的职责。对于上天为了让他们能与亡者交流这一如此严肃的目的而赋予他们的这种能力，如果他们**为着自己或者他人的缘故而将这一能力变成了一种娱乐或消遣形式**，他们的良心必会因这一亵渎神明的行为而谴责自己。

作为灵性教义的传译者，灵媒必须在当下经历的道德变革中扮演重要角色。灵媒之所以能提供帮助，是由于他们善用了自己的能力；相反，他们若误入歧途，滥用能力，对灵性主义的事业则有害无益。正是灵媒在人们心目中留下的不良印象，使得世人对基督的皈依屡屡受阻。所以，灵媒必须对如何运用为帮助他人的目的而获得的天赋能力做出交代。

灵媒若要想一直为善灵提供帮助，就必须不断地追求自我进步；若想要提升和拓展自己的通灵能力，就必须实现自我的道德升华，远离任何可能使他们偏离天赋使命的事情。

善灵偶尔也会利用不完美的工具，那是为了向对方提出好的忠告，努力引导对方向善从良；但如果他们遇到的是铁石心肠之人，而对方毫不在意他们的警告，他们就会撤而退之，这里就会变成恶灵肆虐之地。（参见第二十四章第11节和第12节）

经验表明，在那些无法受益于善灵忠告的灵媒中，有的原本能进行卓绝的通灵交流，后来却日渐退化，最终错误百出，陷入冗长或愚蠢的境地，这便是善灵已弃他们而去的明确迹象。

所有严肃的灵媒都应当坚持不懈地努力，以获得善灵的帮助，远离轻浮和欺诈的灵性；否则，他们的通灵能力会日益枯竭，甚至可能反噬自身，因为它可能使人陷入一种危险的痴迷状态。

那些清楚自身义务的灵媒，从不为不属于自己的能力而自鸣得意（因为这种能力随时可能被剥夺），而是将自己所得的好处归功于上帝。如果他们的通灵受到称赞，他们也不会因此而沾沾自喜，因为他们知道这样的通灵并非自己的个人功德，他们会感谢上帝让善灵通过自己显灵。如果这些通过引起批评，他们也不觉得受到了冒犯，因为这并不是他们自己的灵性所为。他们会反省自我，认为自己还没有成为好的工具，还没有具备抵御恶灵干扰所需的一切品质；因此，他们会努力去塑造这样的品质，通过祈祷请求赐予他们所缺乏的勇气。

10. 祷文：全能的上帝，请允许善灵帮助我完成我所请求的通灵。请让我远离我以为已经远离的恶灵，远离让对我自身拥有的能力产生错误认知的傲慢，以及远离一切有悖善待其他灵媒的情感。如果我犯了错误，请通过某人的思想来告诫我，激励我谦逊地接受和承认批评，为自己，而不是为他人，接受善灵希望向我提出的忠告。

假如我一直在以任何方式试图滥用您赐予我的能力，或者对此自鸣得意，沾沾自喜，我请求您剥夺我的这一能力，而不是让它偏离上天的旨意，这将有利于我自己和所有人的道德进步。

二、为自己祈祷

向守护天使与守护灵性祈祷

11. **解说**：我们每个人都有一位自我们出生之日起就和我们在一起，并一直守护着我们的善灵。他们对我们的使命，犹如父亲对自己的孩子：带领我们走上从善之路，经历生活考验，实现自我进步。当我们回应他们的关怀时，他们会感到快乐；当看到我们屈服放弃时，他们就会非常难过。

他们姓甚名谁并不重要，因为他们的名字可能鲜为地球人所知；所以，我们召唤他们时，会称他们为我们的守护天使，我们的善灵。我们甚至可以用任何我们觉得特别契合的高阶灵性的名字来召唤他们。

除了有高阶灵性作为我们的守护天使外，我们还有进化程度不那么高，但本性仍然善良仁慈的守护灵性。他们可能是我们的亲人、朋友，有时甚至是我们在有生之年根本不认识的人。他们常常通过干预我们生活中的言行举止来帮助我们。

所谓具有情感共鸣的灵性，是指那些与我们拥有某种相似品味和倾向的灵性：他们既有可能是善良的，也有可能是邪恶的，具体取决于吸引他们的倾向具有怎样的特质。

善诱的灵性往往企图通过向我们暗示邪恶的思想来引诱我们远离从善之路。他们会利用我们身上的各种弱点，抓住这些弱点，就像打开了一扇门，趁机便能进入我们的灵魂。有的灵性会将我们当成猎物，对我们纠缠不休，**可一旦他们意识到他们无力对抗我们的意志，他们便会自行撤退。**

上帝不仅给我们安排了守护天使，即我们的首要向导，也是我们的高级向导，还给我们安排了守护灵性和亲人灵性，即我们的辅助向导；然而，认为上帝**必定会**在我们身边安排邪恶的灵性，用以抵消善灵的影响，这种想法其实是不对的。邪恶的灵性**只会在我们身上**存在着让他们有可趁之机的弱点，或者我们罔顾善灵启示的情况下才会主动接近我们。因此，真正把他们引来的人是我们自己。事实上，善良的灵性不会拒绝帮助任何人，但前提条件是我们要首先赶走邪恶的灵性。人类是不圆满的，故每个人必须承受的不幸，本因皆源于自身，且大多归结于其自身的邪恶灵性。（参见第五章第4节）

在向守护天使与守护灵性祈祷时，当恳请他们在上帝面前多致美言，请求他们赐予自己抵御恶念的力量，请求他们帮助自己解决生活之需。

12. 祷文一：智慧仁慈的灵性啊，你们既是上帝派来的使者，既身肩着帮助人们，引导人们走上从善之路的使命，身肩着扶持我以承受今生考验的使命，那么请求你们赐予我力量，让我能顺从地忍受这一切，而毫无怨言；让我能摒弃一切邪恶之思，远离一切试图引诱我为非作歹的恶灵；让我的良心能明白我的过错，揭去蒙蔽我双眼，令我无法自知自觉的傲慢的面纱！

尤其是您，［姓名］，对我格外关照的守护天使，还有所有关心我，让我配得上你们仁慈之心的守护灵性，你们知道我之所需，愿这些需求皆能遵从上帝意志得以成全！

13. 祷文二：亲爱的上帝，请允许那些帮助我的善灵在我遇到困难时，向我施以援手，在我心意动摇时，坚定我的信念！我主耶和华，请让他们以信仰、希望与仁慈激励我前行；愿他们成为我的倚靠、我的期盼，成为您恩慈的见证！最后，请让他们赐予我承受今生考验所缺乏的力量，让我能抵制邪恶的教唆；赐予我信仰，让我能得到救赎；赐予我仁爱，让我能得到安慰！

14. **祷文三**：亲爱的灵性，亲爱的守护天使，上帝以其无限的仁慈安排你们前来守护人类，成为我的守护者，照护我历经尘世的种种考验。请赐予我力量、勇气和顺从；激励我修一切善，断一切恶！愿你春风化雨般的影响给我以灵魂的触动，让我感到身边拥有一位忠实的朋友，他能看到我的痛苦，分享我的快乐！

我善良的天使啊，请不要离弃我！我需要你的一切守护与看顾，以让我拥有上帝所愿的信仰与爱！

祈求远离恶灵

15. 伪善的律法师和法利赛人，你们要遭殃了！你们把杯盘外面洗得干干净净，但内在却盛满了欺诈和放荡。你们这些瞎眼的法利赛人，应该首先把杯子里面洗干净，这样杯子外面才能干净。伪善的律法师和法利赛人，你们要遭殃的！你们就像经过粉饰的坟墓，外面看上去漂漂亮亮，里面却充满了死人的骨头和各种污秽。同样，你们外表看上去公正廉洁，内心却充满伪善和罪恶。（《马太福音》第23章第25节至第28节）

16. **解说**：邪恶的灵性只会去那些能让他们的恶念得逞的地方。要远离他们，恳求，乃至命令是不够的，自身必须彻底摒除吸引他们的特性。恶灵能嗅出灵魂的伤口，就像苍蝇能嗅出身体的伤口一样。正如你要清洁你的身体，使害虫远离你一样，你也要洁净你的灵魂，除去内心的杂念，使邪恶的灵性远离你。因为我们生活在一个充斥着恶灵的世界，我们内心的善良品质虽不能一直让我们免受诱惑，但的确能给予我们抵御恶灵的力量。

17. 祷文：奉全能的上帝之名，愿恶灵远离我，愿善灵成为我抵御恶灵的护卫！

一切以恶念诱惑人们的邪恶灵性，一切虚伪狡诈、谎话连篇的灵性，一切喜欢欺骗轻信之人，以戏弄人为乐的灵性，我将竭尽我灵魂的一切力量赶走你们，绝不听信你们的任何谗言；但我请求上帝怜悯你们。

善良的灵性，你们既已同意帮助我，那么请赐予我力量，让我能抵御恶灵的影响，赐予我智慧，让我免于成为诡计的受害者！请让我远离傲慢与偏见，让我的心灵没有会给恶灵可趁之机的嫉妒、仇恨、恶毒以及一切有悖仁慈的情感！

请求改过自新

18. 解说：人之所以有邪恶的本能，根本原因在于灵性的不圆满，而并非身体上的缺陷；否则，人类不必为此承担任何责任。我们的进步依靠我们自己，因为任何人利用自身的能力做任何事情，皆有做与不做的自由，他们缺乏的只是行善的意愿而已。（参见第十五章第10节；第十九章第12节）

19. 祷文：上帝啊，您赐予了我分辨善恶的智慧，所以，当我意识到某件事情是邪恶的，却不努力抵制，我就是有罪的。

请让我远离那些让我无法看清自身缺点的傲慢，远离那些教唆我不知悔改的恶灵！

在我自身的缺点中，我意识到自己特别倾向于……，如果我没有对这种倾向加以抵制，那是由于我习惯屈服于它。

您造我之初，我是无罪的，因为您是公正的，但您创造我时，也同时赋予了我从善或从恶的自然倾向。假使我走上了邪恶之路，那是我自己选择的结果。但正如我有做坏事的自由一样，我也有做善事的自由。因此，我可以改变我的所行之路。

我现在拥有的缺点，皆源于我前世遗留下来的不圆满。这是我的原罪，我可以凭借我的意志和善灵的帮助来实现自我的超脱。

守护我的善灵啊，尤其是您，我的守护天使，请赐予我力量，让我能抵御邪恶的教唆，在斗争中取得胜利。

一切过错皆是让我们远离上帝的障碍，每克服一个障碍，就是迈出了进化的一步，让我离上帝更近了一步。

我主耶和华，以其无限的仁慈，允我今世为自身进步而努力。善良的灵性，请帮助我好好珍惜，而不至于浪费这一机会，在上帝带我离开之时，我能比初来之时拥有更大的进步！

（参见第五章第5节；第十七章第3节）

请求赐予力量以抵制诱惑

20. 解说：任何一种邪念的产生，不外乎两种缘由：一种是灵魂自身的不圆满，一种是受到了邪恶的影响；而后一种情况，往往是我们自身的软弱使我们容易受到这样的影响，这也表明我们的灵魂是不圆满的。所以说，失败之人断不能以受到外界灵性的影响为借口，因为**这些灵性如果看出一个人不会接受诱惑，他们是无法诱使任何人作恶的。**

如果邪念滋生之时，我们可以假设有个邪恶的灵性正在引诱我们去做坏事，我们完全可以自由地做出屈服或抵抗的选择，就像我们受到世间之人的引诱一样。与此同时，我们还应想起我们的守护天使或守护灵性，他们会与这些邪恶的影响作斗争，会焦急地等待着**我们的决定**。我们不愿作恶，是因为我们的良心听见了善灵的声音。

如果一种思想会使我们偏离仁爱，即一切道德真理的基础，会让人滋生傲慢、虚荣或自私之心，会对他人造成伤害，会引诱我们去做我们不希望别人对我们做的事，那么这种思想就是一种邪念。（参见第二十八章第15节；第十五章第10节）

21. **祷文**：万能的上帝啊，请不要让我屈服于那些可能使我误入歧途的诱惑！守护我的仁慈的灵性啊，请让我打消这个邪恶的念头，赐予我抵御邪恶暗示的力量！倘若我真的屈服了，我就该为我今生的过错赎罪，因为我是可以自由做出选择的。

感谢战胜了诱惑

22. **解说**：那些因听取了善灵的忠告，得到善灵的帮助而抵制住了诱惑的人，他们应该感谢上帝和他们的守护天使。

23. **祷文**：亲爱的上帝，感谢您让我在与邪恶的斗争中获得胜利，愿这胜利给我力量去抵抗新的诱惑！

还有您——我的守护天使，感谢您给我的帮助，愿我每次听从您的忠告，换您再次护我周全！

请求给予忠告

24. **解说**：在我们不确定是否要做某件事时，应先问问自己以下问题：
1）我犹豫要不要做的事情会不会对别人造成伤害？
2）会不会对别人有所助益？
3）如果有人这样对我，我会开心吗？

若这件事只与自己有关，则应从整体上权衡其对个人产生的利弊。

若此事与他人有关，且对某些人有利，对某些人有弊，则当权衡整体的利弊，以做取舍。

最后，即使这是一件天大的好事，仍须考虑时机和周围的境况，因为哪怕一件事情本身是好的，如果做得时候缺乏技巧，不谨慎、不小心，也有可能导致不好的结果。在做这件事之前，既要考虑自己的意志力，也要权衡做事的方式方法。

无论在怎样的情况下，都可以向自己的守护灵性寻求帮助。请谨记这句至理名言：**若犹豫难决，则弃而舍之。**（参见第二十八章第 38 节）

25. **祷文**：奉全能的上帝之名，请求守护我的善灵给我以启迪，让我能在犹豫不决之时做出最好的选择，愿善灵指导我的内心向善从良，远离诱惑的影响，不要偏离正道，误入歧途。

在遭受生活的苦难时

26. **解说**：我们可以向上帝请求世俗的恩惠，如果这是为了一个有益而严肃的目的，他可能会赐予我们这些恩惠。但是，我们往往会从自己的观点来判断事物的有用性，而且视野常常局限于当下，所以并非每次都能看清我们所求之事的消极面。上帝比我们看得更清楚，他只想为我们好，所以可能会拒绝我们的请求，就像父亲拒绝给自己的孩子可能有害之物一样。即使我们的请求未能得到满足，也不能因此灰心丧气。相反，我们应当将这种求而不得当成是一种我们必须经历的考验或赎罪，我们越是顺从地接受，就越能获得更多的报偿。（参见第二十八章第 6 节；第二章第 5 节至第 7 节）

27. **祷文**：全能的上帝啊，您看到了我们承受的苦难，请屈尊聆听我此刻向您提出的恳求！倘若我的请求不得当，就请您宽恕我吧！倘若您认为这是公正而有益的，便请遵行您意志的善灵帮我达成所愿！

亲爱的上帝啊，无论我将遭遇什么，愿您的意志得以达成。如果我所求未得，那是因为您有意考验我，请让我毫无怨言地顺从接受，使我不至于因此事灰心丧气，也不至于动摇我的信心和毅力！

（陈述所求之事）。

感谢上帝的恩惠

28. **解说**：一个人切勿以为幸福快乐皆系于要紧之事；那些看似无关紧要的小事，往往对我们的命运影响最大。好事总是容易让人转瞬即忘，痛苦反倒令人记忆犹新。倘若我们每天反省一下，想想自己无端受了别人多少好处，我们往往会惊讶于自己的记性之差，并为自己的忘恩而感到惭愧。

每天晚上，当我们向上帝祈祷时，我们应当回想白日里所受的恩惠，并对此表示感谢；尤其在我们感受到上帝的仁善及他对我们的保护时，更应自发地表示感恩。在这种情况下，只要继续各司其职，各行其是，心里将这种恩惠归功于上帝就可以了。

上帝的恩惠并不仅仅在于物质上的恩赐，还在于他给我们启示，让我们心存善念，乐享幸福，对此，我们也应表示感谢。傲慢之人只会将功劳归于自己，怀疑之人则会将功劳归于运气，唯有信仰之人，懂得感谢上帝和善良的灵性。为此，其实并不需要大篇大论，只需说一声"感谢您，我的上帝，感谢您的启发，让我心存善念"，只此一句，胜过千言万语。这种自发地将我们所受的一切福善归功于上帝的情感，恰好证明了我们拥有

懂得感恩与谦卑恭谨的本性,这是吸引善灵产生情感共鸣的特质。(参见第二十七章第 7 节和第 8 节)

29. 祷文:无限仁慈的上帝啊,愿您的名字因您赐我的恩惠而受到颂扬!如果我将这恩惠归功于机遇或者我自身的优点,那我就不配享有这一切。

遵行上帝意志的善灵啊,尤其是您,我的守护天使,我衷心地感谢你们!不要让我因所得之物而心生傲慢,也不要让我滋生将所得之物用于坏事的念头!我要特别感谢您……

顺服与遵从

30. 解说:当痛苦之因来袭,若我们寻因究源,往往会发现这一切皆缘于我们自身的轻率、缺乏远见或以往的行为;若是如此,我们只能将这一切归咎于我们自己。如果不幸的原因与我们自身无关,则这一不幸要么是今生当历的考验,要么是前世当偿的赎罪。若是后一种情况,我们可以从赎罪的性质得知我们所犯罪过的性质,因为犯了何种罪过,必会受到何种惩罚。(参见第五章第 4 节和第 6 节)

关于我们所经历的痛苦,我们往往只看到眼下之痛,却看不到它最终可能给我们带来的有利后果。常言道,苦尽甘来,否极泰来,就像疾病之所以能痊愈,是得益于痛苦的治疗手段一样。无论在何种情况下,我们都要顺服上帝的意志,勇敢地承受生命的苦难——如果我们希望这些苦难被考虑在内的话。如此一来,我们才能应证基督所说的这句话:受苦之人是有福的。(参见第五章第 18 节)

31. 祷文一： 亲爱的上帝啊，您是无上公正的，故世间的每一次苦难都有其原因和用处。我接受导致这一痛苦的原因，我所经历的痛苦是对前世过错的赎罪，以及对来世的考验。

守护着我的善灵啊，请赐予我力量，让我能毫无抱怨地忍受这一切，让其成为对我有益的警告，增加我的经验，也愿它与我的傲慢、野心、愚蠢的虚荣和自私自利作斗争，从而有助于我的进步。

32. 祷文二： 亲爱的上帝，我觉得自己实有必要向您祈祷，请求您赐予我力量，使我能承受您所安排的考验！让光芒照亮我的灵性，使我能明白这仁爱的全部意义，明白它何以要令我受苦，从而让我获得救赎！亲爱的上帝，我顺从地接受这一切，但是我有祸了！人类是如此脆弱，若没有您的支持，我害怕我会屈服。主啊，求您不要离弃我，因为没有您，我什么也不是！

33. 祷文三： 永生的神啊，我举目仰望于您，便觉拥有了力量。您是我勇气的来源，请不要离弃我！亲爱的上帝，我已被自身罪孽的深重压垮！请帮帮我！您知道我肉体的软弱，请别把目光从我身上移开！

强烈的欲望令我感到窒息，唯有将您的生命之泉倾泻出来，我才能感到清醒。愿我张开口，只为颂扬您，而非埋怨我一生所受的痛苦！主啊，我本是软弱的，但您的仁爱使我坚强！

永恒的神啊，只有您是伟大的，只有您是我生命的理由和目的！即使您打击我，我也要颂扬您的名，因您是耶和华，我是您忠实的仆人！我必毫无怨言地低下我的头，因为只有您是伟大的，您是我生命的唯一目的。

在迫在眉睫的危险时刻

34. 解说： 藉由我们所面临的危险，上帝意在提醒我们自身的软弱和生命的脆弱，向我们展示我们的生命掌握在他的手中，我们被一根线支撑，而这根线可能在我们最不经意的时候断裂。从这个角度来看，没有人享有特权，因为不论贵贱高低，皆要服从同样的选择。

倘若分析危险的性质和后果，我们往往会发现，这种后果的产生，要么是对所犯过错的惩罚，要么是**对未行义务**的惩罚。

35. 祷文：全能的上帝啊，还有您——我的守护天使，请帮帮我！我若理应屈服，愿上帝意志得以达成。我若蒙赦免，愿我的下半生能弥补我所犯的过错，并为此而忏悔！

逃脱危险后的感恩

36. 解说：藉由我们所经历的危险，上帝意在告诉我们，任何时候我们都有可能被召回，为我们所过的一生承担责任。上帝之意在于以此警告我们，要专注自我，改过自新。

37. 祷文：亲爱的上帝，以及您，我的守护天使，感谢你们在我面临危险时给予我帮助！愿这是一个警告，使我明白我可能让自己犯下的过错！主啊，我知道我的生命掌握在您手中，您可以随时将其取走。请让那些帮助我的善灵给我启发，让我在心中萌生一种想法，即好好珍惜您赐予我在这世上的时间。

我的守护天使，请让我坚定不移地改过自新，尽我所能地行一切善业；这样，待上帝召我回去时，我才能实现灵性世界的自我提升，进一步消除自身的不圆满！

在睡觉时

38. 解说：睡眠只是身体的休息，但灵性是不需要休息的。当感官处于麻木状态时，灵魂会部分脱离物质，具有与灵性一样的功能。睡眠旨在让人类恢复自己的身体和精神能量。当身体恢复其在清醒状态所消耗的能量时，灵性也会通过与其他灵性交流而重新焕发活力。灵性会通过其所见所闻，通过得到的忠告形成某种思想，并在醒来后将其转变成自身的一种直觉。睡眠，如同让放逐者暂时回归真正的家园，亦如同让囚禁者获得暂时的自由。

然而，正如邪恶的囚犯一样，并非所有灵性都会利用这样的自由来实现自我进步。一个灵性若有邪恶的本能，他就会去找与自己同恶相济的同伴，去往能让自己释放本性的地方，而不会去寻找善灵的陪伴。

愿那些了解这一真理的人们，在感到睡意来袭之际做好思想准备。愿他们能向善灵和记忆中挚爱之人寻求忠告，以便他们能在这段短暂的时间里与对方见上一面，醒来时才能更坚强地面对邪恶，更勇敢地面对逆境。

39. 祷文：我的灵魂现在要和其他灵魂在一起了。愿善良的灵性前来给予我忠告！我的守护天使，请让我在醒来时仍能对这些忠告保持一个持久而良好的印象。

感觉死亡来临时

40. 解说：一个人若是相信来世，一想到今世的生命是为了前往未来的目的地就会感到振奋，这有助于加快灵性解脱，因为它削弱了灵性与肉体之间的纽带关系，往往是肉体生命尚未结束，迫不急待的灵魂就已经开始飞升超脱了。相反，对于那些一门子心思只看重物质事物的人来说，这种纽带关系会更加牢固，**分离的过程会更加痛苦和难过**，死后的觉醒过程会充满烦恼和焦虑。

41. 祷文：亲爱的上帝，我相信您和您无限的仁善；正因如此，我绝不相信您给了人类认识您的智慧，给了人类来世的启迪，只是为了让他们陷入虚无。

我知道我的肉体不过是一具用来容纳灵魂的易腐烂的躯壳，在生命结束之时，我将在灵性世界中醒来。

万能的上帝，我感到将我的灵魂和肉体联系在一起的纽带正在断裂，我很快就要对我抛下的前世生命做出交代。

我将承担我所行善事与所作恶业的后果；在那个世界，再也不能抱有任何幻想，再也无法寻找任何托辞。我的整个前世将在我面前一一展开，我将因自己的所作所为而受到审判。

对于世间拥有的一切，我未带走分毫：荣誉、财富、虚荣与傲慢的满足——一切与肉体有关的，都将留在这个世界。世间的任何财富，我一分也带不走，它在灵性世界对我没有丝毫帮助。我只能带走与自身灵魂有关的一切，即好的品质与坏的品质，它们将被放在严格公正的天平上称量，我将为自己生前有机会行善而未能行善的行为而受到审判。（参见第十六章第9节）

仁慈的上帝啊，愿您能听到我的悔改！请您宽恕我！

如果您认为可以延长我的生命，我愿用余生的时间尽量去弥补我所做的坏事！若我大限已到，不能回头，想到能通过新的考验来救赎自己，从而终有一天能得到选民的祝福，这种想法亦令人我感到安慰。

若我不能立即享受这种无比正直之人才能享受的纯洁的幸福，我知道自己没有失去希望，只要我努力，迟早能达成目标。

我知道善良的灵性和我的守护天使会在附近迎接我，我不久就能像他们看见我一样看见他们。我知道自己将见到世间所爱之人——如果我配得上的话，我身后之人也终有一天会再次与我相见，我们将会永远团聚，到那时，我便可以来拜访他们。

我也知道，我会再次见到那些我曾经冒犯过的人，愿他们饶恕我因自己的傲慢、冷酷和不公正而带给他们的羞辱，以免我在他们面前感到羞愧！

我原谅那些在世间曾经伤害过我或想要伤害我的人，我对他们没有仇恨，并祈求上帝宽恕他们！

主啊，请您赐予我力量，让我能轻易抛却这世间的粗鄙的喜乐，与我即将进入的这个世界的纯粹喜乐相比，这实在是微不足道。对正义之人而言，那里不再有折磨、痛苦或不幸。只有有罪之人才会受苦，但他们仍有希望。

善良的灵性，还有您——我的守护天使，请不要让我在这关键的时刻失败：请用神圣的光芒照亮我的双眼，以便在我动摇时坚定我的信仰！

（**注释**：参见下文第五节："为病人和痴迷者祈祷"。）

三、为他人祈祷

为受苦之人祈祷

42. **解说**：若为受苦之人着想，理当让其按照原来的程序经历所应经历的考验，那么上帝并不会因我们的请求而缩短这一过程；如果因为请求未能获准而灰心丧气，这是一种缺乏信仰的行为。此外，即使考验没有停止，人们也可以希望得到一些其他的安慰，减轻其痛苦。对受苦之人真正有用的是勇气和顺从，没有勇气和顺从，考验就毫无益处，必须重新开始。因此，为了这一目的，一个人须想方设法、竭尽全力，无论是请求善灵来帮助受苦之人，还是通过忠告和鼓励来重振受苦之人的斗志，或者在可能的情况下，为受苦之人提供物质上的帮助。在这种情况下，祈祷可以通过某种电流作

用，对一个人的道德力量产生直接影响。（参见第五章第 5 节和第 27 节；第二十七章第 6 节和第 10 节）

  43. 祷文：亲爱的上帝，您的仁善是无限的，如果您意愿，请屈尊缓解［某人姓名］的痛苦处境。

  善良的灵性，我以全能的上帝之名请求你们帮助他/她渡过苦难。如果为了他/她的最大利益，而不能免去这些苦难，请让他/她明白，这一切是其自我进步所必需的！请让他/她相信上帝和来世，这样可以减轻他/她的痛苦！请赐予他/她力量，让他/她不至于屈服绝望，因为这对他/她毫无益处，只会让其来世更加痛苦。请让我的思想贴近他/她，给予他/她勇气！

为别人所受恩惠而感恩

  44. 解说：那些不为自私所支配之人，会为他人所受的恩惠而高兴，即使这些恩惠并不是祈求得来的。

  45. 祷文：亲爱的上帝，愿您因［姓名］得到的好运而受到颂扬！善良的灵性，请让他/她将这一切看作是上帝仁善的结果！若他/她所得的好处是一种考验，就请鼓励他/她好好利用这一机会，不要变得虚荣自负，这样就不会对其来世造成伤害。

  一直守护着我，希望我幸福的善灵啊，请让我的心灵远离一切艳羡或嫉妒的情感！

为我们的敌人和想要害我们的人祈祷

  46. 解说：耶稣曾说：**要爱你们的敌人**。这句箴言向我们揭示了基督教的仁慈中最崇高的内涵。然而，耶稣并不是要求我们对敌人的爱必须与我们对朋友的爱一样。他这句话的意思，是要我们忘记他们所犯的过错，原谅他们对我们所做的恶，要以善报恶。除了上帝眼中

的功德,这句话还向别人展示了何谓真正的优越。(参见第十二章第3节和第4节)

47. 祷文:亲爱的上帝,我原谅[某人姓名]对我做的恶和想要对我做的恶,正如我希望您原谅我可能犯下的过错,以及希望他/她原谅我可能犯下的过错一样。倘若您将他/她作为我前行路上的一个考验,愿您的意志得以达成。

亲爱的上帝,请不要让我有诽谤他/她的念头,也不要让我对他/她心生任何恶意;让我不要为可能使他/她遭受打击的不幸而感到快乐,也不要为可能给予他/她的恩惠而感到不安,这样我的灵魂就不会被有悖于基督徒原则的思想玷污!

我主耶和华,愿您的仁善惠及于他/她,并因此使他/她对我拥有更好的情意!

善良的灵性,请激励我忘记邪恶,记住善良!愿我的心里不要有仇恨、怨念以及以恶报恶的欲望,因为仇恨和复仇只属于道成肉身或脱离肉身的恶灵!相反,愿我伸出援助之手,以善报恶,并在力所能及的情况下为他/她提供帮助!

为了证明我此言出自真心,我希望能有机会为他/她做件有用的事;但最重要的是,亲爱的上帝,请不要让我因傲慢或炫耀而这样做,也不要用令人羞辱的慷慨来压迫他/她,这会让我失去这样做的功德,反而使我成了基督话里所说的:**你们已经得到了你们想要的报偿。**(参见第十三章第1节)

为赐予敌人的恩惠而感恩

48. 解说:不希望自己的敌人不好,只是半心半意的仁慈。真正的仁慈是希望他们好,并为他们得到好处而感到高兴。(参见第十二章第7节和第8节)

49. 祷文:亲爱的上帝,以您的公正,您认为[某人姓名]值得享有心灵的快乐。感谢您,尽管他/她对我做过或想要对我做过坏事;如果他/她以此来羞辱我,我愿意接受,这是对我仁慈的一个考验!

守护我的善灵，请不要让我为此感到任何不快，让我远离只能使我堕落的嫉妒；相反，使我学会宽宏大量！羞辱他人是恶，而非善；我们知道，无论一个人做什么，正义迟早会得到伸张。

为灵性主义的敌人祈祷

50. 渴望公正之人受到祝福，因为上帝会满足他们的要求；

为了执行上帝的意志而受到迫害的人受到祝福，因为天国属于他们。

当你们因为跟随我而受人们侮辱、迫害和恶语中伤时，你们就会受到祝福。应该欢喜快乐，因为你们在天堂里获得的奖赏是巨大的。他们也曾同样地虐待了在你们之前的先知。（《马太福音》第5章第6节和第10节至第12节）

不要害怕那些能杀害你们的肉体、却不能消灭你们灵魂的人。你们只应该敬畏上帝，只有上帝能够把你们的灵魂和肉体全都毁灭在地狱里。（《马太福音》第10章第28节）

51. **解说**：在所有的自由中，思想的自由，包括良心的自由，是最不可侵犯的。因为拥有不同的思想观念便诅咒他人，等于只允许自己有自由，却不允许别人有自由，这显然违背了耶稣的第一条戒律：仁爱和爱他人。因为他人的信仰而迫害他人，就是在侵犯所有人都拥有的最神圣的权利——即拥有适合自己的信仰，根据自己的理解敬拜上帝的权利。强迫他人接受我们自己所奉行的外在仪式，不过是证明了我们更多在意表象，而非信念本身。被迫放弃永远不会带来信仰，只会带来虚伪。这是对物质权力的滥用，它并不能证明真理。**真理本身是勿庸置疑的，它只会使人信服，并不会加害于人，因为它根本不需要这么做。**

灵性主义只是一种观点，一种信仰；即便它是一种宗教，那人们说自己是灵性主义者，跟他们说自己是天主教徒、犹太教徒或新教徒，是某个哲学或某个经济体系的信奉者时所拥有的自由有何不同？任何一种信仰，要么是错误的，要么是正确的；如果是前者，它会不攻自破，因为在思想开明的时代，错误无法战胜真理；如果是后者，即使迫害也不能改变它是错误的这一事实。

迫害，是对每一个伟大而公正的新思想的洗礼；这一思想越伟大，越重要，它所遭受的迫害也会越多。敌人对它的仇恨和愤怒，与这一思想给他们带来的恐惧成正比。正因如此，基督教在过去曾遭到迫害，而灵性主义在今天也遭到了迫害，只不过不同的是，基督教受到的迫害来自异教徒，而灵性主义受到的迫害来自基督教徒。的确，血腥迫害的时代已经过去了，可当一个人不能再残害他人的肉体时，他就会转而折磨他人的灵魂，去伤害他人对其挚爱之人所拥有的深切情感。让一个家四分五裂；煽动母亲反对女儿；教唆妻子对抗丈夫。甚至为了使其遭受饥饿而剥夺人们的生计，以求在物质需求方面对其进行身体上的伤害。（参见第二十三章第 9 节）

灵性主义者，不要为你们所受到的伤害感到困扰，因为这证明你们拥有真理；否则，没人会理你们，也没有人会伤害你们。这是对你们信仰的考验，因为上帝必因你们的勇气、顺服和忍耐而承认你们是上帝忠心的仆人，即便现在，上帝也在关注着他的仆人，以便根据其所作所为给予应得的赏赐。

故你们当以早期的基督教徒为榜样，要自豪地背负起你们的十字架。要相信基督所说的话："为了执行上帝的意志而受到迫害之人受到祝福，因为天国属于他们。不要害怕那些能杀害你们的肉体、却不能消灭你们灵魂之人。"他还说："要爱你们的敌人，善待仇恨你们的人，要为迫害你们的人祈祷。"你们要证明自己是他真正的门徒，证明你们遵他所说，奉他所行，所以你们的学说也是善的。

迫害只是暂时的，所以，要耐心等待黎明，因为晨星已经出现在地平线上了。（参见第二十四章第13节）

52. 祷文：主啊，您曾藉由耶稣对我们说："为了执行上帝的意志而受到迫害之人受到祝福；要原谅你们的敌人；要为迫害你们的人祈祷。"耶稣则为我们指明了道路，因为他自己也曾为杀害他的人祈祷。

亲爱的上帝，我们将以他为榜样，请求您怜悯那些不知道您神圣戒律之人——这是唯一能确保这个世界和其他世界和平的戒律。我们会像基督一样对您说："天父啊，请赦免他们，因他们并不知道自己做了什么！"

请您赐予我们力量，让我们能耐心顺服地忍受他们的嘲笑、侮辱、诽谤和迫害，以此作为我们信仰和谦卑的考验！请不要让我们产生任何报复的念头，因您的公正之声必令所有人振聋发聩，我们将顺服于您的神圣意志，等待这一时刻的来临！

为新生儿祈祷

53. 解说：一个人只有经历过肉体生命的考验，其灵性才能达到圆满的状态。在灵性世界，灵性会等待上帝允许其轮回转世，并通过他们必须忍受的世事变迁来弥补其前世所犯之罪，或者通过完成有益于人类的使命，最终达成自我进步的目的。他们的进步与来世的幸福取决于他们如何度过其在尘世的时间。引导他们迈出第一步以及引导他们走向从善之路的这项工作是托付给他们父母的，他们的父母要为其完成这一使命的方式对上帝负责。为了使其得以执行，上帝将父母之爱与子女之爱定为一项自然法则，一项如有违反就绝不免罚的法则。

54. 祷文一：（父母祈祷）已在我们孩子身上转世投生的灵性，欢迎你来到我们家！将你赐予我们的全能的上帝，愿您受到颂扬！

这如同委托我们代为保管的一笔存款，总有一天我们会对此做出交代。上帝啊，若这是善灵在世间的新生，我们感谢您赐予我们这样的恩惠！倘若他是一个不圆满的灵性，我们的责任就是通过我们的忠告和榜样，帮助他走上向善之路。若因我们的缘故使他遭受祸患，我们就要对您负责，因为我们未能替您完成我们的使命。

主啊，请您扶助我们，赐予我们力量和意志去完成我们的使命！如果这孩子是我们必经的一道考验，愿您的意志得以达成！

前来主持他的诞生并在其生命中一直陪伴他的善灵，请不要离弃他！请让这个孩子远离可能引诱其作坏事的恶灵，赐予他力量，以抵制恶灵的教唆，赐予他勇气，以耐心和顺从地忍受世间等待他的考验！（参见第十四章第9节）

55. 祷文二： 上帝啊，您曾将一个灵性的命运托付于我，我主耶和华，请您使我配得上托付给我的重任；请给予我您的守护，开启我的心智，使我能及早看出这孩子的倾向，让其平安成长！

56. 祷文三： 仁慈的上帝，既然您认为需要让这个孩子的灵性再经一次世俗的考验，才能使他进步，就请赐予他您的圣光，让他学会承认您、爱您、敬拜您！藉由您的全能，请让这个灵魂在您神圣教导的泉源中得以重生！让他的智慧在守护天使的指引下得以成长和发展，让他渴望越来越接近您！愿灵性主义的知识成为其人生的选择，并因此成为照亮其人生的明灯！最后，愿他学会感激您全部的仁爱，感激您让我们接受考验，以使我们得到净化！

我主耶和华，请以父母的眼光看顾您托付这个灵魂的家庭吧！愿他们明白自身使命的重要性，并使这个孩子身上蕴含的良善的种子得以发芽，直到有一天，他通过自己的愿望，飞升到您面前！

亲爱的上帝啊，请您以神的名义和神的功绩垂顾这卑微的祈祷，因您曾说过："让那些孩子到我这儿来，天国属于像他们一样的人。"

为垂死之人祈祷

57. 解说：死亡的痛苦是灵魂与肉体分离的前奏。有人会形容说，在那一时刻，人是一只脚踏在这个世界，另一只脚踏在另一个世界的。对于那些深深依恋物质之人，那些为了世间财产而活着之人，或者那些良心被悲伤和悔恨所困扰之人来说，这段经历有时是非常痛苦的。相反，如果一个人的思想已经升华到了无限的境界，而且已经超脱于物质之外，则这种纽带关系更容易打破，在最后时刻并不会感受到痛苦。这时的灵魂与肉体之间只有一丝相连；而在第一种情况下，两者之间的联系是深根蒂固的。但不管在哪种情况下，祈祷对于灵肉的分离都会产生巨大的作用。（参见下文"为病人祈祷"，以及《天堂与地狱》第二册第一章"通道"）

58. 祷文：全能而仁慈的上帝，这是一个即将离开尘世肉体，回归灵性世界，即其真正家园的灵魂。愿他得享平安，愿您的恩慈惠及于他！

在世间一直陪伴他的善灵，请不要在这关键时刻离弃他！请赐予他力量，使他能忍受他在这个世间必须经历的最后的痛苦，从而获得来世的进步。请激励他，让他在脑海中最后闪烁智慧的微光或任何转瞬即逝的念头时，仍能忏悔自己曾经犯下的过错！

请引导我的思想，使它能发挥作用，减轻灵肉分离的痛苦，在这个灵魂离开尘世的最后时刻能带给他安慰和希望！

四、为亡者祈祷

为刚死之人祈祷

59. **解说**：为刚刚离世的灵性祈祷不仅在于向他们表达同情和安慰，还有助于他们灵魂的解脱，从而缩短因灵肉分离而导致的混乱状态，让他们在清醒时更加平和。此外，与其他任何情况一样，祈祷的作用取决于真心实意，而非夸夸其谈或口是心非的长篇大论。

对于思想仍处于混乱状态的灵魂而言，来自心灵的祈祷会在他们周围产生共鸣——犹如一番友善的细语轻言，将他们从梦中唤醒。（参见第二十七章第10节）

60. **祷文**：全能的神啊，愿您的仁慈泽及被您所召唤的［某人姓名］的灵魂！看在他/她在世间所经历考验的份上，愿我们的祈祷能减轻和缩短他/她作为一个灵魂可能感受到的痛苦！

来接他/她的善灵，尤其是您——他/她的守护天使，请帮助他/她挣脱物质的束缚吧！请给予他/她所需的启迪和自我意识，使他/她摆脱从物质生命进入灵神生命时产生的混乱！请激励他/她为自己可能犯下的错误悔改，并让他/她知道改过自新才能加快自己获得永恒幸福的进程！

［某人姓名］，虽然你已返回到灵性世界，可你仍然在我们中间；你能看见我们，听见我们，因为隔在你和我们之间的，不过是一具被你抛下的即将化成尘土的腐朽之躯罢了。

你抛下的是那副历经沧桑与死亡的粗糙皮囊，留下的是一具永不腐朽且再无苦难之虞的虚无之身。一旦你摆脱了对肉体的依赖，恢复了灵性生命，你就不用再忍受人世间的痛苦了。

遮住来世光芒的面纱已为你揭开，从现在开始，你大可以遥想新的奇迹，而我们仍将沉浸于黑暗。

你会无拘无束、自由自在地飘游于浩渺太空，探访不同世界，而我们仍将在地球上拖着包袱般沉重的肉体痛苦跋涉。

无垠的地平线将呈现在你眼前，如此广阔宏伟的景象将让你明白世间欲望、世俗野心和人世享乐是何等的空虚。

对人类来说，死亡只是一种持续几秒钟的物理分离而已。上帝从未想过要抛弃寄居于放逐之地的我们，正如我们从未抛弃在这世间必须履行的职责一样，我们将在思想上陪伴着你，直到我们再次和你相聚，正如你再次与先逝者相聚一样。

如果我们不能守在你的身边，你可以主动来找我们。所以，和那些爱你之人与你爱之人待在一起吧！在生活的考验中支持他们，守护你挚爱之人，根据你自身的能力护佑他们，让他们知道你如今过得更加幸福，以减轻他们的悲伤，安慰他们总有一天会在一个更好的世界与你团聚！

如今你所在的世界，没有任何世俗的怨恨。为了你来世的幸福，愿你从今以后消除怨恨！故愿你宽恕那些得罪你之人，正如你所得罪之人宽恕你一样！

注释：根据死者及其家庭或关系的具体情况，可在通用的祷文中补充一些有针对性的内容。若是孩子，依灵性主义所言，其灵性并非刚刚创造，而是早有前世，并且可能相当先进。他今生之所以会夭折早逝，那是因为他只是其父母必经的考验之一。（参见第五章第21节）

61. 祷文二：[2] 万能的主啊，愿您的仁慈泽及我们刚刚离开人世的兄弟！愿您的光芒照亮他们的双眼，让他们走出黑暗，令他们耳聪目明！愿您的善灵环绕着他们，并让善灵的话语带给他们希望与安宁！

　　主啊，尽管我们配不上，但也让我们斗胆代我们这位从放逐之地被召回的兄弟恳求您的怜悯，请让他像浪子回头一样归来！哦，上帝啊，请求您忘记他所犯的罪过，只记着他所行的善事！我们知道，您的公正是永恒的，可您的仁爱也是伟大的。我们请求您以您的仁善之泉通融一下您的公正之心！

　　愿光明照耀着你，我那已将尘世抛却于身后的兄弟！愿耶和华的善灵降临你在身旁，围绕着你，帮助你摆脱世俗的羁绊！你要明白和敬仰我主耶和华的伟大，要顺服我主，不要抱怨他的公正，但也不要对他的仁慈丧失信仰。我的兄弟！愿你真正反省自己的前生，为你打开通往来世的大门，让你明白自己曾经犯下的过错，明白自己还需要怎么做才能弥补这些过错！愿上帝原谅你，愿善良的灵性支持你，鼓励你！你在世上的兄弟姐妹会为你祈祷，他们也请求你为他们祈祷！

为挚爱之人祈祷

　　62. 解说：虚无的概念是多么可怕啊！我们真不知该如何来安慰那些认为哀悼朋友逝去的悲泣之音终将消散于虚空，而无法得到任何回应之人。有的人认为肉体死亡便万事皆空，认为以大智大慧照亮世界的灵性是由一种会如同喘息般永远消失的物质组成的，认为最珍爱之人，无论父母双亲还是心爱的孩子，他们一旦去世便什么也不会留下，只剩下一抔黄土，再也不会归来，这些人其实压根不懂什么是纯洁和神圣的感情。

　　但凡一个有心之人，又如何能对这样的想法无动于衷呢？这种万事皆空的思想如何不令他们感到恐惧，如何不令他们至少在心里希望事实并非如此？如果说到目前为止，这些人的推理还不足以消除他们的疑虑，那么灵性主义显然已经拿出了关于人死后灵魂仍能存活，生命依然存在的物质证据，从而一举驱散了所有关于来世的不确定性。这就是为何这样的证据在世界各地受到热烈欢迎的原因；人们的信心得以重建，因为从今天开始，他们知道了地球上的生命不过是通向美好生活的短暂旅程，他们在这个世间的努力不会白费，他们最神圣的情感也没有被无望地摧毁。（参见第四章第18节；第五章第21节）

  63. 祷文：亲爱的上帝，请屈尊接受我们代［某人姓名］的灵性所做的祈祷，使他/她能感知您的神圣之光，并轻松踏上通往永恒的幸福之路！请让善灵将我的话语和想念带给他/她。

  你曾是我在这世间的挚爱，请聆听我的声音，它将用一种新的方式向你传达我对你的爱。上帝让你先行一步，得到拯救，若非自私自利，我便不该为此感到悲伤，否则，就好像我希望你仍被生活的痛苦折磨一样。所以，我顺从地等待着我们在你先我而去的那个更幸福的世界重聚的那一刻。

  我知道我们的分离只是暂时的，无论在我看来有多长，它与上帝应许选民的福佑的永恒相比，都不过是一瞬间。愿上帝的仁善阻止我去做任何可能延迟我所渴望的那一刻的事情，从而使我免受在我离开尘世的囚禁之后却不能再见到你的痛苦！

  哦！在你我之间，只有一层物质的面纱将你藏在我的视线之外，这种确信是令人感到多么甜蜜和安慰啊！你也许就在我身边，像以前一样看着我，听我说话，也许比以前更好；请你不忘记我，就像我不会忘记你一样！让我们的心灵不断交融，让你的思想永远跟随我，支持我！

  愿耶和华赐予你安宁！

为请求祈祷的受苦的灵魂祈祷

64. 解说： 正如上文所说，要理解祈祷给受苦的灵魂带来的安慰，我们需要回忆他们的行为方式。（参见第二十七章第9节和第18节）了解这一真理之人会更加真诚地祈祷，因为他们确信徒劳的祈祷是无益的。

65. 祷文一： 宽恕慈悲的上帝，愿您的仁善泽及所有请求我们祈祷的灵魂，特别是［某人姓名］的灵魂！一心行善的善灵，我请求你们给他们以安慰；让他们的眼里闪烁着希望的光芒，让神圣之光照亮他们的不圆满——正因为这些不圆满，才使得他们远离被祝福者居住的地方；让他们敞开心扉，知道悔改，想要净化自我，加快自身进步；使他们明白，通过自身的努力，他们可以缩短考验的时间。

愿上帝以其仁善赐予他们力量，让他们坚守自己的决心！

愿这些仁慈的话语能减轻他们的痛苦，让他们知道世间有人同情他们，渴望他们幸福！

66. 祷文二： 我主耶和华，我们向您虔诚地祈祷，请您将仁爱和怜悯的祝福播撒给所有受苦的灵性，无论他们是脱离肉身进入了灵性世界，还是转世投生在我们中间！请您同情我们的弱点；在创造我们之初，您让我们拥有易犯过错的天性，但同时也赐予了我们抵抗和战胜邪恶的力量。愿您的怜悯泽及一切不能抵御自身恶念之人，泽及那些仍被困于歧途之人！愿您的善灵围绕着他们！愿您的光芒照亮他们的双眼，让他们感动于被赋予生命的温馨！愿他们以谦卑、悔改和顺从之心伏首于您脚下！

慈爱的天父啊，我们还要为我们兄弟姐妹，那些没有勇气承受世间考炼的人们向您祈祷！我主耶和华，您委我们以重担，我们若非在您脚前，万不可卸下这副重担；可我们又是如此软弱，有时也会丧失勇气，令我们半途而废。可怜这些懒惰的仆人吧，他们还没到时间就过早地放弃了自己的工作。愿您的公正怜恤他们，并让善灵给他们带来解脱、安慰和对来世的希望！若想到自己能得到宽恕，灵魂必能获得勇气；主啊，请将这一事实指出来，告诉那些绝望的有罪之人，让他们在这种希望的支持下，勇敢地背负着莫大的罪过，承受着莫大的苦难，为他们的前世救赎，并为他们的来世做好准备！

为死去的敌人祈祷

67. 解说：对敌人的仁慈应延续至他们死后。我们需要认识到一点，敌人对我们所做的坏事是对我们的一种考验，如果我们知道如何利用，必能对我们的进步有所助益。这种考验可能比纯粹的物质上的痛苦更加有利，因为除了勇气和顺从之外，它还需要我们对过错报以仁慈和宽恕之心。（参见第十章第6节；第十二章第5节和第6节）

68. 祷文：主啊，是您的意志将［某人姓名］的灵魂召唤至我跟前。我原谅他/她对我做的坏事，也原谅他/她对我的恶意。愿他/她从此知道悔改，因为他/她不再被这个世间的幻象所迷惑。

上帝啊，愿您的仁慈泽被于他/她，不要让我产生为他/她的去世而感到高兴的念头！如果我对他/她做过错事，愿他/她能原谅我，就像我原谅那些对我做了错事的人一样！

为罪犯祈祷

69. 解说：如果祈祷的效果与时间的长短成正比，那么长篇大论的祈祷最应该留给那些有罪之人，因为他们比那些高尚之人更需要如此。拒绝为罪犯祈祷，这是缺乏仁慈的表现，是对上帝慈悲的误解。因为一个人犯了这样或那样的过错，就认为祈祷对他们是无意义的，这等于妄加判断上帝的公正。（参见第十一章第14节）

70. 祷文：我主耶和华，仁慈的上帝，请不要抛弃这位离开尘世的罪犯。人世间的公正或许能击倒他/她，但如果他/她心无悔意，必不能免除您公正的审判。

请揭除那使他/她不知道自己所犯罪过究竟有多严重的眼罩！愿他/她的忏悔能得到您的怜悯，以减轻他/她灵魂所受的痛苦！愿我们的祈祷以及善灵的求情能给他带来希望和安慰，激励他/她在新的一世改正自己的恶行；赐予他/她力量，让他/她能勇敢面对即将到来的新的抗争！

主啊，请怜悯他/她吧！

为自杀者祈祷

71. 解说：人类绝无权利擅自处置自己的生命，因为只有上帝才能在其认为合适的时候将他们从尘世的囚禁中解救出来。尽管如此，神圣公正的严肃性也会因具体情况而有所变通，但对于那些希望脱离生命审判的人来说，这是绝对不可能通融的。自杀者，好比在刑满释放前从监狱里逃出来的囚犯，当他们被重新抓获时，会受到更严厉的看管。自杀也是一样的，他们以为自己逃脱了当前的痛苦，却不知这只会让自己陷入更大的痛苦。

（参见第五章第14节）

72. 祷文：上帝啊，对于那些违反您律法，故意提前结束自己性命之人，我们知道他们会面临怎样的命运。但我们也知道，您的仁慈是无限的，请您屈尊将您的仁慈施予［某人姓名］的灵魂吧！愿我们的祈祷与您的怜悯能减轻他/她因为没有勇气等待自身考验结束而遭受的痛苦！

以帮助不幸之人为使命的善灵啊，请将他/她置于你们的守护之下！鼓励他/她为自身所犯的过错悔改，愿你们的帮助能给他/她力量，让他/她更顺从地忍耐为改过自新而不得不承受的新的考验！让他/她远离那些可能使他/她失去来世考验的成果，再次走上邪恶之路，延长其所受痛苦的恶灵！

我们为你的不幸而祈祷，愿我们的同情能减轻你的痛苦，唤醒你对美好未来的希望！来世掌握在你自己的手中；你要信赖上帝的善灵，他们的心扉会对所有悔改之人敞开，却只对铁石心肠之人关闭。

为忏悔的灵性祈祷

73. 解说：将那些请求祈祷的受苦和忏悔的灵魂归为邪恶的灵性是不公平的。他们可能曾经是邪恶的，但一旦他们承认并忏悔自己的罪过，他们就不再是邪恶的了：他们只是不幸福而已。有的甚至会开始享受到相对的幸福。

74. 祷文：仁慈的上帝，您能接受有罪之人——无论是道成肉身，还是脱离肉身——的真诚悔改，而这里正好有一位曾以邪恶为乐的灵性，但他/她现在意识到了自己的错误，已改邪归正，走上了向善之路。亲爱的上帝，请屈尊将他/她当作一个浪子，宽恕他/她吧！

善良的灵性，他/她曾经未能听你们的话，但他/她现在希望从今以后都听从你们的教导。请让他/她提前看见上帝选民所享有的幸福，促使他/她坚持净化自我，以获得幸福！请坚定他/她向善的决心，给他/她力量去抵御自身的邪恶本能！

［某人姓名］的灵性，我们要赞扬你的改变，也要感谢那些帮助过你的善灵。

你以前曾以行恶为乐，那是你不明白行善之乐是何等甜蜜，是你觉得自己太卑微，不可能做到这一点。但从你踏上从善之路的那一刻起，便会有一束光照耀着你，让你体验到一种前所未有的幸福，让你的心中升起希望。因为上帝常听有罪之人心怀悔意的祈祷，他不会抛弃任何到他面前来的人。

若要完全得到他的恩典，便要从今以后一心行善，不再为恶，尤其是要为之前所犯的罪过忏悔。这样，你才能符合上帝的公正要求。每一个善举都会抵销你过去犯下的一个错误。

第一步已经迈出。现在，你取得的进步越多，这条路对你来说就走得越容易、越愉快。所以要坚持下去，总有一天你会体验到被列为善良和幸福的灵性时所享有的荣耀。

为冥顽不化的灵性祈祷

75. 解说：恶灵是指那些尚未从内心深处滋生悔意的灵性，那些以作恶为乐，不知改过的灵性，那些无意忏悔、拒绝祈祷并经常亵渎上帝之名的灵性。这些都是冥顽不化的灵魂，他们死后会通过迷惑的方式或施加其他有害的影响去报复那些生前曾让自己受苦之人，去纠缠他们生前所憎恨之人。（参见第十章第6节；第十二章第5节和第6节）

在堕落的灵性中，有两种截然不同的类型：一种是彻头彻尾的邪恶，另一种则是伪善。前者比后者更容易做到弃恶从善。他们通常都是野蛮粗俗之辈，就像我们看到的道成肉身之人一样，他们做坏事更多是出于本能，而非蓄意谋之，他们从不试图将自己伪装成更好的样子。然而，在他们身上埋藏着一颗潜在的种子，只要坚持不懈地以仁慈感化他们，为他们提出良好的忠告，让他们学会理性的思考和祈祷，就能让这颗种子破土而出。在通灵过程中，他们在书写上帝的名字时表现得艰难，这其实揭示了他们存在一种恐惧本能，他们内心的良知告诉自己，他们不配这么做。这些人正处于皈依的边缘，你可以对他们抱有全部的希望：你所要做的就是找到他们内心的弱点。

虚伪的灵性大多非常聪明，但他们内心缺乏敏感的心弦，什么都不能触动他们。他们假装一切美好的情感来赢得别人的信任,每当他们发现有人愚蠢到以为他们是圣灵,并服从他们的意志时,他们就会格外高兴。上帝的名字非但没有在他们心中激起丝毫的恐惧,反而像面具一样掩盖着他们的邪恶。与在有形世界中一样,无形世界的伪君子是最危险的,因为他们躲在暗处行事,没有人会怀疑他们。他们装出一副很有信仰的样子,但这种信仰并非出自真心。

76. 祷文:我主耶和华,请您以仁善的目光垂顾那些仍陷于无知的黑暗中,尚未达到圆满的灵性,垂顾那些还不知道您的灵性,尤其是[某人姓名]的灵性!

善良的灵性啊,请帮助我们让他/她明白,引诱他人作恶,以及迷惑和折磨他人只会延长自身的痛苦!请让你们所享受的幸福成为鼓励他/她的源泉!

以作恶为乐的灵性啊,你已听见了我们为你们所做的祈祷;这只是在向你表明,哪怕你十恶不赦,我们也仍愿以善意相待。

你之所以不幸福,是因为做坏事是不可能幸福的。既然能不能摆脱痛苦取决于你自身,那你为何还要继续忍受痛苦呢?看看你周围的善灵;看看他们有多幸福,如果你也能享受同样的幸福,该有多好!

你也许会说,这对你而言是不可能的;但对那些渴求幸福的灵性而言,没有什么是不可能的,因为上帝给了你自由,正如他给所有造物自由,在善与恶之间选择的自由,在幸福与不幸之间选择的自由,没有人注定是要做坏事的。如果说你有做坏事的意愿,自然也可以有做好事和追求幸福的意愿。

将你的目光转向上帝,在思想上朝着上帝的方向升华自我,哪怕只是一瞬间,他的神圣之光也会照耀着你。你只需要对我们说:**我的上帝啊,我知道悔改了,请宽恕我吧!** 只要试着忏悔和行善,而不是作恶,你很快就能看到上帝对你的仁慈,一种前所未知的幸福会取代你现在所感受到的痛苦。

一旦你在行善之路上迈出了第一步，剩下的路途就会变得更加容易。然后，你就会明白，因为自己所犯的过错，你浪费了多少幸福的时间。不过，呈现在你面前的将是一个充满希望、光芒四射的未来，它会让你忘记前世的痛苦，忘记那些烦恼和精神折磨——倘若它们永无尽头，必将成为你的地狱。总有一天，你所经历的折磨会痛苦到得让你觉得只要能摆脱，无论什么代价，你都愿意付出。可你等待的时间越长，就越难摆脱。

　　不要以为你能永远保持现在的状态，不，那是不可能的。你面前有两种可能：一种是变得比现在更加痛苦，另一种则是和你周围的善灵一样幸福。如果你固执己见，第一种结果就在所难免；可若你有意付出简单的努力，就足以将你从目前的糟糕境况中解救出来。所以赶快行动吧，因为每耽搁一天，你就会失去一天的幸福。

　　善良的灵性啊，请将这些话转达给这个落后的灵魂，这样才能帮助他更接近上帝。我们奉拥有强大能力制伏邪恶的耶稣基督之名请求你们！

五、为病人和受迷惑者祈祷

为病人祈祷

　　77. **解说**：疾病是尘世考验和变迁的一部分，它在本质上是由于我们物质属性的低劣以及我们所居住的世界进化程度较低导致的。由于各种各样的激情和放纵，我们身上埋下了许多不健康的种子，而且很多是遗传的。在物质上或道德上更先进的世界，人类的机体越纯净，物质化程度越低，就越不容易受到这些疾病的困扰，身体也不容易因激情的摧残而遭到无声的破坏（参见第三章第9节）。因此，在我们值得升入其他世界之前，我们只能顺从地忍受因自身本质的落后性在这一环境中给我们带来的后果。对这一时刻的等待，并不意味着我们不能做些力所能及之事来改善我们的现状；哪怕我们付诸努力后未能成功，灵性主义也会教导我们顺从地忍受我们暂时的疾病。

　　如果上帝不希望在某些情况下消除或缓解身体上的痛苦，他便不会给我们提供治愈的方法。在一这方面，上帝的关照是具有远见卓识的，也是符合保护的本能的，这意味着我们有责任去寻找，并好好加以利用。

　　除科学推动了常规药物治疗的发展外，磁力学还使我们了解到了流体作用的力量；在此之后，灵性主义进一步揭示了在**疗愈通灵**和祈祷中所展现出来的另一种力量。（参见下文第81节关于疗愈通灵的内容）

　　78. 祷文：（病人祈祷）我主耶和华，您是无上公正的，我必应得您认为适合降临给我的疾病，因为您从不会无缘无故地叫人受苦。我将我自己交给无限慈爱的您，以求得到治愈；您若乐意使我痊愈，愿您的圣名得到祝福！若我必须忍受更多的痛苦，也愿您的名字能得到同样的祝福！我毫无怨言地顺服于您的神圣律令，因为您所做的一切都是为了万物的利益。

　　上帝啊，愿这疾病成为对我的健康警戒，使我进行自我反省。我会将其视为对过去的赎罪，作为对我的信仰和对您神圣意志的服从的考验。（参见第40则祷文）

　　79. 祷文：（为病人祈祷）上帝啊，您的安排常人无法参透，拥有无上智慧的您认为让〔某人姓名〕罹患疾病是合时宜的。我祈祷您能慈悲地看一眼他/她所遭受的痛苦，并屈尊结束这一痛苦。

　　善良的灵性啊，您是上帝的使者，我请求你们帮助我达成愿望，让他/她得到解脱！请你们转达我的思想，可以给他/她的身体涂上治愈的药膏，给他/她的灵魂带来些许安慰！

请鼓励他/她要拥有耐心，要顺服上帝的意志！请给他/她力量，让他/她以基督徒的顺从忍受自身所经受的痛苦，以免他/她失去这场考验的成果！（参见第57则祷文）

80. 祷文：（疗愈灵媒祈祷）亲爱的上帝，如果您肯屈尊利用我——尽管我不堪此任，我可以治愈这一痛苦，假若这是您的意志，因为我是信仰您的；但是，没有您，我什么也做不了。善良的灵性哦，请将有益健康的液体赐给我，好让我将其带给这个病人，让我不要滋生任何可能改变其纯洁性的傲慢与自私之心！

为受迷惑者祈祷

81. 解说：迷惑是邪恶的灵性对一个人所做的持续行为。它会表现出非常明显的特征，从没有任何明显外在迹象的单纯道德影响，到致使生理机体和心智的完全紊乱。一旦受到迷惑，便会抹杀所有的通灵能力；在书写通灵过程中，如果显灵的一直是某个特定的灵性，而没有其他灵性，大多属于这种情况。

由于地球居民的道德进化程度较低，因此邪恶的灵性遍布地球的各个角落。他们的恶行是导致人类在这世间承受苦难的原因之一。因此，正如生活中所有的疾病和苦难一样，迷惑也应当被视为一种考验或赎罪，并以考验或赎罪的方式予以接受。

疾病是身体缺陷的结果，因为它使身体容易受到有害的外部影响；同样，迷惑则是道德缺陷的结果，因为它使身体容易受到邪恶灵性的不良影响。针对身体上的原因，需要运用身体的力量；针对道德上的原因，则有必要运用道德的力量。一个人要预防疾病，就得强身健体；为了避免受到迷惑，就必须强化灵魂；因此，对于受到迷惑的人来说，他们必须努力实现自我进步，这样往往足以使他们在没有外界帮助的情况下就能自行摆脱恶灵的纠缠。但是，当迷惑进一步演变为征服和占有时，寻求外界帮助就很有必要了，因为病人有时会失去他们的意志力，丧失自由意志。

迷惑几乎无一例外是灵性进行报复的结果，而最常见的是源于受迷惑者在前世与这个灵性之间的关系。（参见第十章第6节；第十二章第5节和第6节）

在严重的情况下，受迷惑者仿佛被一种有害的流体包围和浸透，这种流体会中和并排斥健康流体的作用。为此，必须让受迷惑者摆脱这种邪恶的流体；但邪恶的流体并不能依靠类似的邪恶流体来进行转移。正如利用疗愈灵媒治疗疾病一样，摆脱迷惑需要借助一种更好的流体来产生相反的作用，从而达到驱逐邪恶流体的目的。这是机械作用，但这还不够；除此之外，**对智慧存在**采取行动也十分必要，对智慧存在的影响必须借助于权威的力量，而这种权威只能来自于崇高的道德地位——道德越崇高，权威就越大。

然而，这还不是全部。为了确保彻底解脱，还必须让邪恶的灵性放弃其邪恶的意图，在耐心引导和个人启示的帮助下对邪恶的灵性进行道德教育，以让其产生悔改和行善的愿望。只有这样，才有可能实现既让道成肉身的世人得到解救，又让不圆满的灵性皈依正道这样的双赢结果。

如果受迷惑之人清楚自身的情况，再辅之以意志力和祈祷上的帮助，这项任务就能变得更容易一些。如果一个人受到骗子灵性的引诱，被其品质迷惑，自甘堕落，且因此拒绝一切帮助，那么上述情况就无法发生了。这种情况的痴迷，往往比最暴力的征服更加具有反叛性。（参见《灵媒之书》第二十三章）

针对各种各样的迷惑案例，祈祷都能提供最有力的帮助，因为它能对施加迷惑的灵性产生影响。

82. **祷文**：（受迷惑者祈祷）亲爱的上帝，请让善良的灵性将我从恶灵的纠缠中解脱出来吧！如果这是一种报复行为，是为了报复我前世可能犯下的过错，那么，亲爱的上帝，您已经允许它以这样的方式来惩罚我了，我会承担我所犯过错的后果。愿我的悔改值得您的宽恕和拯救！但无论出于什么原因，我都请您宽容这个恶灵。请屈尊让其进步之路变得更容易一些，以使其摒弃邪恶的思想！就我个人而言，我愿以善报恶，以使这个恶灵拥有更美好的情感。

但我也知道，亲爱的上帝，正是我个人的不圆满才致使我受到不圆满之灵性的影响。请给我必要的启示，让我能够识别他们，尤其是对抗令我无法看清自身缺点的傲慢之心！

让自己受到一个恶灵的控制，这说明我有多么不堪啊！

亲爱的上帝，愿这对我虚荣心的打击成为来世的一个教训，愿这使我下定决心，通过践行仁善、仁慈和谦卑来净化自己，以期从今以后为自己竖起一道屏障，用来阻止邪恶的影响！

主啊，求您赐给我力量，使我耐心和顺服地忍受这一考验！我明白，就像所有其他考验一样，如果我受之无怨，就不会历而无益，这一考验必将有助于我的进步，因为它会让我有机会展示我的顺从，并通过宽恕兄弟/姐妹对我所做之恶来仁慈地善待他/她的不幸。（参见第十二章第5节和第6节；第二十八章第15节、第46节和第47节）

83. **祷文**：（为受迷惑者祈祷）万能的上帝啊，请赐予我能力，让我将［某人姓名］从纠缠他/她的灵性中解放出来！若您愿意结束这次考验，请您赐我恩典，使我在对这个灵性讲话时拥有必要的权威！

善良的灵性，愿你们能帮助我，还有您——我的守护天使，愿您陪伴我左右！请帮我将笼罩于他/她身上的不纯洁的流体卸去。

以全能的上帝之名，我恳求这个邪恶不要再去折磨他/她了！

84. 祷文：（为施加迷惑的灵性祈祷）无限仁善的上帝啊，我恳求您怜悯那个迷惑［某人姓名］的灵性！请让他瞥见神圣之光，从而清楚自己所走的错误之路！善良的灵性啊，请帮助我让他明白，行恶只会让他失去一切，为善则能让他得到一切。

愿那个以折磨［某人姓名］为乐的灵性能听到我说的话，因为我是奉上帝之名在对你说话！

倘若你仔细想想，你就会明白邪恶不能战胜良善，你也不可能比上帝和善良的灵性更强大。

他们完全可以保护［某人姓名］不受你的任何打击，如果他们没有这样做，只是因为他/她需要经受这样的考验。但在考验结束之时，他们必会阻止你对他/她的所有行为。你所做的坏事非但不会伤害他/她，反而有助于他/她的进步，他/她也会因此而变得幸福。所以，你的邪恶必将减损你的功德，并让你遭受反噬。

全能的上帝和他的使者——比你更强大的善灵，他们必将在其希望的时候结束这种迷惑，而你的纠缠将会在这最高的权威面前被击得粉碎。然而，上帝是良善的，所以他想把由你主动结束这一切的功德留给你。这是在给你一个缓解的机会，如果你不好好利用，你将会遭受可悲的后果；巨大的惩罚和残酷的痛苦等待着你；你将被迫乞求你的受害者的怜悯和祈祷。他/她已经原谅你并为你祈祷了，在上帝的眼中，这是一个巨大的功德，会使他/她更快得到拯救。

所以，趁着还有时间，你要好好想一想，因为上帝的公正会像对待其他所有叛逆灵性一样打击你。你要知道，你现在所做的恶是有限度的，而如果你顽固不化，你的痛苦会不断增加。

你生前难道不觉得为了得到片刻的小小满足而牺牲一件特别好的东西是非常愚蠢的吗？现在的你作为一个灵性，这也同样适用。你这样做会得到什么呢？不管你说什么，折磨他人只会让你获得一种悲伤的快乐，但这并不能阻止你的不幸福，它只会让你更加不幸福。

此外，看看你现在正失去些什么，看看你周围的善灵，看看他们的处境是否比你更好。只要你愿意，你也能拥有他们所享受的幸福。那你必须做什么呢？向上帝祈祷，行善而非作恶。我知道你不可能一下子改变，但上帝并不会问什么是不可能的，他所需要的是善意。所以试试吧，我们会帮助你的。只要这样做，我们就很快就会像为悔改的灵性所做的一样为你祈祷（第73则），在等待你成为善灵的一员时，请不要再将你自己归入邪恶的行列！（参见第75则祷文"为冥顽不化的灵性祈祷"）

注释：治愈严重的迷惑不仅需要很多耐心、毅力和努力，还需要策略和技巧，这样才能引导极其乖僻、顽固和狡猾的灵性走向从善之路，因为有的灵性反叛程度已经达到了最高水平。在大多数情况下必须见机行事；但无论这些灵性具有怎样的个性，都不能靠暴力或威胁来使其屈服；所有的影响都必须以于个人的道德优势为之。经验和逻辑也证明了另一个真理，**那就是驱魔、公式、圣言、护身符、法宝、外在仪式或任何物质象征都是完全无效的。**

长时间受到迷惑可能会导致病理性紊乱，有时还需要同时或随后辅之以磁性或医学治疗来使机体恢复。一旦根除了原因，剩下的就是对抗影响了。（参见《灵媒之书》第二十三章"迷惑"；《灵性主义的杂志》，1864年2月和3月；1865年4月："治愈迷惑的例子"）

[1] 有的译文版本为："不叫我们遇见试探"（et ne nos inducas in tentationem）；这种说法容易让人以为这种试探来自上帝，上帝是在故意逼人作恶，这等于将上帝与撒旦相提并论，是一种亵渎神明的思想。因此，这不可能是耶稣的本意。顺便提及，这一点反倒是符合关于恶魔角色的普遍原则。（参见《天堂与地狱》第十章"恶魔"）——作者按。

[2] 这个祈祷是由波尔多的一位灵媒口述的，当时有一个陌生人的送葬队伍正从他的窗口经过。——作者按。

www.ingramcontent.com/pod-product-compliance
Lightning Source LLC
Chambersburg PA
CBHW020939230426
43666CB00005B/89